고대의 연애시를 읽다

執子之手

고대의 연애시를 읽다

3천 년의 연애학, 『시경詩經』의 비밀을 파헤치다

류둥잉 지음 | 안소현 옮김

차 례

제1부

『시경』의 사랑이야기

고운 아가씨는
군자의 배필이오

: **사랑의 보감** :

　중국 문학사를 도저히 흐르는 창장강에 비유한다면 『시경詩經』은 바로 그 발원지인 탕구라산의 가장 맑고 시원한 원천수다. 중국 문학의 주요한 원천으로서 『시경』은 줄곧 역대 독서인들의 존숭을 받아왔으며, 2500여 년을 전해오는 동안 『시경』의 시편들은 문화 유전자가 되어 문명의 피에 녹아들었다.

　『시경』은 도대체 어떠한 책인가? 보기에는 그저 평범한 시집일 뿐이다. 중국은 시가詩歌의 대국으로 수많은 시집이 전해진다. 그러면 『시경』에는 일반 시집과 다른 특별한 무언가가 있는 것일까? 그렇다. 『시경』은 매우 특별하다. 중국은 한대漢代에 이르러 왕실에서 보유하고 있는 문헌을 체계적으로 분류하기 시작했는데, 당시 사관들은 『시경』을 문학의 항목에 넣지 않고 '경전經典'으로 분류했다. 이는 곧 『시경』이 당시 사람들의 눈에는 단순한 '시집'이 아니라 시집의 의미를 훨씬 넘어 경건히 받들어야 할 신성한 '경전'으로 여겨졌다는 것을 말해준다.

『시경』에는 총 305편의 시가 수록되어 있다. 그러면, 『시경』 또한 『이태백집李太白集』이나 『두공부집杜工部集』과 마찬가지로 어느 한 시인이 몇 년 혹은 수십 년 동안 지은 시들로 이루어진 것인가? 그렇지 않다. 여기 305편의 시는 대략 500여 년간 수많은 사람이 지은 것을 엄선·정리한 것이다. 여기서 500여 년이라 함은 대략 서주西周(기원전 1046~기원전 771)의 건국에서 춘추春秋(기원전 770~기원전 403) 중기에 이르는 기간을 말한다.

『시경』이 춘추 중기에 편집된 시집이라고 한다면, 오늘날과 대략 2500년의 시간적 거리가 있다. 춘추 중기로부터 20세기 초 과거제도를 폐지하고, 경전 강독을 폐지하기까지 2000여 년 동안 『시경』은 줄곧 아이들의 손에 들려 있는 교과서였고, 유학자들에게 받들어지던 신성한 경전이었으며, 또 한때는 과거시험의 필수과목이기도 했다. 그러나 20세기 초에서 현재에 이르는 100여 년 동안 『시경』은 사람들에게서 갈수록 멀어지기 시작하여, 지금은 그저 일부 학자들이나 두고 보는 책상머리 책일 뿐인 것 같다. 그나마 다행인 것은 이 책의 가치를 알고 보다 널리 읽혀지고 전해질 수 있기를 열망하는 이가 아직 많이 있다는 점이다.

『시경』은 신성한 경전으로 간주되어 온 특별한 시집일 뿐 아니라 역사상 논쟁이 가장 뜨거웠던 시집이기도 하다. 그것은 주로 여기에 실린 시들이 말하고자 하는 주지主旨가 무엇인가 하는 문제를 둘러싸고 일어났다. 도학자道學者들은 여기에 도덕적 의미가 충만하다고 여겼고, 성정性情을 중시하는 이들은 소박한 민간 가요, 즉 순수하게 감정을 노래한 것이라 여겼다. 이 두 가지 다른 관점을 지닌 역대『시경』애호가들은 끊임없이 논쟁을 벌여왔는데, 설전이 오고 간 지 2000여 년이 되도록 결론을 내지 못했다. 그러면 오늘날의 관점은 대체로 어떠한가?『시경』가운데 어떤 시들에 주목하는가? 오늘날 대다수의 사람은『시경』을 '정情, 즉 감정을 노래한' 시집이라고 보고, 그 가운데 특히 남녀 간의 사랑을 묘사한 시들에 주목한다. 그래서 아예 사랑을 노래한 것만을 골라 묶어서 다룬『시경』해설서들이 적지 않은데, 이러한 경향은『시경』을 처음 접하는 독자들에게『시경』은 곧 사랑을 노래한 시집이라고 오해하도록 하기 쉽다.

사실『시경』에서 노래하고 있는 '정'은 그 포괄하는 범위가 매우 넓다. 혈육의 정도 있고, 우정도 있고, 민족과 역사에 대한 영광의 감정과 성대한 의식에 대한 경외의 감정도 있다. 원이둬聞—多 선생은 일찍이『시경』을 하나의 '백과사전'과 같다고 했는데, 그야말로 딱 들어맞는 평가라고 생각된다.『시경』이 포괄하는 내용은 매우 광범위하다. 전쟁을 노래한 것, 사냥을 노래한 것, 국가적 성대한 의식을 노래한 것, 혼인을 노래한 것 등 정말 선진先秦 시기의 사회·문화 전반을 담고 있는 백과사전이라 하기에 손색이 없다. 그런데 오늘날에는 왜 그중에서도 유독 사랑을 노래한 시들에 주목할까? 그것은 『시경』에 실려 있는 사랑의 노래들이 너무나도 감동적이기 때문이 아닐까? 사랑에 매이고 사랑에 상처 받은 여자들, 사랑을 소중히 하고 사랑하는 이를 아끼는 남자들, 그들의 진실한 사랑의 노래가 수천 년이 지난 오늘날까지도 여전히 마음을 울리기 때문이 아닐까? 『시경』은 오랫동안 줄곧 경전으로 받들어졌고 또 교육현장에서 교재로 쓰였으므로, 이러한 의미에서 보면 이 시집에 실려 있는 사랑의 노래들은 전통 시기 청춘남녀에게 실제적으로 사랑의 성경과 같은 역할을 했으리라 짐작해 볼 수 있다. 특히 『시경』 305편의 첫 편인 「관저關雎」는 그 전범이라 할 만하다. 잠시 이 시를 자세히 분석하여, 왜 이 시를 사랑의 보감이라 할 수 있는지, 『시경』 시대의 애정관은 어떠한지, 오늘날 어떤 의미를 던져주는지를 함께 살펴보자.

『시경』 305편의 시 가운데 가장 널리 알려져 있는 구절은 바로 「관저」 편의 첫 소절일 것이다. "꾸꾸르 물수리, 모래톱에 다정하고. 고운 아가씨는, 군자의 배필이네." 이 소박한 노래는 역대로 일반 백성들은 물론이고 수많은 제왕과 왕후장상에게 애송되어 왔다. 가까운 예로 청 태종 황태극皇太極을 보아도 알 수 있다. 청대 황실을 소재로 한 드라마가 유행하면서 이 황제의 영명함과 뛰어난 무예, 전장을 누비던 면모 등에 대해서는 누구나 알고 있는 바이고, 또 그 황후인 효장孝莊 황후의 기개라든지 여러 면모는 각종 비사祕史에서 나온 이야기들이 더해져 특히 여성 시청자들의 사랑을 받고 있다. 그런데 당시 효장황후는 황제에게 가장 사랑받는 여인이 아니었다. 황궁에는 황제가 가장 사랑하는 여인만을 위하여 지은 전각이 있었는데, 황제는 이를 '관저궁關雎宮'이라 이름했다. 생각해보면 황제는 가장 아름다운 어휘로 자신의 가장 소중한 사랑을 표현하려 했을 것이고, 그때 그의 마음에 떠오른 것이 「관저」편이었던 것 같다. 이 '관저궁'에 편액이 걸릴 때, 후궁들은 행여나 하는 일말의 기대감과 함께 한편으로는 끓어오르는 질투심에 사로잡혀 누가 황제를 그리움에 "전전반측輾轉反側" 잠 못 들게 하는 여인인지 알고자 했을 것이다. 그녀는 바로 신비宸妃, 해란주海蘭珠였다. 해란주는 절세의 미모를 가진 것도 아니었고, 무슨 대단한 식견을 지닌 것도 아니었고, 게다가 비가 되기 전에 이미 결혼한 경험도 있었다. 그녀는 효장황후와 달리 그저 애교 많고 자신의 남자밖에 모르는 평범한 여인이었다. 아마도 이러한 면 때문에 그녀가 황제의 마음을 정복할 수 있었을지도 모른다. 그녀가 세상을 떠났을 때 황제는 마침 전쟁 중이었는데, 부고를 접하고서 슬픔을 가누지 못하고 즉시 군대를 철수하여 조정으로 돌아왔다. 그리고 이후 그가 세상을 떠날 때까지 여전히 자신이 가장 사랑했던 여인 해란주를 잊지 못했다. 이들의 사랑이야기 가운데 가장 인상적인 대목이 '관저궁'이다. 전장을 누볐던 황제의 또 다른 면모를 볼 수 있는 부분이기도 하다. 자신이 사랑하는 여인에게 사랑의 마음을 표현하고자 할 때 그의 마음속에 떠올랐던 것은 다름 아닌 이 경쾌하고 천진난만한 노래 「관저」였다.

'관저궁'의 편액은 지금도 여전히 선양沈陽의 고궁故宮에 걸려 있는데 '관저'라는 두 글자로 영원한 사랑과 행복을 말하고 있는 듯하다. 이제 「관저」 편을 함께 읽어보자.

꾹꾸르 물수리, 모래톱에 다정하고　　　關關雎鳩, 在河之洲

고운 아가씨는, 군자의 배필이네　　　窈窕淑女, 君子好逑

얼키설키 마름풀, 이리저리 찾나니　　　參差荇菜, 左右流之

고운 아가씨를, 자나깨나 그리네　　　窈窕淑女, 寤寐求之

구하나 얻지 못해, 자나깨나 그리네　　　求之不得, 寤寐思服

길고도 길구나, 잠 못 이뤄 뒤척뒤척　　　悠哉悠哉, 輾轉反側

얼키설키 마름풀, 이리저리 따나니　　　參差荇菜, 左右采之

고운 아가씨와, 금과 슬로 사귀리　　　窈窕淑女, 琴瑟友之

얼키설키 마름풀, 이리저리 고르나니　　　參差荇菜, 左右芼之

고운 아가씨와, 종과 북으로 즐기리　　　窈窕淑女, 鍾鼓樂之

「관저」의 첫머리에서 귀에 가득 차게 들리는 것은 바로 새 울음소리다. "관관關關"은 첩음의 의성어로서 암수 물수리가 경쾌하고 활발하게 우는 소리를 묘사한 것이다. "재하지주在河之洲", 암수 물수리가 다정하게 황허강 가운데 작은 모래톱에 있다. 생각해보면 그때 황허 물가는 녹음이 우거지고 온갖 꽃이 피어난 모습이었을 것이다. 그리고 그 녹음 짙은 물가는 분명 새들의 천국이었을 것이고 많은 새가 즐거운 듯 지저귀고 있었을 것이다. 그런데 왜 오직 "저구雎鳩(물수리)"의 울음소리에 주의를 기울인 것일까?

물수리는 오늘날로 말하자면 일종의 사랑새다. 물수리는 암수가 일생 동안 서로를 떠나거나 버리지 않는데, 만약 한쪽이 먼저 죽으면 다른 한쪽은 먹지도 않고 시름시름 앓다가 죽는다. 그래서 옛사람들은 이 새를 일컬어 '정조貞鳥'라고 했다. 시의 첫 구에서 암수 물수리가 서로를 부르고 화답하는 소리는 남자에게 무한한 연심戀心을 불러일으키고, 나아가 오직 어여쁘고 정숙한 아가씨야말로 자신의 이상적인 배필이라는 생각에 이르도록 한다.

"요조숙녀窈窕淑女, 군자호구君子好逑." 이 부분은 거의 모두 알고 있는 구절일 것이다. 그러나 잘못 이해하는 경우가 많은데 대체로 다음의 몇 가지 점에서다.

우선 '좋은 짝, 배필'이라는 의미인 "호구好逑"의 '호好'를 동사로 읽어 '(짝을) 구하기를 좋아하다', 즉 '열심히 구하다'로 잘못 해석하는 경우가 있다.

다음으로 "요조숙녀窈窕淑女"를 몸매가 예쁘거나 자태가 곱다는 의미로만 해석하는 경우가 있다.

그러나 "요조窈窕"는 외모가 예쁜 것을 가리키고, "숙淑"은 마음이 고운 것을 가리킨다. 그러므로 여기서 추구하는 대상은 외모뿐만 아니라 마음씨도 고운 사람이다. "호구好逑"는 이상적인 상대, 배필이라는 의미다. 이 두 구의 의미를 풀어보면 외모도 내면도 아름다운 그녀야말로 군자의 가장 이상적인 결혼 상대라는 것이다.

2장의 "참치행채參差荇菜"는 1장 첫 구 "관관저구關關雎鳩"를 이어 받아, 역시 물가의 정경을 말하고 있다. "행채荇菜"는 마름인데, 수 생식물로서 잎 모양이나 생태 습성은 연꽃과 비슷하다. 줄기와 잎 은 매우 부드러워 식용으로 쓰인다. 이 구는 여러 차례 반복해서 나오는데, 2장의 "참치행채參差荇菜, 좌우류지左右流之", 4장의 "참치 행채參差荇菜, 좌우채지左右采之", 5장의 "참치행채參差荇菜, 좌우모지 左右芼之"와 같은 식이다. 그러면 이렇게 여러 차례 반복하여 말한 것은 어떠한 의미일까? 그리고 반복하는 가운데 "류流(찾다)" "채 采(따다)" "모芼(고르다)"[1]와 같이 중간에 한 글자씩 변화를 준 부 분이 있는데, 이는 또 어떤 숨겨진 의미를 지니고 있는 것일까? 원이둬는 이들은 모두 아가씨가 물에서 마름을 따는 모습을 표현 한 것인데, 아가씨의 모습을 보고 남자가 사모하게 됨을 나타낸다 고 했다.[2] 즉 물가에서 마름을 따는 그녀를 보고 그 모습 하나하 나가 남자의 마음속 깊이 새겨져 지워지지 않는 것을 반복적으 로 말하여 강조한 것이다. 그리고 좌우로 "流(찾다)" "采(따다)" "芼(고르다)"라고 한 묘사를 생각해보면 물에서 마름을 채취하는 것이 쉽지 않은 것을 알 수 있는데, 마름을 채취하기 어려운 것만 큼이나 숙녀의 마음을 얻기가 쉽지 않다는 것을 비유적으로 나 타낸 것으로 읽을 수 있다. 이리저리 떠다니는 마름은 그야말로

---

1   원이둬聞一多는 『시경통의詩經通義(乙)』 「관저」 편 해설에서 "유流"와 "모芼"는 "채采"와 같이 모두 '고르다擇' '찾다求'의 의미라고 보았다.

2   원이둬, 『풍시류초風詩類鈔(乙)』, "女子采荇於河濱, 君子見而悅之." (아가씨가 물가에서 마름을 따는 것을 보고 좋아하게 되는 것이다.)

잘 잡히지 않는 그녀의 마음과 같아서 앞으로 험난한 사랑의 노정이 예정되어 있는 듯하다. 다음에 연결되는 "오매사복寤寐思服"이나 "전전반측輾轉反側"은 바로 그리움과 고통으로 잠들지 못하는 군자의 마음을 대변해준다.

상사병은 동서고금을 막론하고 누구나 앓을 수 있는 '유행성 감기' 같은 것이다. 정도가 경미한 경우에는 며칠 몸이 불편할 뿐이지만 심할 경우에는 목숨까지 위협할 수 있다. 사랑은 기쁨이기도 하고 또한 무한한 고통이기도 하다. 사람을 도취시키기도 하고 온갖 괴로움을 가져다주기도 한다. 이는 젊은 베르테르 또한 겪었던 것이다. 아름다운 로테를 사랑한 이 정열적인 청년은 사랑에서도 사회에서도 곳곳에서 난관에 부딪쳐야 했다. 사랑과 신념에서 좌절을 겪자 절망한 베르테르는 결국 총을 들어 그의 젊은 생명을 마감한다. 18세기 독일의 위대한 문학가 괴테의 『젊은 베르테르의 슬픔』은 사랑의 마음을 생생하게 담아내어 당시 유럽 젊은이들의 폭발적인 공감을 불러일으켰는데, 많은 사람이 베르테르의 옷차림이나 어투를 흉내냈고, 심지어 그와 같이 영원히 돌이킬 수 없는 자살의 길을 선택하기도 했다. 다시 『시경』으로 돌아가서 보면 「관저」에서 사랑에 빠진 남자는 베르테르와 같이 피를 토하고 쓰러질 만큼 고통스러워하거나 절망에 자살하는 지경에 이르지는 않는다. 여기서는 마지막에 음악으로써 아름다운 사랑의 교량을 만들고자 한다. "금슬우지琴瑟友之" "종고락지鍾鼓樂之"라고 하며, 음악으로써 마음에 두고 있는 여자를 기쁘게 하여 그의 사랑에 희망의 씨앗을 남기니, 독자들 또한 자연히 그와 함께 쑥쑥 자라는 사랑의 나무를 기대하게 된다. 이것이 바로 『시경』의 묘미다. 『시경』에서 노래하는 감정은 결코 과도하게 넘쳐서 인성을 해치는 지경에 이르지 않는다. 『시경』은 언제나 온화하면서도 힘차다.

이 짧은 「관저」의 시는 중국 문학사에서 특수한 위치를 차지한다. 이 시는 『시경』의 첫 번째 편이고, 『시경』은 또한 중국 문학에서 가장 오래된 문헌이다. 물론 그 이전에 일부 신화고사들이 있는데, 성격으로 보았을 때는 연대가 더 이를지 몰라도 문자 기록으로서는 『시경』보다 오히려 늦다. 그러므로 중국 문학사를 펼쳤을 때 가장 먼저 만나는 것은 바로 이 「관저」 편이다.

『논어』에서 공자는 여러 차례 『시경』에 대해 언급했는데, 그 가운데 구체적으로 편목을 들어 말한 것은 「관저」가 유일하다. 『논어』 「팔일八佾」에서는 「관저」를 논평하여 "즐거우나 방탕함에 이르지 않고, 슬프나 마음을 상함에 이르지는 않는다樂而不淫, 哀而不傷"고 했는데, 이는 「관저」를 중화中和의 미美를 표현한 전형으로 꼽은 것이니, 이렇게 본다면 「관저」가 담고 있는 의미가 크지 않은가!

앞에서 말했듯, 『시경』은 중국 역사상 논쟁이 가장 치열했던 시집이다. 「관저」 편은 바로 그러한 논쟁의 양상을 집중적으로 보여준다. 이 시의 주지는 무엇일까? 모든 것은 보는 이의 관점에 따라 다르게 보이는 법이다. 도학자들은 이 시를 "왕후의 덕성后妃

之德"3을 노래한 것이라고 여겼다. 다시 말해 여성이 어질고 정숙한 덕성을 지니려면 어떠해야 하는지를 가르치기 위한 시라는 것이다. 이와 반대로 성정을 중시하는 사람들은 이 시를 사랑을 노래한 것이라고 여겼다. 이렇게 한 작품에 대해 두 가지 선명하게 대립하는 독법이 존재한다는 사실이 흥미롭지 않은가? 이와 같이 서로 모순되는 이해는 역사상 그 예를 적지 않게 찾을 수 있다. 그중 하나로 명대의 대표적인 희곡작가 탕현조湯顯祖의 경우를 보자. 잠시 탕현조의 유명한 희곡 『모란정牧丹亭』을 살펴보겠다.

『모란정』에는 남안태수南安太守 두보杜寶의 무남독녀 두여랑杜麗娘이 등장하는데 재기가 출중하여 16세 이전에 "남녀의 사서四書4를 모두 외울 수 있었다." 두보는 딸에게 큰 기대를 품고 딸이 학식과 교양을 갖춘 여성의 모범으로서, 삼종지도와 사덕四德5을 따르는 현모양처로 성장하기를 바라며, 그녀를 위해 60세가 넘은 수

3 「관저」 편 앞에 실린 「모시서毛詩序」에는 다음과 같이 적고 있다. "「관저」는 왕후의 덕성을 말한 것으로 국풍의 시작이다. 이로써 천하 사람들을 교화하고 부부의 도리를 바로잡으려는 것이다. (…) 「관저」는 숙녀를 얻어 군자와 짝을 맺어주는 기쁨을 말하는데, 오직 어진 인재를 천거하는 것에 마음을 둘 뿐 미색을 탐하지 않으며, 요조숙녀를 애틋하게 기다리고 어진 인재를 간절히 사모하되, 그것이 선량한 마음을 상하게 하는 데 이르지는 않는다. 이것이 「관저」의 의미다關雎, 后妃之德也. 風之始也, 所以風天下而正夫婦也. (…) 關雎, 樂得淑女以配君子, 愛在進賢, 不淫其色, 哀窈窕, 思賢才, 而無傷善之心焉, 是關雎之義也." 이후 도학가들의 「관저」 편에 대한 이해는 「모시서」의 관점을 거의 벗어나지 않는다.
4 남녀사서男女四書는 일반적으로 말하는 사서인 『논어論語』 『맹자孟子』 『중용中庸』 『대학大學』 외에 여인들의 품행에 대한 글들을 모아 묶은 '여사서女四書'를 함께 말한 것이다. 여사서는 『여계女誡』 『내훈內訓』 『여논어女論語』 『여범첩록女范捷錄』을 가리킨다.
5 사덕四德이란 여자로서 갖추어야 할 마음씨(덕德) · 말씨(언言) · 맵시(용容) · 솜씨(공工)를 가리킨다.

재 진최량陳最良을 선생님으로 모셔왔다. 또한 영리한 몸종 춘향春香을 함께 공부하게 했다. 공부란 우선 적합한 교재를 선택하는 것에서 시작한다. 그러면 당시 여자아이에게 적합한 교재는 무엇이었을까? 두보의 관점은 중국의 전통 관념을 대변한다 할 수 있는데, 그는 진 선생과 딸의 교육문제를 의논하여 다음과 같이 말했다. "『시경』은 첫 편이 바로 '왕후의 덕성'을 노래한 것이고, 또한 네 글자로 되어 있어 부르기 쉬우며, 가학으로 전해오는 경전이므로 『시경』으로 했으면 합니다." 즉 예절규범으로 두여랑을 단속하고자 두보는 『시경』을 첫 교재로 선택한 것이다. 이는 희곡 속의 일이지만 또한 당시 현실의 반영이기도 하다. 『모란정』에서는 이렇게 첫 부분부터 『시경』을 바라보는 관점 문제를 도입하고 있다.

그러나 선생님이 아무리 누누이 가르친다 해도 젊은 사람에게는 자신만의 독법이 있는 법이다. 진 선생은 두여랑에게 「관저」를 읽게 하고 이 시는 여인의 덕성을 가르치고 사회 풍조를 교화하기 위한 것이라고 했다. 하지만 이렇게 경직된 『시경』의 해설이 두여랑에게 그대로 받아들여질 리 없었다. 「관저」의 내용에 대해 두여랑은 이미 읽어 알고 있었는데, 그녀는 선생님께 기존의 해석과는 다른 보다 깊은 이해를 얻을 수 있기를 바라며 마음속에 품었던 의문에 답해주기를 희망했다. 과연 『시경』은 『여계女誡』와 같은 여성의 덕성을 선양하는 교과서인가, 아니면 진솔한 정감을 표현한 시편인가? 「관저」의 "구하나 얻지 못해, 자나깨나 그리네. 길고도 길구나, 잠 못 이뤄 뒤척뒤척" 이러한 구절을 읽고 두여랑은 직관적으로 이 시는 한 편의 연가戀歌임을 깨달았다. 「관저」가 이 성에 대한 두여랑의 사랑을 일깨우는 촉진제가 되었다고 할 수도 있을 것이다.

극중에서 두여랑은 문벌가의 규수로 어려서부터 엄격한 규제 속에서 자라, 심지어 집 안에 큰 정원이 있는지도 모를 정도였다. 그녀의 몸종 춘향이 정원에 대해 말하는 것을 듣고 마음이 동할 수밖에 없었는데, 규제가 엄격함에도 춘향의 부추김을 이기지 못하고 몰래 정원으로 놀러 나갔다. 온갖 꽃이 만개하고 원앙이 쌍쌍이 노닐고, 눈앞에 숨가쁘게 펼쳐지는 다채로운 봄의 정경은 어린 소녀의 마음의 문을 열기에 충분했다. 그녀는 오랜 시간 깊은 규방에 갇혀 있었던 답답함을 한 번에 쏟아내며, "꽃은 울긋불긋 이리도 아름답게 지천으로 피어서, 이제껏 빈 우물과 무너진 담벼락에 대고 자태를 뽐낸 셈이었구나. 좋은 시절, 아름다운 풍광인들 무슨 소용 있겠느냐? 이를 즐길 마음과 기쁜 일은 어느 집, 어느 정원에야 있을까……"6라고 탄식했다. 아름다운 봄날을 아무도 함께 즐길 사람이 없다는 것으로부터 그녀는 자신의 신세를 떠올리고 자기 연민에 잠기게 된 것이다. 두여랑은 정원을 거닐다

6　"原來妊紫嫣紅開遍, 似這般都付與斷井頹垣. 良辰美景奈何天, 賞心樂事誰家院?……" 이 대목은 『모란정』의 명구로 꼽힌다. 여기서 언급하고 있는 좋은 시절良辰, 아름다운 풍광美景, 즐기는 마음賞心, 기쁜 일樂事 등 네 가지는 예로부터 인생의 네 가지 아름다움으로 일컬어졌다. 이는 원래 남조南朝 사령운謝靈運이 「의위태자업중집시팔수擬魏太子鄴中集詩八首」의 서序에서 "좋은 시절, 아름다운 풍광, 즐기는 마음, 기쁜 일, 이 네 가지가 한자리에 모두 갖추어지기는 어렵다天下良辰, 美景, 賞心, 樂事, 四者難幷"라고 한 것에서 유래한다.

피로를 느끼고 잠시 잠이 들었는데, 꿈에서 한 서생 유몽매柳夢梅를 만났다. 그와 함께 모란정을 거닐며 "천 가지 만 가지의 사랑의 밀어"를 나누었는데, 비록 꿈속에서의 사랑이었으나 그에게 반하여 그녀는 결국 상사병을 앓게 된다. 병상에 누워 유몽매에 대한 그리움과 함께 마음속에 온갖 모순과 충돌이 교차하는 고통 가운데서, 문득 예전에 읽었던 『시경』의 구절이 전혀 다른 의미로 다가왔다. "갇혀 있는 물수리도 모래톱에서 서로 다정하게 노니는 즐거움이 있는데, 사람이 어찌 새만 못하단 말인가?"7 「관저」의 첫 구인 "관관저구關關雎鳩"에서 "관관關關"이 새가 우는 소리를 묘사한 것임을 두여랑이 모를 리 없으나, 그녀는 굳이 "관관"의 '관'을 글자의 원래 의미를 살려서 "갇혀 있는 물수리"8라고 읽으며 온갖 구속에 놓여 있는 자신의 신세와 비교하여 사람이 어찌 잡혀 있는 새만큼도 자유롭지 못한가 탄식했다. 유가에서는 윤리도덕을 노래한 명편으로 꼽히는 이 시를 두여랑이 이와 같이 남녀 간의 사랑을 노래한 것으로 읽은 것은 시 해석을 독점해온 전통 시경학에 대한 절묘한 풍자가 아닐 수 없다. 나중에 두여랑은 한바탕 꿈속 사랑으로 인한 상사병으로 숨을 거두는데, 천지를 울리고 귀신을 감동시키는 본격적인 사랑이야기는 그 다음부터 펼쳐진다. 3년 뒤 유몽매는 두여랑의 초상을 보고 그림

7　"關了的雎鳩, 尚然有洲渚之興, 可以人而不如鳥乎!"
8　"관관關關"은 의성어로 쓰인 것이나, 이 글자는 원래 '(문을) 닫다, 잠그다'는 의미를 지니고 있다. 그러므로 "관관"을 의성어가 아닌 원래 의미를 살려 읽는다면 "관관저구關關雎鳩"는 "갇혀 있는 물수리" 정도로 풀이될 수 있다.

속의 그녀와 한눈에 사랑에 빠지고, 유몽매의 진실한 사랑에 감응하여 두여랑의 혼백은 다시 돌아와 환생한다. 그리고 갖은 우여곡절 끝에 두 사람은 마침내 부부로 맺어지고, 행복하게 일생을 마감한다. 여기에 이르러 우리는 「관저」에 대한 탕현조의 관점이 어떠한지 분명하게 알 수 있다. 이 희곡작가의 눈에 「관저」는 명백한 사랑노래다. 「관저」를 발단으로 희곡『모란정』이 전개되고, 또 역으로『모란정』이 널리 유행하면서 「관저」의 사랑은 다시금 청춘남녀의 마음속에 끊임없이 되새겨지게 되었다.

　오늘날 우리가 보기에는 위와 같은 관점으로 「관저」를 읽는 것이 더 타당하게 여겨진다. 그런데 한편으로는 또 다른 의문이 생기기도 한다. 두여랑과 같이 간절한 사랑의 의미로 「관저」를 해석한 경우는『모란정』외에는 거의 찾아보기 힘들 정도인데, 왜 역사상 그렇게 많은 유학자는 이 시를 사랑이 아닌 윤리도덕을 노래한 것이라고 확신했을까? 500여 년간의 긴 시간을 통해 형성된 시들 가운데 305편을 선별하여 수록하면서 왜 유독 「관저」를 첫머리에 배치했을까?『시경』을 편집할 때 시편을 배치하는 데 있어서 특별한 의도가 있었던 것일까, 아니면 별다른 의도 없이 배치한 것일까?

　「관저」의 내용은 매우 단순하다. ‘숙녀’를 간절히 바라는 ‘군자’와, 그 바람을 이루지 못하여 마음을 애태우는 고통과, 음악으로 숙녀의 마음을 즐겁게 하리라는 뜻을 말하고 있다. 구구절절한 복잡한 전개 없이 소박하다. 예컨대 부모의 반대에 부딪힌다든지,

제삼자가 끼어든다든지 하는 것도 없고, 흔히 말하듯 "바다가 마르고 돌이 닳아 없어지더라도 마음은 변치 않는다海枯石爛, 心不變"는 식의 영원한 맹세도 없다. 그러면 이 시에 어떤 특별한 점이 있기에 중국의 중요한 도덕적 전형으로 말해지는 것일까?

우선, 시에서 묘사하고 있는 사랑은 청춘남녀의 짧은 해후나 한때의 격정이나 '하룻밤의 사랑'과 같은 일회성의 것이 아니라 절제되고 전통 예절의 범주를 벗어나지 않는 사랑이다. 시에서 군자는 사모하는 마음에 다만 홀로 "전전반측"할 뿐, 『서상기西廂記』에서의 장생張生과 같이 월장하여 들어가 밀회를 갖거나 하지 않는다. 그리고 숙녀의 태도는 더욱 완곡하여 신비로운 느낌마저 준다. 시에서는 군자의 구애에 대한 그녀의 마음이 어떠한지, 그에게 응하는 것인지 아닌지 도무지 읽을 수 없다. 심지어 그녀의 생김새조차 구체적으로 알 수 없다. 이들 간의 사랑은 예법을 준수하는 사랑이다. 간절하면서도 표현은 온화하고 도를 넘지 않는 절제됨이 있어 사회적 공감을 얻을 수 있는 사랑이다.

다음으로 군자와 숙녀로 대변되는 남녀의 사회적 신분이다. 군자란 당시에 사회적 지위가 있으면서도 도덕적 품격을 겸비한 남자를 일컫는 이중적 의미를 지닌 말이었다. 그리고 '요조숙녀' 또한 외면의 아름다움과 내면의 덕성을 함께 갖춘 것을 말했다. 여기에서 군자와 숙녀의 결합은 결국 사랑과 도덕이 결합하는 것으로, 당시 사회에서 추구하는 이상적인 결혼을 나타낸다. 그리고 이상적인 결혼으로 이루어진 화목한 가정은 결국 사회 전체의 화합과 안정에 기초가 된다.

이와 같이 「관저」에서 노래하는 사랑은 절제된 감정과 조신한 행동, 이상적인 결혼을 목표로 하는 사랑이기 때문에 유가에서는 이 시를 아주 훌륭한 본보기라 여겨 남녀의 덕성을 수양하는 교재로 삼는다면 '교화敎化'의 효과를 얻을 수 있을 것이라 생각했다. 교화라는 말에서 절묘한 것이 '화化'다. 문학 작품의 의의는 바로 정서 교육에 있는데, 윤리도덕 의식의 배양은 은연중에 스며들어 변화시키는 그러한 정서적 교화로 완성될 수 있다. 이것이 바로 「관저」로 대표되는 『시경』의 애정시들이 지닌 문학적·문화적·사회윤리적 가치라 할 수 있다. 그러므로 「관저」는 『시경』의 첫 번째 시로 놓일 수 있을 뿐 아니라 나아가 중국 문학사상의 첫 시가 될 수 있는 충분한 자격을 갖추었다.

청춘남녀의 사랑이란 인류의 영원한 주제다. 「관저」의 노래는 남녀의 사랑 감정을 자연스러운 것으로 인정하면서도 그에 대해 절제할 것을 요구하여 사회의 규범을 벗어나지 않는다. 후대 사람들은 각각의 관점에 따라 이 시의 의미를 해석했다. 도학가들은 이로부터 윤리도덕을 보았고, 반대로 봉건 예교를 인성에 대한 압박이라 여기면서 그에 반기를 들었던 사람들은 이 시를 기치로 내걸며 사랑에 대한 개인의 권리를 신장시키고자 했다. 『모란정』에서 두여랑이 깊은 규중의 고통 속에서 「관저」를 통해 자신의 삶의 이유를 생각했듯이 말이다.

경전은 읽을수록 늘 새롭다. 각 시대마다 열성적으로 시의 의미를 풀어보고자 했던 많은 사람이 있었다. 이 시의 가치와 매력을 말하고자 한다면 그것은 바로 가장 진실한 감정을 표출하면서 동시에 아름다운 절제를 보여준다는 데에 있을 것이다. 이러한 측면은 오늘날 만연하는 죽음도 불사하는 극단적 사랑이나 한때의 감정으로 넘기는 일회성 사랑에 대하여 많은 의미를 던져준다.

『시경』은 또한 나의 삶에 영향을 준 한 권의 책이다. 대학에서 전공수업을 할 때 다른 학교의 친구가 자신의 선생님 강의에 대한 자랑을 늘어놓기에 그저 호기심에 그 친구를 따라 가서 청강하게 되었는데, 마침 그때 강의한 것이 『시경』이었다. 강의 중 선생님은 시에 심취되어 창으로 부르기 시작하셨는데 바로 『시경』의 열다섯 국풍國風 가운데 하나인 「왕풍王風」의 「서리黍離」 편이었다.

저긴 기장이 축축 늘어지고, 저긴 피가 한창	彼黍離離, 彼稷之苗
발걸음 터벅터벅, 내 마음은 휘청대오	行邁靡靡, 中心搖搖
나를 아시면, 시름이 있구려 하시겠지요	知我者, 謂我心憂
나를 모르시면, 왜 그러냐 하시겠지요	不知我者, 謂我何求
유유창천이시여, 누구를 탓하리까	悠悠蒼天, 此何人哉

이 시는 책 속에서 걸어 나와 내게 들어왔던 첫 번째 시다. 그 순간 나는 대학원 진학을 결심했다. 당시 갖은 방법을 다해 억지로 외우던 영어 공부에 머리가 어지러울 지경이었는데, 낭랑하게 귀에 가득 차게 들리는 『시경』의 구절들은 내게 많은 위안과 힘

을 주었다. 나중에 나는 바람대로 석사과정에 들어가게 되었고 석사논문은 『시경』에 관한 평론을 주제로 삼아 썼다. 말하자면 『시경』이 내 인생의 방향을 정하는 데 큰 영향을 미쳤다고 할 수 있다. 이후 계속하여 박사과정과 박사후과정을 거치는 동안에도 연구 주제는 역시 『시경』이었다. 그동안 매년 봄 학기에 '시경입문' 수업을 열어 강의하고 있으며, 『시경』에 관해 쓴 책도 어느덧 세 권이 된다. 나와 『시경』은 앞으로도 계속 이렇게 함께하며 해로하지 않을까. 아마 혹자는 그렇게 오래 읽어서 이제는 너무 익숙하여 지겹지 않냐 할지도 모르겠지만 전혀 그렇지 않다. 지금까지 한 번도 그런 생각을 해본 적이 없다. 『시경』은 매번 읽을 때마다 새로운 느낌으로 다가온다. 내게 있어 『시경』을 열독閱讀하는 시간은 그야말로 '열독悅讀'하는, 희열의 읽기 시간이다. 『시경』 305편은 모두 곡조에 맞춰 불렀던 가사다. 당시 반주되었던 곡조는 벌써 오래전에 유실되어 전해지지 않는다. 허베이대학 류충더劉崇德 교수는 송대 말기, 원대 초기 즈음의 유명한 음악가 웅붕래熊朋來가 편집한 『슬보瑟譜·시구보詩舊譜』에서 당대 개원 연간으로부터 전해진 「관저」의 곡보를 찾았는데, 음률이 실로 아름답다. 오늘날 「관저」를 이해하는 데 있어 의미하는 바가 적지 않다.

복숭아를 던지시면,
자두로 답하리다

: 정표에 관하여 :

『시경』의 시대에 남녀는 사랑의 정표로 어떤 것을 주고받았을까? 오늘날에는 일반적으로 남자가 적극적으로 구애하며 반지나 장미꽃으로 사랑을 표현한다. 그러면 『시경』의 시대에는 남녀 가운데 누가 더 적극적이었을까? 의외로 당시에 사랑의 감정을 표현한 쪽은 대체로 여성이었다. 『시경』을 읽다보면 용감하게 적극적으로 사랑을 표현하는 '뜨거운 여성'들을 적지 않게 만나게 된다. 이 활달한 여성들은 그럼 무엇으로 사모하는 이에게 사랑을 표현했을까? 지금 생각으로는 아마도 상상하기 어려울 것이다. 바로 과일이었다.

『시경』에서 언급한 과일은 10여 종에 이른다. 복숭아, 자두, 모과, 매실, 대추, 오디 등은 매혹적인 향기를 뿜으며 서로의 마음을 대신하여 말하는 매개체가 된다. 『시경』305편은 모두 크게 세 부분으로 나누어지는데, '풍風'과 '아雅'와 '송頌'이다. '풍'은 각 제후국의 민간에서 불렸던 시가이고, '아'는 귀족 계층에서 불렸던 시가이며, '송'은 국가의 중대한 의식에서 연주되었던 시가다. 이 가운데 '아'는 다시 '대아大雅'와 '소아小雅'로 나뉘는데, '소아'의 시는 대부분 귀족 계층의 연회에서 불리거나 정치적 내용을 담은 서정시고, '대아'의 시는 대부분 주周 민족의 사시史詩다. 그러므로 '대아'의 시들은 그 표현이 엄숙하고 정중하다. 그런데 이러한 '대아'의 시에서도 과일이 서로의 마음을 가늠해보는 기준으로 등장하는 것은 매우 흥미롭다. 예를 들어 「대아大雅·억抑」에서 "나에게 복숭아를 던지시면, 그대에게 자두로 답하리다投我以桃, 報之以李"와 같은 식이다. 이 구절의 이면에 담겨 있는 뜻은 상대방이 선의로 자신을 대한다면 자신 또한 선의로 그에게 보답하겠다는 것이다. 다른 사람에게 예물을 받고서 그와 마찬가지로 답례를 하는 것은 상대의 뜻에 대한 존중과 감사를 나타낸다. 이렇게 오고 가는 가운데 상호의 관계와 우의는 더욱 돈독해질 수 있다.

예물을 받고 답례하지 않는 것은 예가 아니다. 일반적인 왕래에서도 그렇지만 남녀 간의 왕래에서는 더욱 그러하다. 그런데 남녀 간에 '복숭아를 던지고 자두로 답례하는' 것은 이미 일반적인 예절에 그치지 않는다. 여기에서는 예물의 가치가 어떠한가는 문제가 되지 않고, 그 상징적 의미가 중요한데, 이는 두 사람이 서로의 사랑을 확인하고 서로를 받아들이기로 허락했는지의 여부를 나타내기 때문이다. 『시경』에서 과일은 상호 간의 마음을 대신하는 일반적인 예물로 쓰였을 뿐 아니라, 남녀 간에 사랑을 표현하는 대표적인 정표로 쓰였다. 「왕풍王風·구중유마丘中有麻」 편을 보면 다음과 같은 구절이 있다.

언덕 높이 자두나무, 저 유씨댁 도련님   丘中有李, 彼留之子
저 유씨댁 도련님이, 내게 패옥을 주었다네   彼留之子, 貽我佩玖

시를 보면, 높은 언덕에 자두나무가 있다고 말하고 또 유씨댁 도련님을 말하는데, 유씨댁 도련님이란 이 아가씨가 마음에 둔 사람일 것이다. 두 사람은 아마도 만나기로 약속한 것 같다. 그런데 아무리 기다려도 그가 오지 않자, 아가씨는 이전에 그와 자두나무 아래서 만났을 때, 그가 당시 차고 있던 패옥을 풀어 정표로 자신에게 주었던 일을 떠올린다. 사랑에 빠진 아가씨는 두 사람이 자두나무 아래서 나눴던 사랑을 생각하며 초조한 마음을 감출 수 없다. 괴테는 "청춘남녀 어느 누가 사랑에 빠지지 않겠는가. 인간에게 있어 사랑은 가장 순결한 본성이다"라고 했다. 사랑의 아름다움은 순결함에 있다. 어떠한 목적이나 이득이나 조건을 달지 않는 순수한 마음과 마음의 만남, 영혼과 영혼의 융합에 있다. 시에서 언덕 높이 서 있는 자두나무는 영원히 퇴색하지 않는 두 사람의 사랑에 대한 증인이다.

동서고금을 막론하고 사랑이야기에는 늘 빠짐없이 과일이 등장하는 것 같다. 『성경』에서는 이브가 뱀의 유혹에 넘어가 지혜의 열매를 훔쳐 먹고 또 아담에게 먹게 하여 둘은 에덴동산에서 쫓겨나 인류의 조상이 된다. 『시경』의 시대에 상대에게 과일을 던져 사랑을 표현하는 것은 보다 도전적이라 할 수 있을 텐데, 이는 여성이 남성에게 구혼하는 습속의 하나였다. 『주례周禮』에는 '중춘지월仲春之月', 즉 음력 2월 봄기운이 절정에 다다르는 때에 나라에서 청춘남녀가 자유로이 짝을 만날 수 있도록 하는 모임을 주선하여 행했다는 기록이 있다. 중춘지월은 꽃이 만발하고 만물이 생장하는 시절이기에 옛사람들의 관념 속에 가장 생기가 넘치는 달로 음양의 조화를 이루기에도 가장 좋은 때라 여겨졌다. 봄기운에 힘입어 젊은 남녀의 마음도 쉽게 동할 수 있으므로 나라에서는 이때에 남녀 회합의 장을 마련하여 자연의 이치에 순응하도록 했던 것이다. 모임에서 여자들은 마음에 드는 상대가 있으면 그에게 과일을 던져주고, 만약 남자가 이에 응하여 허리에 찬 패옥을 풀어준다면 그 남자 역시 그녀와 같은 마음임을 나타냈다. 「소남召南·표유매摽有梅」는 바로 여자가 과일로 남자에게 구애하는 것을 노래한 시다.

매실을 던지네, 남은 매실 일곱이요	摽有梅, 其實七兮
나를 데려가실 님들, 길일에 해야 하오	求我庶士, 迨其吉兮
매실을 던지네, 남은 매실 셋이요	摽有梅, 其實三兮

나를 데려가실 님들, 오늘이면 되오   求我庶士, 迨其今兮

매실을 던지네, 광주리를 털었다네   摽有梅, 頃筐墍之

나를 데려가실 님들, 말만 하면 된다오   求我庶士, 迨其謂之

위의 시는 『시경』에서 유명한 구애의 시다. 이 시에 대해 대체로 두 가지 다른 해석이 있는데, 어느 쪽으로 해석하든 모두 과일을 중심으로 한다는 것은 다르지 않다. 여기서는 매실이 주요 매개다.

한 가지 해석은 매실이 익을 때 화자인 여성이 나무 아래서 노래한 것이라고 풀이한다. 아가씨는 나무에 아직 '칠七'분 가량의 매실이 달려 있으니, 만약 자신을 아내로 맞고 싶다면 가서 '길일吉日'을 잡아 오라고 말한다. 이어 나무의 매실이 칠분에서 삼분 정도밖에 남아 있지 않을 때까지 자신에게 청혼하는 남자가 나타나지 않자 마음이 급해져 '길일'을 잡으라 했던 것에서 '오늘'로 말을 바꾼다. 누구든 청혼해온다면 그에게 시집가겠다는 추세다. 그러나 그래도 상대가 나타나지 않자 이제는 초조해져서 더 이상 예의를 갖출 것도 없이 그쪽에서 말만 한다면 아무 것도 따지지 않고 바로 승낙하겠다고 한다.

또 한 가지 해석은 나라에서 공식적으로 정한 일종의 남녀 맞선의 날에 여자들이 어깨에 매실 한 광주리를 매고 길을 걸으며 마음에 드는 상대를 만나면 그에게 던지는 상황을 노래한 것으로 풀이한다. 광주리의 매실은 점점 적어지는데, 답례로 패옥을 주는 남자가 나타나지 않자 마음이 조급해지다가 나중에는 아예 오늘이 바로 길일이니 빨리 나를 데려가시라고 대놓고 표현한다.

오랫동안 이 시를 둘러싼 논쟁은 첫 구 "표유매摽有梅"에서의 "표摽"에 대한 해석을 놓고 벌어졌다. 한편에서는 표를 '떨어질 낙落'으로 보아, "매실이 떨어지네"라고 해석한다. 즉 매실이 익어 나무에서 떨어지는 것을 보고 여자는 청춘도 저렇게 한순간에 지나가니 남자들에게 서두르라고 한 의미라고 봤다. 또 한편에서는 이 글자를 '던질 포抛'로 보는데, 대표적으로 원이둬의 해석을 들 수 있다. 그에 따르면 이 시는 과일을 던져 구혼하는 풍속을 노래한 시로, "기실칠혜其實七兮" "기실삼혜其實三兮" "경광기지頃筐墍之"라 한 것은 여자가 남자에게 매실을 던져서 광주리에 매실이 점점 적어지는 것을 말하고, "태기길혜迨其吉兮"라고 한 것은 남자에게 좋은 때를 놓치지 말고 빨리 와서 청혼하라는 의미라고 했다.9 나 역시 그의 해석에 공감한다.

시는 모두 3장으로 구성되어 있는데 "서사庶士"라는 말이 각 장에 중복되어 나온다. "서庶"는 많다는 뜻이니, "서사"는 다수의 청년들을 가리킨다. 그러므로 시의 화자인 아가씨는 아직 마음에 정해둔 상대는 없고 불특정 다수의 남자를 향해 구애의 신호를 보내고 있다는 것을 알 수 있다.

혹자는 이렇게 말할 수도 있겠다. 이 아가씨는 '잉녀剩女(잉여의

---

9   원이둬, 『시경통의』(갑), 「표유매摽有梅」편 풀이.

노처녀)'가 아닌가 하고. 그렇지 않다면 왜 이렇게 초조하게 결혼에 매달리느냐고. '잉녀'라는 표현은 어느 정도의 연령이 있는데 아직 귀속을 찾지 못한 여자들을 일컫는 말로, 오늘날에는 주변에서 드물지 않게 볼 수 있다. 『시경』이 책으로 묶여진 것이 대개 춘추 중기인데, 당시에는 중국 사회사상 체계에 지대한 영향을 미쳤고 또한 주도적 역할을 한 유가 사상이 아직 자리 잡히지 않았을 때이므로 사회적으로 여성의 언행에 대한 갖가지 제한과 구속이 상대적으로 덜했다 할 수 있다. 그래서인지 시에서의 여자들은 조금의 주저함도 없이 직접적으로 자신의 마음을 표현하는데, 그 진솔하고 소박한 모습이 사랑스럽다. 오늘날 여자들처럼 한편으로는 중국 전통 예교의 그림자를 지니기도 하면서 또 한편으로는 혹시 장래에 물질적으로 궁핍하지는 않을까 하는 걱정에서, 사랑 앞에서는 오히려 자유롭지 못한 면이 있는 것과 다르다. 어느 유행가에서 "아가씨 용감하게 앞으로 나와요"라고 노래했는데, 2500여 년 전의 노래에 비한다면 신선할 것도 없다. 그때는 아가씨들이 대담하게 "남자들이여 용감하게 앞으로 나와요"라고 노래했으니 말이다. 타임캡슐을 타고 가서 볼 수 없기에 실제로 당시 여자들이 그렇게 용감하게 말하고 행동했는지 확인할 수는 없지만, 이 노래를 부른 그녀가 아직 어리고 젊다면 나는 그녀의 솔직하고 천진함에 반했을 것이고, 이미 청춘이 지나간 경우라면 나는 그녀의 용기에 반했을 것이다.

장구章句의 중첩은 『시경』에서 보편적으로 보이는 표현 수법이다. 이러한 형식은 『시경』의 시들이 원래 노래 가사였다는 것과 무관하지 않다. 오늘날 가곡에서도 주선율 부분을 반복하여 부르는 것을 많이 볼 수 있는데, 이렇게 반복하여 부르면 정감을 강화하게 된다. 위 시를 보면, 장구를 중첩함으로써 구혼하고 초조해하는 심리를 매우 생동감 있게 표현해낸다. 제1장에서 "길일에 해야 하오迨其吉兮"라고 할 때는 그래도 조용히 기다리겠다는 뜻이 보이는데, 다음 장 "오늘이면 되오迨其今兮"에서는 약간 조급한 마음이 엿보이고, 마지막 장 "말만 하면 된다오迨其謂之"는 입만 떨어지면 당장이라도 따를 수 있다는 식의 속내를 남김없이 드러내고 만다.

당대 여성 시인 두추랑杜秋娘의 「금루의金縷衣」에는 다음과 같은 구절이 있다. "꽃이 피어 꺾으시려면 주저치 말고 꺾으세요, 꽃이 진 후 빈 가지를 꺾어들지 마시고花開堪折直須折, 莫待無花空折枝." '꽃'은 무엇인가? 생명 가운데 진귀한 그 무엇이다. 청춘이요, 이상이요, 자유요, 건강이요, 사랑이다. 그리고 여성에게는 아름다움이다. 모든 여성은 이렇게 하나의 꽃이다. 여자들은 언제나 남자 쪽에서 적극적으로 구애하길 바라는데, 그래야 체면이 서기 때문일까. 하지만 「표유매」의 저 아가씨는 사랑을 갈구하는 마음을 조금도 숨김없이 드러내고 적극적으로 구애한다. 매실도 던지고, 노래도 불렀으나, 그녀에게 응하는 사람은 끝내 나타나지 않는데, 그녀가 결국 인연을 만나게 되었는지 어떤지는 알 수 없다. 원래 모든 이야기는 열린 결말이 더 마음 깊이 남는 법이다. 여기 매실을 들고서 대담하고 솔직하게 마음을 표현하는 아가씨에게 그래서 더욱 마음이 끌린다.

이와 비교하여 「위풍衛風·모과木瓜」에서의 여주인공은 훨씬 행운아다. 그녀가 던진 과일이 그녀밖에 모르는 다정한 사람을 그대로 맞췄으니 말이다.

내게 모과를 던져오기에,
붉은 구슬로 답했네　　　　　　　　投我以木瓜, 報之以瓊琚
꼭 보답이라서가 아니라,
오래오래 잘 지내자고　　　　　　　匪報也, 永以爲好也
내게 복숭아를 던져오기에,
고운 구슬로 답했네　　　　　　　　投我以木桃, 報之以瓊瑤
꼭 보답이라서가 아니라,
오래오래 잘 지내자고　　　　　　　匪報也, 永以爲好也
내게 자두를 던져오기에,
검은 구슬로 답했네　　　　　　　　投我以木李, 報之以瓊玖
꼭 보답이라서가 아니라,
오래오래 잘 지내자고　　　　　　　匪報也, 永以爲好也

나는 매년 『시경』 입문 과목을 개설하는데, 이 시를 말할 때마다 학생들은 웃음을 터뜨린다. 한 번은 수업 시간에 10분간의 자유토론 시간을 가졌는데, 어느 여학생이 만약 기다리던 남자가 오지 않으면 화가 나서 그에게 수박을 던질 것 같다고 말한 적이 있다. 정말 수박에 맞는다면 상당히 아플 것이다. 시에서 말한 "목도木桃"나 "목리木李"가 오늘날 우리가 보는 '복숭아桃'나 '자두李'와 같은 것인지 아닌지, 크기가 어떠한지, 학자들 간에 논쟁이 있기도 하지만, 일단 그에 대한 논의는 접어두고 그냥 먹음직스러운 과일이라 생각하면 될 듯하다. 또 어느 남학생은 이 시가 불합리하다며 왜 여자들은 값싼 과일을 주는데 남자들은 그렇게 비싼 옥구슬로 답해야 하는지 수지가 맞지 않는다고 말한 적이 있다. 틀린 말이 아니다. 아리따운 아가씨가 모과를 던져주면, 남자는 옥으로 그에 답한다. 이렇게 남녀 간에 주고받는 예물의 가치가 대등하지 않은데, 왜 그런 것일까?

위에서 남자가 건넨 "경거瓊琚" "경요瓊瑤" "경구瓊玖"는 모두 아름다운 옥을 말한다. 분명 모과와 복숭아와 자두는 이러한 옥과 값어치를 비교할 수 없다. "황금은 값을 매길 수 있어도 옥은 값을 매길 수 없는 보물이다黃金有價玉無價"라는 말도 있지 않는가. 하지만 서로 예물을 주고받는 진정한 의미에서 말하자면 그 가치는 다르지 않다. 여기서 예물의 값이 어떠한지는 결코 중요하지 않다. 중요한 것은 쌍방이 모두 "오래오래 잘 지내자永以爲好"는 영원한 사랑을 바란다는 데 있다. "꼭 보답이라서가 아니라匪報也"고 한 것에서도 예물의 가치가 대등한지 아닌지에 대해서는 개의치 않는다는 것을 알 수 있다.

이렇게 여자가 과일을 던져 구애하는 풍속은 『시경』 시대로부터 위진남북조 시대에까지 이어진 것으로 보인다. 위진남북조 시기 명사들의 일화를 기록한 『세설신어世說新語』라는 책이 있는데, 남조南朝 송宋의 문장가 유의경劉義慶이 쓴 것으로, 여기에도 과일을 던져 구애하는 풍속을 기록하고 있다. 관련 내용은 중국 역사상 대표적 미남으로 손꼽히는 반안潘安의 일화에 기록되어 있다.

만약 고대 중국 미남 선발대회를 한다면 반안은 분명 최고의 '꽃미남'으로 뽑혔을 것이다. "반안과 같은 용모貌若潘安"라는 말이 생겨나 관용적 표현으로 자리 잡은 것만 보아도 그의 용모를 짐작해볼 수 있다. 그의 출중한 외모는 정사正史에도 언급될 정도인데, 예를 들어 『진서晉書』「반안전潘安傳」을 보면 "반악은 용모가 수려하고 풍채가 빼어나다岳, 美姿儀"고 적고 있다. 반악潘岳은 반안의 본명이다. 반안은 자가 안인安仁인데, 후인들이 그의 자를 부를 때 '인仁'을 생략하고 '반안'이라 부르게 되었다. 『세설신어』「용지容止」편에서는 "반악은 수려한 용모와 고아한 기품이 있었다. 젊었을 때, 활을 끼고 낙양 거리로 나가면 그를 본 여인들은 손에 손을 잡고 그 주위를 둘러싸지 않을 때가 없었다"[10]라고 적고 있다. 고대 중국의 여성들은 매우 조신했는데, '절세미남'인 반안 앞에서는 조신함도 언제 그랬냐는 듯 완전히 던져버렸던 것 같다. 반안이 거리에 나올 때마다 오로지 그를 한 번 보기 위하여 손에 손을 잡고 우르르 모여들었다니 말이다. 젊은 시절 반안이 사

---

10 『세설신어世說新語』「용지容止」 "潘岳妙有姿容, 好神情. 少時挾彈出洛陽道, 婦人遇者, 莫不連手共縈之."

냥 복장을 하고 활을 끼고서 수레를 몰고 낙양의 거리를 지나갈 때, 당시 여자들이 그를 보고 이렇게 흥분을 감추지 못하는 모습은 오늘날 톱스타에 환호하는 소녀들과 별반 다르지 않은 것 같다. 『세설신어』에 주석을 단 남조 양梁의 학자이며 문장가인 유효표劉孝標는 이 대목에 부연 설명을 덧붙이기를 당시 여자들이 앞을 다투어 반안의 수레에 과일을 던져, 얼마 지나지 않아 수레가 과일로 가득 찼다고 적고 있다. 생각해보면 꽃미남 반안은 과일을 사 먹을 필요가 없었을 것 같다. 과일이 먹고 싶으면 수레를 몰고 거리를 한 바퀴 돌면 되었을 터이니 말이다. 『세설신어』에는 당시 반안과 함께 문필로 이름 높았던 좌사左思에 관한 일화도 함께 소개하고 있다. 좌사의 명문장 「삼도부三都賦」는 워낙 일품이라 모두 종이를 사서 베껴 적느라 낙양의 종이 값을 올려놓을 정도였다는 유명한 일화가 전해진다. 그리고 이로부터 '낙양지귀洛陽紙貴' 즉 '낙양의 종이 값이 비싸다'라는 성어가 생겼다. 좌사는 이렇게 재능이 출중했지만 외모가 말할 수 없이 못생겼다. 한 번은 자신과 함께 늘 문필로 칭송되던 반안의 이야기를 전해 듣고 낙양의 아가씨들이 반안의 재능을 높이 사서 열정적으로 환호한 것이라 여겨, 자신도 반안을 본떠 수레를 몰고 사냥을 나갔는데, 생각지도 못하게 나이 많은 부녀자에 둘러싸여 비웃음을 당하고 심지어 누군가는 침을 뱉기도 하여 낭패를 겪고 풀이 죽어 집으로 되돌아갔다고 한다. 그야말로 새로운 판본의 효빈效顰이라 할 수 있겠다. 최고의 문필가인 좌사도 재능보다는 외모를 추구하는 세태 앞에서 어쩔 수 없었으리라.

이상에서 알 수 있듯, 어느 것을 던지느냐는 마음이 결정한다. 한없이 사랑하는 마음이면 향기로운 과일을 던질 것이고, 혐오하는 마음이면 침을 뱉을 것이다. 결국은 마음에 달려 있다.

『시경』에서 보이는 '복숭아를 던지고 자두로 답하는' 식의 상호 간의 교감과 사랑의 표현은 후대 사람들에게 많은 사랑을 받았고, 사람들은 그와 같은 사랑을 할 수 있기를 소망했다. 예를 들어 『홍루몽』에서 가보옥은 『시경』을 읽는 것은 좋아했으나, 과거 시험 과목인 사서는 좋아하지 않았다. 그럼, 그가 『시경』에서 가장 좋아했던 부분은 어디였을까? 『홍루몽』 제9회 「풍류 도령 서당으로 들어가매, 의심 많은 악동들은 소동을 피운다」에서 보옥이 아침에 일어나 서재에 들어가 책을 읽으려 할 때 보옥의 부친 가정賈政과 보옥의 종인 이귀李貴가 대화하는 대목을 살펴보자.

(가정은) 이귀에게 말했다. "너희가 매일같이 보옥을 데리고 서당에 간다는데 요즘 그 아이가 배운다는 게 도대체 무슨 책이냐? 만일 유언비어같이 쓸데없는 거나 뱃속에 집어넣고 교묘한 장난질이나 배웠다면 내가 틈이 좀 났을 때 우선 너희 놈들부터 혼쭐을 내놓고 나서 그 못된 놈을 요절낼 테니 그리 알아라!"
그 말에 놀란 이귀가 즉시 두 무릎을 꿇고 엎드려 모자를 벗고 땅에다 소리가 나도록 머리를 조아리며 연신 "네, 네" 하며 대답한다.
"도련님이 읽으시는 건 『시경』의 셋째 권의 뭐라든가 '우-우-사슴들이 울고, 연잎, 부평이 떠 있네요呦呦鹿鳴, 荷葉浮萍'라고 하는 거지요. 소인은 감히 거짓말을 못하옵니다."

그 말에 좌중이 박장대소했다. 가정도 웃음을 참을 수 없었다.

"설령 서른 권의 『시경』을 읽는대도 그런 책은 눈 가리고 아옹 하는 식으로 듣기 좋은 말로 기만하는 것일 뿐이다. 너는 서당에 가거든 훈장 어르신한테 안부 여쭙고, 내가 말하더라고 전해라. 『시경』이고 고문이고 형식적으로 때우고 넘어 가는 거 다 필요 없고 오직 먼저 '사서四書'를 한 번에 분명하게 이치를 말하고 달달 외울 수 있게 하는 것이 급선무라고 말씀드려라."[11]

위에서 "『시경』의 셋째 권"이란 무엇일까? 왜 가정은 『시경』 읽기는 "형식적으로 때우고 넘어가는 거"라 하고, 사서를 "분명하게 이치를 말하고 달달 외울 수 있게 하는 것"이 급선무라 했을까?

우선 당시 인쇄된 『시경』이 어떤 식으로 묶여졌는지 살펴보자. 당시 『시경』에는 8권짜리도 있었고 6권짜리도 있었고 4권짜리도 있었다. 가보옥이 읽은 『시경』은 일반적으로 유통되었던 4권짜리였는데, 앞 두 권은 '국풍國風'이었고, 나머지 두 권은 '아雅'와 '송

---

11 因向他道:"你們成日家跟他上學, 他到底念了些什麼書! 倒念了些流言混語在肚子裏, 學了些精致的淘氣. 等我閑一閑, 先揭了你的皮, 再和那不長進的算帳!"嚇的李貴忙雙膝跪下, 摘了帽子, 碰頭有聲, 連連答應"是", 又回說:"哥兒已念到第三本『詩經』, 什麼'呦呦鹿鳴,荷葉浮萍', 小的不敢撒謊."說的滿座哄然大笑起來, 賈政也撐不住笑了, 因說道:"那怕再念三十本『詩經』, 也都是掩耳偷鈴, 哄人而已. 你去請學裏太爺的安, 就說我說了:什麼『詩經』古文, 一概不用虛應故事, 只是先把『四書』一氣講明背熟, 是最要緊的."

頌'이었다. 위에서 보옥이 이미 제3권을 읽기 시작한다고 한 것은 『시경』의 15 '국풍'을 모두 읽었다는 의미다. 『시경』 제3권의 첫 수는 「소아小雅·녹명鹿鳴」 편인데, 그 첫 구가 "유유녹명呦呦鹿鳴, 식야지평食野之苹(우-우- 사슴들이 울고, 들판 풀을 뜯는다)"이다. 이 귀는 이 구절이 무슨 말인지도 모르고 보옥이 읽는 것을 들었던 대로 흉내 내어 "유유녹명呦呦鹿鳴, 하엽부평荷葉浮萍(우-우- 사슴들이 울고, 연잎, 부평이 떠 있네요)"라고 잘못 말하여 웃음거리가 된 것이다. 위에서 보옥이 「녹명」의 첫 구절까지 읽었다는 것은 결국 그가 '국풍'을 모두 읽었다는 말이며 '아'와 '송'은 아직 읽지 않았다는 것이다.

작자 조설근曹雪芹은 "『시경』의 셋째 권"이라는 단서로 가보옥이 '국풍'만을 읽고, '아'와 '송'은 읽지 않았다는 것을 암시하고 있는데, 우리는 여기에 담긴 의미를 새겨볼 필요가 있다. 『시경』에서 주요 분량을 차지하는 '국풍' 160편은 대부분 민가民歌와 연시戀詩로 이루어져 있다. 그리고 '아'와 '송'은 대개 선진先秦 시기의 예악문명을 구현한 시편으로 이러한 예악문명은 이후 유가사상의 기초가 된다. 보옥이 '국풍'만 읽고 '아'·'송'은 읽지 않았다는 설정에서 가보옥이라는 캐릭터를 만들어내기 위한 작자의 세심한 배려를 엿볼 수 있다. 가정은 전통 사상을 대변하는 인물로, 가정의 눈에 보옥은 그저 아녀자들 치마폭에 싸여 있는 것 같고, 학업에 증진이 있을 것 같지도 않고 늘 탐탁찮다. 그러니 사랑 타령하는 '국풍'을 더 읽다가는 학업 수양에 아무런 도움이 되지 못할 것이므로『시경』은 그저 듣기 좋은 소리로 사람을 "기만하는 것일 뿐"이라며 사서를 완전히 이해하고 외우는 것만이 과거에 급제할 수 있는 길이라 여겨 그것이 가장 "급선무"라 한 것이다.

마루이펑馬瑞芳은 '신행단新杏壇'에서『홍루몽』을 강의하며 보옥과 대옥의 사랑을 중국 문학사에 등장하는 다른 사랑들, 예컨대『서상기』의 장생과 앵앵,『모란정』의 두여랑과 유몽매의 사랑과 비교해보면 더욱 주목할 만하다고 말한 바 있다. 왜냐하면 보옥과 대옥의 사랑은 상호 이해와 소통과 공감의 기초 위에 이루어진 것이기 때문이다. 가보옥의 문학적 흥미 내지는 관점은 당연 조설근의 문학관을 반영하는데, 그의 관점은 당시의 범속한 독서인과 다르다. 가보옥이『시경』을 배우는 상황의 설정은 가보옥과 임대옥이 함께『서상기』를 읽는 설정과 같은 맥락으로서 모두 문화와 인성에 대한 새로운 각성의 의미를 담고 있다. 「모과」와 같이 서로의 사랑을 노래한 시에 대해『홍루몽』에서 비록 직접적으로 언급하지는 않았으나, 추측해 보건대, 가보옥은 이러한 시들을 특별히 좋아했을 것이며 이러한 시들을 읽으며 자신과 임대옥의 사랑에 대해서도 부푼 기대를 안고 아름다운 미래를 꿈꾸었을 것이라 짐작할 수 있다.

「표유매」와 「모과」, 과일을 매개로 감정을 표현한 이 두 편의 시는 특히나 솔직하고 대담하다. 그런데 「관저關雎」와 같이 점잖게 사랑을 노래한 시가 경전에 들어가는 것은 그래도 이해가 되는데, 「표유매」와 같이 화끈하게 사랑을 말한 시가『시경』에 실린 것은 좀 의외다. 가보옥과 같은 기성의 질서에 반항하는 '성난 젊은이'가 좋아하는 것은 그렇다 치겠으나 어떻게 공자도 좋아하는가에 대해 아마도 모두 한 번쯤은 의문을 가졌을 것이다. 후대의 유학자들은 어떻게 이러한 시편들까지 경전으로 받든 것일까? 특히 「표유매」에서와 같이 열성적으로 구애하는 아가씨는 전통시기 중국 사회에서 말하는 단정하고 조신한 '모범 여성'의 형상과는 거리가 먼데, 『시경』을 편집할 때 왜 이러한 시들도 수록했을까?

『시경』은 중국 최고最古의 시가 총집으로 여기에는 서주 초에서 춘추 중엽에 이르는 대략 500여 년 간의 시 305편이 수록되어 있다. 그러나 선진 시기에는 '시경'이라는 명칭으로 불리지 않았다. 『좌전左傳』이나 『국어國語』와 같은 선진 시기 문헌들을 보면 그 안에 『시경』의 구절을 인용하여 말할 때는 언제나 "시」왈(『詩』曰)" 혹은 "『시』운(『詩』云)" 등과 같이 "『시』에서 말하길"이라고 적고 있다. 『논어』에서 공자 역시 다만 "시" 또는 "시삼백詩三百"이라고 했다. 전국 시기 제자서들 역시 마찬가지다. 이로부터 보면 그 당시에는 '시'나 '시삼백'이 본명이었음을 알 수 있다.

『시』가 '경經'이라 일컬어지게 된 것은 공자가 『서』 『예』 『악』 『역』 『춘추』와 함께 『시』를 제자들을 가르치는 교재로 쓰고부터다. 한대 이후 유가의 지위가 바뀜에 따라 공자는 신성화되었고, 이들 문헌 역시 경전으로 받들어졌다. 소박한 시가집인 『시삼백』이 『시경』이 된 것이다.

'경經'은 어떤 의미인가? 후한의 문자학자 허신許愼은 『설문해자

說文解字』에서 "경經은 직織을 따른다"고 했다. 즉 '경'은 베를 짤 때의 날실이다. 우선 날실을 놓아야지만 가로로 씨실을 교차하며 베를 짤 수가 있다. 이와 같이 '경'자의 본래 의미는 결코 심오한 것이 아니다. '경'은 하나의 기준선이므로 '경'의 핵심은 가장 기본적인 것을 확정한다는 데 있다. 유가에서 존숭하는 경전 속의 사상은 사회질서를 안정시키는 데 있어 극히 중요한 역할을 한다. 그러므로 유가 문헌을 '경'이라 칭하는 것이다.

옛날 중국에서 『시』는 줄곧 교과서였다. 공자가 제자를 가르칠 때에도 『시』를 교재로 썼다. 앞에서 살펴본 「표유매」와 「모과」 두 시가 독자들에게 생각해볼 문제를 던지고 궁금증을 자아내게 하는 것은 바로 이 시들과 같이 대담한 애정시가 공문孔門에서 어떻게 당당하게 논해졌는가에 있다. 그럼 공자는 학생들에게 이 시들에 대해 어떻게 말했을까?

"식욕과 성욕은 사람의 타고난 본성食色, 性也."(『맹자』「고자告子」)이라 했다. 『시경』의 시대에 사람들은 자신의 정욕에 대해 처음으로 이성적인 반성을 하기 시작했다. 그러므로 이와 같은 남녀의 사랑을 말한 시를 정시正視할 수 있었으며, 공자 또한 합리적인 것으로 받아들여 『시』를 한 마디로 표현하여 "생각에 사특함이 없다思無邪"(『논어』「위정」) 즉 305편 모두 순수하다고 했다. 그러나 오히려 후대의 유학자들은 공자의 성인 형상과 『시경』의 연가는 함께 어울릴 수 없다고 생각하여 『시경』의 모든 시가 도덕을 말한 것으로 해석했다.

근대 이후에야 보다 합리적인 관점으로 『시경』을 감정을 노래한 문학 작품으로서 이해하게 되면서 『시경』의 연가들은 점점 본모습을 찾게 되었다. 『시경』의 연가들을 어떻게 보아야 하는가에 대해서는 궈모뤄郭末若의 견해를 주목할 만하다. 그는 「종백화에게致宗白華」라는 글에서 "'음탕한 시淫奔之詩'를 공자가 삭제하지 않은 것은 아마도 공자도 이 시들을 즐겨 읽으셨기 때문이 아닐까. 내가 보기에 공자는 자유연애를 주장하고 자유이혼을 실행하셨던 분이다"[12]라고 했다. 나는 궈모뤄의 이러한 관점은 공자의 '성인' 형상을 정확하게 인식한 것이라 생각한다. 성인은 결코 속세를 초월한 '신선'과 같은 존재가 아니다. 성인 역시 감정을 지닌 일반적인 '사람'이다. 성인으로서 공자는 이상적인 완전한 인성을 대표하지만, 그 완전한 인성 안에 보통 사람이 공통적으로 지니는 감정이 포함되는 것은 당연하다. 남녀 간의 감정 역시 배제되지 않는다는 것은 말할 필요도 없다. 만약 성인에게 지극히 자연스럽고도 순수한 남녀 간의 감정이 결핍되어 있다면 완전한 성인이라할 수 없을 것이다. 위대한 사상가 공자는 당시 청춘남녀 간의 자유 왕래, 동등한 사랑은 결코 이상한 것이 아니며 아주 정상적이고도 합리적인 것이라 여겼다. 그렇지 않았다면 자유연애를 반영한 시들에 대해서 그와 같이 적극적으로 인정하는 태도를 보이지 않았을 것이다. 많은 분량의 연가가 포함되어 있는 『시경』에 대해

---

12 "孔子也不過是個人. (…) '淫奔之詩'他是不刪棄的, 我恐怕他還是愛讀的! 我看他是主張自由戀愛(人情之所不能已者, 聖人不禁), 實行自由離婚(孔氏三世出其妻)的人!"

서도 한 마디로 "사무사思無邪"라고 평가할 수 없었을 것이다. 공자가 주목한 것은 어떻게 하면 일반 사람의 인성과 감정을 예禮의 궤도에 오르게 할 수 있을까 하는 것이었다. 그래서 사랑을 노래한 시들 가운데 「관저」편을 특별히 높이 평가하여 "즐거우나 방탕함에 이르지 않고, 슬프나 마음을 상함에 이르지는 않는다樂而不淫, 哀而不傷"고 하며, 이 시가 중화의 미를 구현한 것이라 여겼다. 상상력을 동원해본다면, 공자가 강단에서 젊은 학생들을 마주하고서 『시』를 강독할 때, 「표유매」나 「모과」의 대목에 이르러서는 분명 정중하고 점잖은 얼굴로 구애할 때는 용감해야 하고, 결혼해서는 진중해야 한다고 말하지 않았을까. 가장 평범한 자기 자신으로서의 본분을 다해야만 가족을 행복하게 할 수 있고, 가정을 평화롭게 할 수 있으며 나아가 '치국治國'과 '평천하平天下'의 원대한 이상을 실현할 수 있을 것이라고 말하지 않았을까.

성현에게는 성현대로의 『시경』에 대한 체득이 있고, 보통 사람에게는 그 나름대로의 『시경』에 대한 이해가 있다. 같은 시라 하더라도 시대에 따라 전혀 다른 독법이 있을 수 있다. "시에는 완전한 해석이 있을 수 없다詩無達詁"[13]라고 했듯, 1000명의 독자에게는 천 개의 체득이 있을 수 있다. 시대가 변해도 불변하는 것은 사랑의 관례다. 사랑이 깊어지면 언제나 정표를 건네어 사랑을 표현한다. 『시경』의 시대에는 과일과 옥으로 했고 오늘날에는 반지

---

13 동중서董仲舒, 『춘추번로春秋繁露』 「정화精華」 "시는 완전하게 해석될 수 없고 역은 완전하게 점칠 수 없으며 춘추는 완전하게 기술할 수 없다詩無達詁, 易無達占, 春秋無達辭."

로 한다. 『시경』 시대의 연인들이 복숭아를 던지고 자두로 답했던 모습으로부터 우리는 진정한 사랑의 고백에 대해 다시금 생각하게 된다. 남자든 여자든 관계없이 진정한 사랑이 도래했을 때에는 용감하게 대면하고, 진실하게 표현하며, 서로의 마음을 보배롭게 여겨야 할 것이다. 서로의 마음을 보배롭게 여겨 "내게 복숭아를 던져오기에, 고운 구슬로 답하고投我以木桃, 報之以瓊瑤", 그런 다음에야 비로소 아름다운 사랑을 얻을 수 있을 것이다.

금이야 슬이야 타보세나,
이보다 좋을 수 있겠소

: **부부에 관하여** :

이번에는 『시경』에서 부부의 화합을 노래한 시들을 말하고자한다. 화해와 융합은 중국의 전통 윤리에서 중시하는 부부간의 미덕이다. 혹자는 부부의 일인데도 고대의 중요한 윤리와 관계가 있냐고 물을 수도 있겠다. 당연히 관계가 있을 뿐 아니라 매우 깊이 연관되어 있다. 옛사람들은 부부 간의 도덕은 모든 도덕의 기초라고 생각했다. 이른바 '수신修身' '제가齊家' '치국治國' '평천하平天下'라고 했을 때 '수신'과 '제가'는 한 사람이 사회로 나가 맡은바 역할을 다 할 수 있도록 하는 기초다. 옛사람들은 오직 '수신'해야지만 '제가'할 수 있다고 여겼다. 즉 신심을 수양해야 가정에서의 관계를 원만하게 처리할 수 있고, 이러한 기초가 있어야 '치국평천하'할 수 있다고 보았다. 부부의 화해와 융합은 바로 '수신' '제가'의 중요 내용이 된다. 가정은 사회의 세포 단위에 해당한다. 남녀의 결혼 문제는 가정을 이루는 중요한 조건일 뿐 아니라 사회가 존재하고 발전하는 근원이다. 그러므로『주역周易』「서괘전序卦傳」에서 "천지가 있은 연후에 만물이 있게 되었다. 만물이 있은 연후에 남녀가 있게 되었다. 남녀가 있은 연후에 부부가 있게 되었다. 부부가 있은 연후에 부자父子가 있게 되었다. 부자가 있은 연후에 군신君臣이 있게 되었다. 군신이 있은 연후에 상하의 신분 관계가 있게 되었다. 상하 관계가 있은 연후에 예의가 행해지게 되었다"[14]고 한 것이다. 남녀의 결혼 문제는 개인 생활에 있어 중대한 일일 뿐 아니라 사회적으로도 중대한 일이다. 건강한 결혼은 개인에게나 가정, 사회, 자녀의 교육에 건강한 기초이지만, 그렇지 못할 경우 가정과 개인은 모두 불행해지고 특히 자녀의 마음에 치유되기 힘든 상처를 남긴다. 동시에 사회적으로도 적지 않은 문제를 일으킬 수 있다. 그러므로 결혼은 예부터 중국인들이 특별히 중시해 온 논제의 하나다. 옛사람들은 자주 '항려伉儷' '진진秦晉' '원앙鴛鴦' '연리지連理枝' '비목어比目魚' '비익조比翼鳥'[15] 등을 써서 아름다운 부부관계를 비유하거나 동경했다. 그 가운데 가장 낭만적이고 가장 철학적 함의가 짙은 것은 '금슬琴瑟'의 비유다. 「정풍鄭風·여왈계명女曰雞鳴」은 한 쌍의 남녀가 금슬상화琴瑟相和하

---

14 "有天地, 然後有萬物. 有萬物, 然後有男女. 有男女, 然後有夫婦. 有夫婦, 然後有父子. 有父子, 然後有君臣. 有君臣, 然後有上下. 有上下, 然後禮義有所錯."

는 화목한 생활 정경을 묘사한 시다.

"닭이 울어요" "아직 캄캄한데"　　　　　女曰雞鳴, 士曰昧旦
"일어나 밤인지 봐요, 샛별이 밝아오네요　子興視夜, 明星有爛
새들도 휘휘 날아오르죠,

들오리, 기러기 잡아야 하는데"　　　　　將翶將翔, 弋鳧與鴈
"주살로 잡아서, 맛있게 만들어　　　　　弋言加之, 與子宜之
맛있게 만들어 술 한 잔 하오,

이렇게 당신과 해로하려오　　　　　　　宜言飲酒, 與子偕老
금이야 슬이야 타 보세나,

이보다 좋을 수 있겠소"　　　　　　　　琴瑟在御, 莫不靜好
당신이 내게 오시어,

내 모든 패옥으로 선사하리다　　　　知子之來之, 雜佩以贈之
당신이 나를 따르시어,

내 모든 패옥으로 드리리다　　　　　知子之順之, 雜佩以問之

15　부부, 연인을 가리키거나, 그들 간의 사랑이 두터움을 가리키는 표현이다. 항려伉儷는
　　부부를 일컫는 말이다. 진진秦晉은 춘추 시기 진秦과 진晉 두 나라가 여러 대에 걸쳐
　　통혼한 것에서 유래하며, 두 집안이 혼인 관계를 맺은 것을 가리킨다. 그 다음 원앙鴛
　　鴦, 연리지連理枝, 비목어比目魚, 비익조比翼鳥 등은 모두 영원히 함께하는 사랑을 비유
　　할 때 쓰는 표현이다. 비목어는 외눈박이 물고기 혹은 눈이 한쪽에만 모여 있는 물고기
　　라 할 수 있는데, 비익조와 마찬가지로 두 마리가 나란히 같이 있어야 살 수 있다고 한
　　다. 『이아爾雅』 「석지釋地」에 다음과 같은 기록이 있다. "동쪽에 비목어가 있는데, 두 마
　　리가 짝을 짓지 않으면 갈 수 없다. 그 이름을 접(넙치)이라 한다東方有比目魚焉, 不比不
　　行, 其名謂之鰈."

당신이 나를 사랑하여,

내 모든 패옥으로 보답하리다   知子之好之, 雜佩以報之

아내가 "닭이 울어요" 하니, 남편은 잠자리에서 일어나기 싫은 듯 꾸물거리며 "아직 캄캄"하니 날이 밝지 않았다 한다. 위 시는 부부가 아침에 일어날 때의 대화로부터 시작하여 일문일답의 형식으로 진행되는데, 일상의 정취가 생생하게 담겨 있다. 전체 시는 마치 한 편의 연극처럼 세 장면의 대화로 전개된다.

첫 장면은 닭이 울며 아침을 재촉한다. 닭이 울자 부지런한 아내는 일어나 하루를 시작할 준비를 하고 남편에게 닭이 울었다고 알려준다. 이렇게 닭이 울고 곧 동이 틀 것이라고 남편을 일깨우는 대화체로 서두를 여는데, 지극히 일상적인 말로 여는 서두는 어떠한 수식이나 효과적 장치 없이도 독자를 한순간에 당시의 실제 생활 현장으로 끌어들인다. "닭이 울어요雞鳴"라는 아내의 부드러운 재촉에 남편은 "매단昧旦"이라고 대꾸하는데, "매단"은 동이 트기 직전 가장 어두운 때를 가리킨다. 아내가 재촉하나 남편은 아직 더 자고 싶은 마음에 날이 아직 밝지 않았다며 이불 속에서 꾸물거린다. 하지만 아내의 의지는 완강하다. 예나 지금이나 부지런한 아내는 모두 똑같은 것 같다. 남편은 가정생활의 지주이므로 아내는 재차 남편에게 생활의 책무를 일깨운다. "자흥시야子興視夜, 명성유란明星有爛. 장고장상將翶將翔, 익부여안弋鳧與鴈." 아내의 어투는 단호하나 태도는 여전히 부드럽다. 아내의 거듭 재촉에 남편은 마침내 아내가 만족할 만한 적극적인 반응을 보인다. 매우 평범하고 일상적인 몇 마디 대화일 뿐이나 부부 간의 화목한 관계를 충분히 엿볼 수 있다.

두 번째 장면에서는 남편의 소망을 담았다. "익언가지弋言加之, 여자의지與子宜之. 의언음주宜言飮酒, 여자해로與子偕老." 아내에게 남편은 들오리, 기러기를 잡아다 함께 요리하여 먹고, 술잔을 기울이며 이렇게 해로偕老하자고 말한다. 얼마나 소박하고 아름다운 소망인가! 유행가 가운데 "내가 그릴 수 있는 가장 낭만적인 일이란, 그대와 함께 천천히 늙어가는 것"이라 한 가사가 생각난다. 예나 지금이나 연인들이 바라는 것은 다르지 않은 것 같다. 즐거울 때나 슬플 때나 언제나 함께 하며, 맛있는 음식을 함께 먹고, 좋은 술을 함께 즐길 수 있으면 족하다. 중국의 술 문화에 대해 말하자면 깊고 오랜 연원과 역사가 있다. 술은 문학과 뗄 수 없는 관계를 가진다. 선진 시기 백과사전이라 일컬어지는 『시경』에서도 당시 술 문화에 관한 내용을 적지 않게 발견할 수 있다. 『시경』 305편 가운데, "주酒"라는 글자는 모두 65회 등장한다. 아울러 당시의 술잔에 대한 묘사도 꽤 찾아 볼 수 있는데, "박으로 술을 퍼서酌之用匏"(「대아·공류公劉」), "쇠금 술동이 술을 따라酌彼金罍"(「주남周南·권이卷耳」), "물소 뿔 술잔 들어稱彼兕觥"(「빈풍豳風·칠월七月」), "소 문양 술동이 아름답구나犧尊將將"(「노송魯頌·비궁閟宮」), "옥잔을 내리시어釐爾圭瓚"(「대아·강한江漢」) 등 각종 주기를 언급하고 있다. 조롱박으로부터 청동, 옥, 물소 뿔 등 다양한 재질로 만들어진 주기들의 정교함과 아름다움이 음주의 정취를 한층 더했으리라 짐작해볼 수 있다. 『시경』에서 술을 말한 대목들을 찬찬히 음미해보면 흥미로운 사실들을 적지 않게 발견할 수 있다. 예를 들어, 「빈풍·칠월」의 시에서 "팔월에는 대추를 털고, 시월에는 올벼를 거두고, 겨우내 술을 담가, 봄술로 장수를 비세나八月剝棗, 十月穫稻. 爲此春酒, 以介眉壽"라고 읊었는데, 당시에 대추와 벼로 술을 담갔음을 알 수 있다. 또 「소아·담로湛露」의 시에서는 "즐겁구나, 오늘 밤 술자리, 취하지 않고서는 돌아가지 못하리라厭厭夜飲, 不醉無歸"했는데, 밤이 깊도록 흥겹게 술을 마시며 거나하게 취할 때까지 마셔야 만족하는 유쾌한 정경을 엿볼 수 있다. 이렇게 술은 『시경』시대 사람들에게 갖가지 생활의 정취를 더하는 매개였는데, 남녀의 만남에 있어서도 좋은 술을 나누는 것은 사랑의 정을 더욱 깊게 하는 역할을 했다. 위의 시에서 부부는 함께 술을 마시고 사냥해온 고기를 함께 먹는다. 여기에 "금슬재어琴瑟在御", 즉 거문고와 비파를 타며 함께 노래한다. "재어在御"는 연주한다는 의미다. 이와 같이 맛있는 음식과 좋은 술과 아름다운 음악이 있고, 서로의 마음을 아는 사랑하는 사람이 있다. 그야말로 신선이 부럽지 않다. 이어 다음 단락에서는 직접적으로 사랑을 표현하는 내용이 전개된다.

세 번째 장면은 몸에 지니고 있던 패옥을 건네며 사랑을 고백하는 대목이다. "지자지래지知子之來之, 잡패이증지雜佩以贈之. 지자지순지知子之順之, 잡패이문지雜佩以問之. 지자지호지知子之好之, 잡패

이보지雜佩以報之."이 내용에 대해서 혹자는 아내가 남편에게 마음을 고백하는 것이라 여기나, 나는 부부가 함께한 것이라 생각한다. 거문고와 비파로 반주하며 같이 노래한 것으로 볼 수 있다. 그리고 "증지贈之(드리다)" "문지問之(선사하리다)" "보지報之(보답하리다)"라 한 결미로부터 두 사람의 깊은 사랑을 다시 확인할 수 있다. 두 사람의 화목한 정경은 클라이맥스에 이르고 정감 또한 남김없이 표현된다.

중국에서 무협소설로 이름 높은 진융金庸은 『설산비호雪山飛狐』에서 호비胡斐와 묘약란苗若蘭이 3월 보름밤 설원에서 사랑을 확인하는 장면에 이 시의 구절을 인용하여 묘사한 바 있다. 호비가 "맛있게 만들어 술 한 잔 하오, 이렇게 당신과 해로하려오宜言飮酒, 與子偕老"라 읊조리자 묘약란은 가만히 그를 바라보며 "금이야 슬이야 타보세나, 이보다 좋을 수 있겠소琴瑟在御, 莫不靜好"라 했다. 진융의 무협소설이 널리 사랑받는 것은 여러 가지 이유가 있겠지만, 그 가운데서도 그의 소설이 중국 전통문화에 깊이 뿌리내리고 있다는 점이 중요한 원인일 것이다. 그가 이렇게 능숙하게 시구를 운용하는 것을 보면 분명 『시경』에 조예가 깊음을 알 수 있다. 그의 다른 무협소설에서도 적지 않게 『시경』을 인용하여 쓴 것을 볼 수 있다.

『시경』에 대해 오늘날에는 중국 문학사의 시조라고 여기지만 선진 시기의 사람들은 그렇게 생각하지 않았다. 당시에 『시경』은 물론 아름다운 언어 표현을 대표하기도 했지만, 품위 있는 교양을 나타내는 척도였으며 감동적인 음악이었다. 『시경』 305편은 모두 음악에 맞추어 노래할 수 있었는데, 거문고나 비파로 반주하기도 하고 편종編鐘이나 북 등으로 연주하기도 했다. 1990년대 말, 상하이박물관은 홍콩 문물시장으로부터 대량의 선진 시기 죽간서를 사들였는데, 그 가운데 7쪽의 죽간에 시 40편의 편명과 시를 연주할 때의 음고를 적은 것이 발견되었다. 그 40편 가운데 한 수가 오늘날 전해지는 『시경』에 실린 「석인碩人」이다. 나머지 39수는 지금 『시경』에는 수록되지 않은 시들이다. 아무튼 이러한 고고 문물들은 시란 원래 음악의 한 구성 부분이었음을 재차 증명해 준다. 즉 시는 본래 악곡의 가사로, 매편의 시는 특정한 음고가 있어 노래로 불려졌다. 또 『시경』의 시들에는 대량의 선진 음악 자료가 담겨 있다. 『시경』에서 언급한 악기를 보면 모두 29종(혹은 32종으로 보기도 한다)에 달하는데, 구체적인 내용과 언급 횟수는 다음과 같다. 고鼓(16회), 슬瑟(9회), 종鐘(9회), 금琴(8회), 경磬(4회), 생笙(4회), 황簧(3회), 관管(2회), 훈塤(2회). 이들 악기는 재료에 따라 금金, 석石, 사絲, 죽竹, 포匏, 토土, 혁革, 목木의 8종으로 나뉘고, 연주 방식에 따라 타악기, 취주악기, 현악기의 세 부류로 나뉜다. 여기서 명주실과 대나무로 만드는 '금琴'과 '슬瑟'은 현악기에 속한다.

위의 시에서 가장 감동적인 구절을 꼽으라면 "금이야 슬이야 타보세나, 이보다 좋을 수 있겠소"라고 한 부분을 들 수 있다. 『시경』에는 '금슬'로 남녀의 사랑을 노래한 시가 많다. 「관저」에서 군자는 잠 못 들고 그리워하는 숙녀에게 "금과 슬로 사귀리琴瑟友之"
라고 했고, 또 가족 간의 정감을 노래한 「소아·상체常棣」에서는
"처자식 화목하여, 금슬 소리 어울리듯妻子好合, 如鼓瑟琴"이라 했다.
금과 슬은 당시 생활에서 매우 중요한 것이었다. 「용풍鄘風·정지방
중定之方中」은 도성을 건립한 기쁨을 노래한 시인데, 그중 여러 종
류의 나무를 심어 금과 슬을 만드는 데 쓰려한다는 내용이 있다.
"개암나무와 밤나무, 산유자, 오동나무, 가래나무, 옻나무 심어서,
베어다 금과 슬을 만드세樹之榛栗, 椅桐梓漆, 爰伐琴瑟." 이렇게 금과 슬
은 사람들의 생활에 없어서는 안 되는 필수품이었다. 『시경』에서
남녀의 사랑을 표현할 때는 거의 언제나 금과 슬을 언급하는데,
이후 '금슬'은 부부의 정이 깊다는 의미를 나타내게 되었다. 여기
서 혹자는 여러 악기 중에서도 왜 금과 슬이 부부의 정을 나타내
는 대명사로 쓰이게 되었는지 의문을 가질 수도 있을 것이다.

그럼 우선 '금琴'에 대해 잠시 살펴보겠다. 금은 군자의 고아한
취미를 일컬어 "금기서화琴棋書畵(거문고·바둑·글씨·그림)"라 할 때
그 첫 번째로 꼽히는 것에서 알 수 있듯이 예부터 높은 지위를
차지하고 있는 악기로서 그 문화적인 의미는 이미 단순한 악기의
범주를 넘어선다. 20세기 초 서양의 악기와 구별하기 위해 '금' 앞
에 '고古'를 붙여 이제는 '고금古琴'이라 부른다. 이 고금을 발명한
사람이 누구인지에 대해서는 의견이 다른데 대체로 세 위인이 관
련이 있는 것으로 말해진다.

우선 복희씨伏羲氏의 전설이다. 복희씨가 숲에서 봉황이 오동나

무에 내려앉는 것을 보았는데, 목신木神이 지령하기를 그 봉황이 내려앉은 오동 신목神木으로 악기를 만들면 천년토록 훼손되지 않을 것이라 했다. 복희씨는 이에 목신의 지시에 따라 신목을 베어 세 토막으로 잘랐는데, 상단 부분을 손으로 두드려보니 소리가 너무 가볍고, 하단 부분을 두드려보니 소리가 너무 탁하고, 마지막으로 가운데 부분을 두드리니 소리의 청탁淸濁이 잘 조화되어 악기를 만들기에 가장 적합하다고 생각되었다. 그래서 가운데 부분을 흐르는 물에 담가 72일 밤낮을 둔 후에 점을 쳐서 좋은 날과 때를 골라 가장 뛰어난 장인에게 악기를 만들게 했다. 장인이 어떻게 착수해야 할지 알지 못하자, 복희씨는 장인에게 1년 365도수에 따라 나무를 3척6촌5분의 길이로 마름하게 하고, 또 사계절, 여덟 절기16에 따라 뒤의 너비를 4촌으로 앞의 너비를 8촌으로 하게 했다. 또 음양陰陽의 수에 따라 높낮이를 정하게 했는데, 밖으로는 금金·목木·수水·화火·토土의 오행五行에 따르고, 안으로는 궁宮·상商·각角·치徵·우羽의 오음에 따라 다섯 현을 놓게 했다. 그런 다음 복희씨는 온갖 새가 봉황을 따르는 정경에 근거하여 「가변駕辯」이라는 악곡을 만들어 직접 그 악기를 타며 노래했다. 나중에 서왕모西王母가 천궁天宮 요지瑤池에서 연회를 열어 여러 천신을 초대했는데, 특별히 복희씨에게 그가 만든 악기를 가져와 연회에서 연주해줄 것을 청했다. 천신들은 그가 만든 악곡

---

16 24절기 가운데 8개의 주요 절기다. 즉 입춘立春, 춘분春分, 입하立夏, 하지夏至, 입추立秋, 추분秋分, 입동立冬, 동지冬至.

이 아름답고 악기가 기묘하다는 의미에서 그 악기를 '금琴'이라 불렀다. '琴' 자는 윗부분에 두 개의 '왕王'이 있고 아래 부분에 한 개의 '금今'이 있는데, 이는 '현재 봉황이 모든 날짐승의 왕'이라는 상징적 의미를 취한 것이다. 처음으로 천궁 요지에서 이 새로운 악기를 선보였으므로 복희씨가 만든 악기를 '요금瑤琴'이라 부르기도 한다.

다음으로 신농씨神農氏가 있다. 전설에 따르면 복희씨를 이어 신농씨 또한 문명의 발전에 공헌이 대단한 것으로 전해지는데, 그는 농경기술을 발명했을 뿐 아니라 의술을 발명하고 역법을 제정했으며 아홉 개의 우물의 물길을 통하게 하는 수리관개기술을 처음 만들었다고 한다. 특히 농경기술을 발명했다는 의미에서 후대 사람들은 그를 '신농씨'라 부르고, 금 또한 그가 발명한 것이라 전한다.

다음으로 성현군주로 추앙을 받는 순舜이 있다. 『예기禮記』「악기樂記」에는 "순 임금이 다섯 현의 금을 만들어 「남풍南風」을 노래했다"[17]라고 적고 있다.

이상 복희씨, 신농씨, 순 임금 이 세 사람이 금을 만든 인물로 전해지는데, 이는 옛사람들이 금을 존숭하는 의미에서 금의 발명을 역사·전설상의 위인과 연결시켜 말한 것으로 볼 수 있다. 또한 이러한 전설들로 인해 금은 더욱 신비한 색채를 띠게 되었다. 비록 전해오는 전설을 그대로 믿을 수는 없다 하더라도 금의 역사적

---

17 "舜作五弦之琴, 以歌「南風」."

근원이 중국 문명의 역사와 마찬가지로 유구하다는 것을 설명하기에는 충분하다. 금 자체를 보아도 신비로운 요소가 가득한데, 일반적으로 그 길이는 3척6촌5분(약 120~125센티미터)으로 1년 365일을 상징하고, 윗면은 활 모양으로 굽어 하늘을 상징하고 바닥은 평평하여 땅을 상징하는데, 이는 '천원지방天圓地方', 즉 하늘은 둥글고 땅은 네모나다는 당시의 우주관이 반영된 것이다. 금은 처음에는 다섯 현이 있었다고 하는데 이는 또 금·목·수·화·토의 오행을 상징한다. 이후 주 문왕文王이 그의 죽은 큰아들 백읍고伯邑考를 애도하여 여기에 현 하나를 더했고, 그 뒤를 이은 무왕武王이 주紂를 토벌할 때 금으로 사기를 돋우기 위해 다시 현 하나를 더하여 '문무칠현금文武七弦琴'이라는 명칭이 생겨났다.

금악琴樂은 일찍부터 문인 사대부와 뗄 수 없는 관계를 맺어왔다. 『예기』「곡례曲禮」에는 아예 "선비는 특별한 이유가 아니면 금과 슬을 물리지 않는다"[18]는 규정이 있다. 금과 슬은 그야말로 군자의 상징인 것이다. 공자는 금의 예찬론자다. 그가 학생들에게 가르쳤던 육예六藝, 즉 '예禮·악樂·사射·어御·서書·수數'에서 음악 과목에는 금의 연주가 포함되었다. 수천 년이 지난 오늘날까지 금의 문화는 끊이지 않고 이어지며 대대로 수많은 명인을 탄생시켰다. 남북조 시기에서 청대에 이르기까지 현존하는 금보琴譜만도 100여 종에 이르고, 금곡은 3000여 수에 달하여, 그 수량의 풍

18 "士無故不徹琴瑟."

성함은 중국 악보 가운데 최고라 할 수 있다. 나아가 수당 시기에 금은 동아시아 각국으로 진파되어 각국의 전통문화에 흡수·전승되고 발전하여 이제는 동방문화의 상징적 존재가 되었다. 옛사람들은 언제나 금으로 정감을 표출하고 금에 이상을 실었다. 백아伯牙와 종자기鍾子期의 만남으로부터 '지음知音'의 아름다운 이야기가 전해지고, 삼국 시기 제갈량이 향을 사르고 금을 타며 사마의의 대군을 퇴각하게 한 공성계는 이후 희곡에서 끊임없이 불린 명작 『공성기空城記』를 탄생시켰고, 위진 시기에 금에 대해 "여러 악기 가운데 금의 덕이 가장 뛰어나다"[19]고 극찬했던 혜강嵇康은 형장에서 마지막으로 금곡「광릉산廣陵散」을 타고 생을 마감했다. 동진 도연명의 일화는 가장 흥미롭다. 그는 집에 현이 없는 '무현금無弦琴'을 두고 술이 거나하게 취할 때마다 자세를 잡고는 손 가는 대로 자신의 무현금을 타며 음악에 도취된 듯했다. 다른 사람이 그것을 보고 무슨 영문인지 몰라 하자 도연명이 "그저 금 가운데 흥취를 알면 그만이지, 어찌 수고로이 현 위의 소리를 구해야 하는가"[20]라며 반문했다 한다. 이상의 여러 사례를 봐도 금은 일찍부터 문인의 삶의 일부분이 되었음을 알 수 있다.

금의 음조는 완곡하게 귀에 감기는데, 『시경』의 시대로부터 늘 남녀 간의 '중매쟁이'가 되었다. 한대의 대문장가 사마상여司馬相如와 탁문군卓文君의 사랑이야기는 금이 중매가 된 가장 유명한 예

---

19 「금부琴賦」 "衆器之中, 琴德最優."
20 『진서晉書』「도잠전陶潛傳」 "但識琴中趣, 何勞弦上音."

다. 사마상여는 유년 시절 집안이 매우 곤궁하여 재능은 있었으나 생활고로 낙담하며 지냈는데, 나중에 그의 친구 임공현臨邛縣 현령 왕길王吉의 집에 머물게 되었다. 임공현의 부호 탁왕손卓王孫이 한번은 연회를 열어 왕길을 초대했는데, 사마상여도 함께 참석했다. 사마상여는 탁왕손의 딸 탁문군의 재능과 미모가 출중한데 과부가 되어 집에 있다는 말을 듣고 연회 자리에서 금을 타며 「봉구황鳳求凰」이라는 곡을 불러 그녀에 대한 자신의 연모의 마음을 표현했다. 탁문군 또한 일찍부터 사마상여의 재능을 전해 듣고 그를 흠모해오던 터라 휘장 뒤에서 그의 연주를 몰래 들었다. 그리하여 첫 눈에 반했다기보다는 첫 '연주'에 반하여 두 사람은 야반도주하고 결국 천고에 회자하는 사랑을 이뤘다. 이렇게 중국 고대의 사랑이야기에는 언제나 금의 그림자를 볼 수 있다. 희곡 『서상기』에서 유명한 '금으로 마음을 움직이는琴挑' 대목에서도 장생이 달빛 아래서 금을 타며 최앵앵에게 사랑을 고백한다.

『시경』에서는 언제나 금과 슬을 함께 말하는데, '슬瑟' 역시 금과 마찬가지로 감정을 표현할 때 늘 등장하는 악기다. 슬을 발명한 사람에 대해서도 정설이 없다. 전해지는 바에 따르면 최초의 슬은 50현이었다 하는데, 후대의 문헌기록이나 고고학적 발굴에서 보이는 슬은 모두 25현이다. 『사기史記』「봉선서封禪書」의 기록에 따르면, 황제黃帝는 슬을 매우 좋아하여 항상 연주를 잘 하는 선녀를 곁에 두었다고 한다. 또 다른 문헌 기록에는 소녀素女라는 황제의 시녀는 늘 황제를 위해 슬을 탔는데, 황제는 그녀의 연주를 듣고 상심하여 슬의 현을 반으로 줄이라고 명하여 25현이 되었다고 한다. 현의 수로 보아서 고대 슬의 연주 방법은 금보다 훨씬 복잡했을 것으로 보인다. 고대의 슬은 통나무를 깎아서 만들었다. 고대 분묘에서 출토된 슬을 보면 수량이 상당한데, 1978년 후베이성 쑤이隨현에서 발굴된 전국 시기의 '증후을묘曾侯乙墓'에서는 10여 개의 슬이 출토되었다. 대부분 느티나무 혹은 가래나무를 깎아서 만든 것이고, 전체 길이는 대략 150에서 170센티미터, 너비는 40센티미터 정도다. 전체를 옻칠하고 채색하여 색이 아름답다. 슬은 연주 방식이 난해하여 남북조시기에 이르러 이미 실전되었다. 당송 이후 문헌에 기재된 것과 역대 궁정에서 사용한 슬은 고대의 슬과 외형이나 현의 조율법 등에서 상당한 차이가 있다. 그러니 고대 슬의 음이 자취를 감춘 지가 이미 1000여 년이 넘었다 할 수 있다.

슬음이 실전된 지 1000여 년이 넘었으니, 『시경』에서와 같은 금과 슬의 어울림 또한 전해지지 않은 지 1000여 년이 넘은 셈이다. 혜강 이후 실전된 「광릉산」이나 당대에 실전된 「예상우의곡霓裳羽衣曲」 등도 모두 중국 음악사에서 그 맥이 끊어졌다. 그래도 다행이라고 할 수 있는 일은 우한음악학원의 딩청윈丁承運 교수가 20여 년의 시간을 쏟아 고대 슬의 복원에 매진한 결과 어느 정도 성과를 얻었다는 점이다. 그는 방대한 고문헌을 연구하는 한편 출토된 문물을 근거로 직접적으로 고증했는데, 예를 들어 쑤이현 '증후을묘'의 슬과, 창사 마왕두이馬王堆 1호 한묘漢墓에서 출토된 전한 초기의 슬을 연구하고, 허난성 화이양淮陽 위좡于莊의 한묘고 슬도용漢墓古瑟陶俑이 양손으로 현을 타는 자세를 참고하여, 고대의 슬을 복제하고 오랫동안 실전되었던 슬의 연주 방법을 복구했다. 그리고 그의 아내 푸리나傅麗娜 여사가 슬을 타고 딩 선생이 금을 타서 금과 슬이 어울리는 중국에서 가장 오래된 악기의 합주가 마침내 재현되었다. 2008년 겨울, 딩 선생 부부는 베이징대에서 '금슬화명음악회琴瑟和鳴音樂會'를 열어 「관산월關山月」「백설白雪」「매화삼농梅花三弄」 등 옛 곡조를 연주했다. 인터넷상에서 당시 베이징대의 '논단'을 찾아봤는데, 어느 학생이 그날의 연주에 대해 다음과 같이 적은 것을 보았다. "딩 선생님께서는 『시경』의 '처자식 화목하여 금슬 소리 어울리듯妻子好合, 如鼓瑟琴'이란 구절을 자주 인용하셨는데, 아마도 선생께서 몸소 그 감회를 체험할 수 있었기 때문이었던 것 같다. 두 분이 합주한 「어초문답漁樵問答」은 마음으로 전해져 절로 미소가 지어졌는데, 서로 부르고 화답하는 가운데 완전하게 하나로 어우러지는 것을 느낄 수 있었다. 서로의 지기知己이자 지음知音의 합주는 세상을 뛰어 넘는 다가갈 수 없는 청고함 같은 것이 아니라 오히려 따뜻하고 친근하고 화목한 기운이었다. 서로 마음이 통하는 부부의 화목함이란 바로 이러한 것이 아닐까? 그 아름다운 선율은 마음속 깊은 곳을 따뜻하게 했다." '금슬상화琴瑟相和'는 『시경』에서 가장 아름다운 이미지 가운데 하나다. 이렇게 딩 선생과 같은 분의 끊임없는 노력으로 중국의 전통문화는 수천 년을 이어갈 수 있는 것 같다. 그리고 우리

가 그 아름다움을 부분적으로나마 체험할 수 있게 되었다는 것
은 정말 행운이라 하지 않을 수 없다.

만약 악기를 사람에 비유한다면 슬과 금은 어떤 사람에 비유
할 수 있을까?

금의 음색은 완만하면서 울림이 깊어 여음이 길고, 낭랑한 소리
가 투명하여 금속성의 특성도 농후하게 지니고 있다. 이는 마치
온화하고 우아하면서도 단정한 여인과 같다. 또 현대에 복원한 고
대 슬의 연주에 비추어 보았을 때, 슬의 음색은 쟁과 비슷할 것으
로 보인다. 하지만 고음은 쟁보다 더 강하게 울리고 저음은 쟁보
다 더 묵직하여 그 소리가 꽉 찬 것이 특별한 깊이와 힘을 지니고
있는 것 같다. 슬의 소리는 넓고 깊게 편안하게 울려 퍼지면서도
장중함을 잃지 않아 사람에 비유한다면 건장하고 강인한, 그러면
서 신중하고 끈기 있는 남자와 같다고 할 수 있을 것이다. 소리의
특징으로 말하자면, 금과 슬의 어울림은 각각의 고유한 음색이 묻
히거나 하지 않고 살아 있으면서도 서로 잘 어우러져 조화를 이
룬다. 금의 음색은 가늘고 길며 매끄럽고, 슬의 음색은 두텁고 넓
고 무겁다. 이렇게 각자 고유한 음색을 가지면서 합주했을 때 서
로 호응하며 잘 어우러져, 이 둘은 언제나 함께 연주되는 것 같다.
선진 시기 금과 슬은 제사나 의례에 쓰인 것 외에도 한때 민간에
서 매우 유행하여 사람들이 즐겨 타며 마음을 노래했다. 이 부분
은 『시경』을 통해서도 증명될 수 있다. 「소아·녹명鹿鳴」에서 "귀한
손님 오셨으니, 슬을 타고 금을 울려라我有嘉賓, 鼓瑟鼓琴"라고 한 것

이라든지, 「소아·고종鼓鍾」에서 "쇠북소리 드높고, 슬을 타고 금을 울리네鼓鍾欽欽, 鼓瑟鼓琴", 「소아·보전甫田」에서 "금과 슬을 타고 북을 치며, 농신을 맞이하여琴瑟擊鼓, 以御田祖"라고 한 것 등을 보면 농신에게 제사를 올릴 때나 의식을 거행할 때, 연회에서 손님을 대접할 때 모두 금과 슬의 합주가 빠지지 않고 등장한다.

금과 슬은 두 개의 다른 악기이나 이들이 어울려 구성지고 아름다운 악곡을 이루는 것은 금의 소리가 슬을 포용할 수 있고 슬의 소리가 금에 호응할 수 있어 하나로 융합될 수 있기 때문이다. 이는 부부 간의 어울림에 비유될 수 있을 터인데 서로 포용하며 서로 관심을 가지며 물질적 조건이 어떠하건 함께 생활해나가는 모습과 같다. 그러므로 슬과 금이 유행했던 춘추전국 시기에 '금슬화해琴瑟和諧'라는 말은 곧 남녀 간의 진실한 감정을 표현하는 데 쓰였고, 1000여 년이 지난 오늘날까지 그대로 전해지고 있다.

만약 오랜 중국 역사에서 금슬상화의 부부를 찾는다면 아마 모두들 송대의 유명한 금석학자 조명성趙明誠과 중국 제일의 여류 시인 이청조李淸照를 떠올릴 것이다. 이청조는 18세에 승상丞相 조정지趙挺之의 아들인 태학생 조명성과 결혼했다. 두 사람의 감정은 더할 나위 없이 좋았고 취미도 서로 맞아 함께 시문을 다듬기도 하고 종정鐘鼎과 비석碑石을 연구하기도 하면서 서로 좋은 영감을 주고받았다. 당시 이 두 사람은 모두 경제적으로 넉넉한 집안 출신이었으나, 서화나 골동, 칠기를 수집하느라 먹고 입는 것을 줄여야 했으며 수시로 옷을 저당 잡혀 수집에 열을 올렸다. 매달 초하루와 보름이 될 때마다 부부는 경성인 개봉開封의 상국사相國寺 근처 시장에 가서 금석·서화를 찾아 다녔으며, 보따리에 가득 차도록 사들고 와서 함께 즐겼다. 이렇게 수집한 것이 차곡차곡 쌓여 몇 년 후 그들의 서재인 '귀래당歸來堂'에는 종정문이나 비문만 해도 2000여 권에 달하게 되었다. 조명성이 『금석록金石錄』을 편찬할 때 이청조는 언제나 곁에서 도우며 그녀의 박학함과 출중한 기억력으로 남편이 자료의 출처를 잊었을 때나 확실하지 않을 때 출처를 말해주었다. 이렇게 하는 과정에서 부부는 누가 정확한 답을 말하는지, 아니면 누가 빨리 답을 찾는지 내기하여 이긴 사람이 먼저 차를 마시기로 했는데, 때로는 이긴 사람이 찻잔을 들고 너무 크게 웃는 바람에 차를 옷에 쏟아 마시지 못하기도 했다. 이렇게 "책 내기로 차를 다투는賭書鬪茶" 흥미로운 이야기는 오늘날까지 전해지며 금슬상화의 전형적인 예가 되었다.

안타까운 것은 금슬상화를 바라는 부부 모두가 평생을 해로할 수 있는 것은 아니라는 점이다. 그래서 "단현斷弦", 즉 "현이 끊어지다"라는 표현이 나왔다. 당대의 대시인 이상은李商隱은 당쟁에 휘말려 온갖 고초를 다 겪고 불운한 일생을 보냈다. 그의 아내 왕씨는 가난 속에서도 묵묵하게 생활을 꾸려나가다 결국 과로로 쓰러져 이상은과 어린 딸을 남겨두고 세상을 떠났다. 그때 이상은의 나이 38세였다. 출사한 지 10여 년이 되도록 어려운 형편으로 남에게 의지하여 근근이 생활했고, 아내마저 잃자 가슴에 맺힌 말할 수 없는 슬픔과 고통을 시로 적었다는데, 그의 시 「금슬錦瑟」

에 담긴 슬픔과 고통은 오늘날까지도 무수한 추측을 낳으며 가늠할 수 없는 깊이를 지닌 채 애송된다.

금슬은 까닭도 없이 오십 현일까	錦瑟無端五十弦
현 하나 발 하나에 빛나던 시절이 어린다	一弦一柱思華年
장자의 새벽 꿈속 몽롱한 나비이련가	莊生曉夢迷蝴蝶
망제21의 한을 전하는 두견새 울음이련가	望帝春心托杜鵑
창해에 달 밝을 때 진주는 눈물로 맺히고22	滄海月明珠有淚
남전 따스한 햇살 아래 옥돌은 아지랑이를 피우네23	藍田日暖玉生煙
이러한 정한도 언젠가는 추억이 되려나	此情可待成追憶
당시에는 그저 망연자실했었네	只是當時已惘然

짝을 잃은 '단현'의 고통은 당사자가 아니고서야 알 수 없을 것이다. 현이 끊어진 것이야 다시 이을 수 있겠지만 말이다.

음악으로 구애하는 것은 동서고금이 다르지 않은 듯하다. 셰익스피어의 『로미오와 줄리엣』에서 로미오는 발코니 아래서 세레나데를 부르며 줄리엣에게 사랑을 말하는데, 그들의 노래는 서양 문학사에서 사랑의 경전이 되었다. 현대인의 구애 방식은 다양하다

---

21 주周 말엽 촉국蜀國의 군왕 두우杜宇의 호다. 나라를 잃고 죽자 혼백이 두견새가 되었다 한다. 두견새의 서글픈 울음을 거문고의 처량한 소리에 비유한 것이다.
22 옛사람들은 진주의 차고 이지러짐이 달의 차고 이지러짐에 상응한다고 여겼다. 또 전설 속의 인어鮫魚는 진주를 눈물로 흘린다 했다. 고적한 거문고 소리를 묘사한 것이다.
23 산시陝西성 란텐藍田현의 산 이름, 유명한 옥의 산지이므로 옥산玉山이라고도 한다.

할 수 있으나, 여자들의 속마음은 여전히 「관저」에서의 "고운 아가씨와, 금과 슬로 사귀리"와 같은 분위기를 원하기에, 악기는 바이올린이나 기타로 바뀌었으되 구애의 표현은 2500년 전이나 지금이나 다르지 않은 것 같다. 이렇게 중국에서는 전통적으로 '금슬의 어울림'으로 부부의 화목한 사랑을 형용하는데 이 말에는 특별한 음악적인 미감이 담겨 있어, 이 아름다운 표현은 줄곧 중시되어 왔고 오늘날까지 그대로 쓰이고 있다.

　금슬상화는 중국인의 사랑의 품위를 대표한다. 중국인에게 아름다운 사랑이란 불꽃처럼 뜨거운 것이 아니라 서로 겸양하고 이해하고 관심을 보이는 '금과 슬의 어울림' 같은 것이다. 『시경』에서 우리는 같은 시기 서양의 시편에서와 같은 신들과 괴수, 기이한 상상을 찾아볼 수 없다. 『시경』을 읽을 때 느끼는 것은 나 자신의 생활과 나 자신의 이야기다. 이렇게 중국의 조상들은 영웅이나 신이 아닌 실제 성실하게 생활에 임하는 보통사람들을 노래했다. 남녀의 사랑에 대해서도 '평범'하게 서로의 곁을 지키며 하루하루 성실하게 생활하는 것을 가장 이상적인 것으로 생각했다. 「여왈계명」에서처럼 매일 아침 일찍 일어난 아내가 남편을 재촉하는 일상, 그렇게 부지런하고 소박하고 낙관적인 삶의 태도가 바로 중국인에게 있어 가장 귀중한 품위가 아닐까. 『시경』에서의 '금과 슬의 어울림'과 같은 부부간의 화목한 사랑을 통해 우리는 사랑하는 사람과 성실하게 하루하루를 보내는 일상이 바로 가장 큰 행복이 아닐까 하는 생각을 하게 된다.

살아서는 달리 살지라도,
죽어 한 무덤에 묻히리다

: 사랑의 맹세 :

개인의 사랑의 비극은 때로 시대와 밀접한 관계가 있다. 중국 문학사를 보면 그러한 사랑을 이야기한 작품이 적지 않다. 예를 들어 『도화선桃花扇』에서의 후방역侯方域과 이향군李香君은 명·청 교체기의 시대적 상황으로 인하여 슬픔과 기쁨, 이별과 만남이 교차하는 많은 우여곡절을 겪어야 했다. 이번 장의 내용은 『시경』 에서의 사랑의 비극이다. 그 비극 역시 춘추 시대의 불안하게 요동치는 시대적 상황과 밀접한 관계가 있다.

나관중이 『삼국연의』의 첫머리에서 "천하의 대세란 오랜 분열 후에는 반드시 통합되고, 오랜 통합 후에는 반드시 분열되기 마련"[24]이라 했듯, 중국의 역사는 분열과 통합의 반복이다. 중국의 각 왕조를 보면, 초기에는 새로운 이념으로 무장하여 사회의 안녕과 경제적 부흥을 꾀하다가 말기에 이르면 모두 극심한 혼란을 면치 못하는.비슷한 과정을 겪은 것을 볼 수 있다. 서주 왕조 또한 예외가 아니다. 서주 왕조는 초기에 강성했다가 중기 선왕宣王 때 중흥했고 제12대 군주 유왕幽王에 이르러 여러 사회적 모순이 첨예하게 드러나는 불안한 정국을 보인다. 그럼에도 유왕은 황음무도荒淫無道했고 그 어느 때보다 심하게 착취하여 백성의 원한이 극에 달했다. 미인 포사褒姒의 한 번 웃음을 사기 위해 봉화를 피워 제후들을 놀리는 황당한 일까지 서슴없이 하던 유왕은 결국 자신의 생명을 잃게 되었을 뿐 아니라 서주의 도성 호경鎬京이 견융犬戎의 침입에 불타고 약탈당하는 수모를 겪어야 했다. 백성은 거처를 잃고 흩어졌으며 수백 년의 번영을 자랑했던 도성은 순식간에 폐허로 변했다. 뒤를 이은 평왕平王은 나라의 안전과 발전을 위해 도성을 호경(지금의 산시陝西성 시안西安 부근)에서 낙읍落邑(지금의 뤄양洛陽)으로 옮겼는데, 이로부터 동주東周의 시대(기원전 770~기원전 221), 이른바 춘추 시대가 시작된다. 낙읍으로 천도한 뒤 왕실은 더 이상 제후국을 통제할 힘이 없었을 뿐 아니라, 오히려 강대한 제후국의 힘에 밀려 영토는 점점 줄어들고 권위는 바닥에 떨어져 단지 명목상의 왕실을 유지하고 있을 뿐이었다. 『시경』의 열다섯 국풍國風은 모두 주 왕실이 통치하는 제후국 혹은

---

24 "天下大勢, 分久必合, 合久必分."

특정 지역의 민가民歌다. 낙읍은 천자가 통치하는 곳이므로 이곳의 민가는 다른 제후국의 민가와 동등하게 부를 수 없다. 국풍 가운데 '왕풍王風'은 바로 동주 왕실이 직접 통치하던 지역의 민가다. 모두 알다시피 천자에 대해 '황제'란 칭호를 쓴 것은 진시황에서부터 비롯되었고 그 이전에는 그냥 '왕'이라고 했다. 동주 왕조 초기에는 전쟁이 끊이지 않아 왕실이 직접 관할하는 구역의 백성도 억압과 착취를 면하지 못했다. 막중한 병역·노역과 경제적인 부담으로 백성의 생활은 피폐해져서 천도하기 이전보다 더욱 힘든 상황이었다. 그러므로 '왕풍'의 10편의 시들은 대부분 고통과 원망의 소리를 담고 있다.

  예술은 정치와 달리 고통과 원망 속에서 더욱 강렬한 표현력을 얻는다. 일찍이 찬란한 예악을 꽃피웠던 주 왕조는 이제 봄날이 지나가듯 스러져 서산에 걸린 해와 같았으니 낙읍의 사람들이 부른 노래는 그러므로 침울할 수밖에 없었다. 사랑의 노래도 그러했다. 「왕풍·대거大車」 편을 보자.

  큰 수레 철컥철컥,
  푸른 빛 깃옷은 새순처럼 고운데   大車檻檻, 毳衣如菼
  어찌 생각지 않으리오,
  당신이 주저할까 두려워요   豈不爾思, 畏子不敢
  큰 수레 덜컥덜컥,
  붉은 빛 깃옷은 옥처럼 고운데   大車啍啍, 毳衣如璊

어찌 생각지 않으리오,

당신이 아니 갈까 두려워요 豈不爾思, 畏子不奔

살아서는 달리 살지라도,

죽어 한 무덤에 묻히리다 穀則異室, 死則同穴

내 말을 아니 믿으신대도,

저 해와 같이 명백하리다 謂予不信, 有如曒日

"대거大車"는 소가 끄는 수레다. 이는 당시에 귀족들이 다던 고급 교통도구였다. "함함檻檻"은 의성어로 수레바퀴 소리를 묘사한 것이다. 큰 소리를 울리며 지나가는 수레행렬은 위세가 대단했을 것으로 짐작된다. 화자의 시선은 수레로부터 수레에 타고 있는 한 남자에게로 접근한다. "취毳"는 원래 새나 짐승의 가는 솜털을 뜻하는데, 여기서는 솜털로 짠 옷을 말한다. 그 깃털 옷은 "담菼", 즉 갓 돋아난 물억새 새순처럼, 그리고 "만璊", 즉 붉은 옥처럼 색이 곱다. 남자가 타고 있는 고급스러운 수레라든지 화려한 복식은 그의 신분이 어떠한지를 말해준다. 화자는 조용히 노변에 서서 멀리 남자의 화려한 행차를 바라보며 만감이 교차한다. 선명한 색채로 두드러지게 부각되는 남자의 빛나는 모습과 대조적으로 그를 바라보는 화자의 시선은 서글퍼 보인다. 수레와 남자의 차림새가 말해주는 신분, 아마도 그 신분이 화자에게는 가장 아픈 부분이다. 그리고 신분의 차이로 두 사람은 함께 하지 못하는 듯하다. 그럼에도 "기불이사豈不爾思", 그 사람을 향한 마음을 거둘 수 없다 하며, "외자불감畏子不敢" "외자불분畏子不奔", 다만 그 사람이 주저하며 자신과 함께 도주하지 않을까 두렵다고 말한다. 화자는 사랑의 결과에 대한 원망의 마음을 내보이는 한편 그래도 결연한 의지를 보이며 마지막에 사랑의 맹세를 한다. "곡즉이실穀則異室, 사즉동혈死則同穴", 살아서 부부의 연을 맺지 못할지라도 죽어서만은 함께 하겠다고.

인도의 시인 타고르는 "세상에서 가장 먼 거리는 생과 사의 거리가 아니라 내 앞에 서 있는 당신이 내가 당신을 사랑하고 있음을 모르는 것"이라 했다. 우리는 위의 시에서 두 사람의 사랑이 일반적인 사랑이 아님을 예측할 수 있다. 그럼 무엇 때문일까? 신분의 차이 때문일까? 아니면 부모의 반대일까? 아니면 남자가 기혼자일까? 아니면 여자에게 이미 정혼자가 있는 것일까? 무슨 이유에서인지 모르겠지만 이 사랑은 그만두어야만 하는 사랑인데, 여자는 그럴 마음이 없어 보인다. "위여불신謂予不信, 유여교일有如曒日", 자신을 믿지 못한다 해도, 자신의 사랑은 태양처럼 명백하고 불변하다 말한다.

동서고금이 마찬가지로 맹세를 할 때는 각 민족마다 어떤 습속이 있다. 맹세의 말은 엄중하므로 사람들은 맹세할 때 언제나 그것을 증명할 만한 신성한 사물을 찾는다. 중국인들은 주로 '천지天地'로 맹세한다. 맹세할 때마다 "하늘에 두고蒼天在上"라고 말한다. 고대 그리스인들은 주로 '신'으로 맹세하여 여러 신들의 이름을 들어 증명하려 한다. 오늘날에도 이렇게 맹세하는 습속이 아직 남아 있는데, 예를 들어 미국 대통령 취임식을 보면 대통령은 취임 선서에서 성경에 손을 올리고 선서를 한다. 위의 시에서는 태양에 대고 맹세했다. 빛나는 태양은 얼마인지 모를 시간 동안 빛을 비추며 인류를 생육하고 인류에게 무한한 상상을 심어주었다. 이에 상응하여 인류는 태양을 숭배하며 수많은 태양 신화를 창조했다. 태양은 세계 각 민족 신화에서 가장 보편적인 이미지다. 그러한 태양에 대고 하는 맹세란, 맹세하는 말의 무게가 어떠한 것인지 충분히 짐작해볼 수 있게 한다.

"대거톤톤大車暉暉", 수레가 무거운 소리를 내며 느리게 가는 것이 마치 한숨소리처럼 들린다. 수레는 점점 멀어지고 하염없이 바라보던 여자의 얼굴엔 서러움이 어린다. 수레의 모습은 시야에서 완전히 사라지고, 거리는 다시 전과 같이 떠들썩하다. 오직 태양만이 변함없이 우두커니 서 있는 그녀를 비춘다.

중국 문학사에서 아름다운 사랑의 노래가 무수히 많이 배출되었는데, 대부분이 버들가지처럼 부드럽고 섬세하다. 그런데 여기 「대거」에서의 사랑은 강렬하고 단호하며, 봄날의 우레처럼 격정적인 목소리로 "살아서는 달리 살지라도, 죽어 한 무덤에 묻히리다"라고 말한다. 이러한 특별한 과단성 때문에 학계에서는 이 시를 도화부인桃花夫人 식규息嬀가 쓴 것으로 보는 견해도 있다. 이는 중국 문학사에서 가장 이른 저작권 문제에 관한 논의라 할 수 있을 것이다.

도화부인은 이름이 식규이고, 춘추 시기 진陳나라의 공주다. 봄에 활짝 핀 복사꽃처럼 아름다웠다고 한다. 역사연의소설『동주열국지東周列國志』에서도 그녀의 "얼굴이 복사꽃 같아" 도화부인이라 불렸다고 적고 있다. 기원전 684년 도화부인은 식후息侯와 결혼하여 이후 그녀를 식부인이라 불렀다. 그녀의 결혼 날, 혼례 행렬은 식나라로 가는 도중에 채蔡나라에 들렀는데 그곳에서 형부 채경후蔡京侯의 극진한 대접을 받았다. 그런데, 채경후는 믿을 만한 사람이 못되었다. 그는 처제의 아름다운 모습을 보고 주연 자리에서 처제를 희롱했다. 이에 식부인은 급히 채나라를 떠났는데, 나중에 식후가 이 일을 알고 매우 분노했다. 그러나 채나라와는 동서지간이라 직접적으로 따질 수 없었다. 그래서 꾀를 내어 당시 대국이었던 초楚나라 문왕文王에게 가서 초나라가 군대를 일으켜 식나라를 치는 척하면 자신이 채나라에 가서 도움을 요청할 것이고, 채나라가 출병하면 그때 채경후를 혼내달라는 제안을 했다. 초왕은 이 기회에 제후들 간에 자신의 위세를 떨칠 수 있으니 식후의 제안을 기꺼이 받아들였다. 초나라는 계획대로 채나라 군대를 대파하고 채경후를 생포했다. 포로가 된 채경후는 모든 것이 동서 식후의 계략에 의한 것임을 알고 분노하며 초왕에게 식부인의 절세미모에 대해 늘어놓았다. 미인을 좋아하는 것은 사람의 본성이다. 공자도 "미색을 좋아하는 것만큼 덕德을 좋아하는 사람을 아직 보지 못했다"[25]고 말하지 않았던가. 초왕은 식부인

25 『논어論語』「위영공衛靈公」"吾未見好德如好色."

의 미모에 대해 전해 듣고 마음이 동하는 것을 참을 수 없어 마침내 대장군에게 명하여 식나라를 멸하고 식부인을 빼앗아왔다.

남자는 포로가 되면 노역을 하거나 불구가 되거나 죽임을 당하는데, 여자는, 특히 용모가 아름다운 여자는 원수라고도 할 수 있는 사람에 의해 강압적으로 아이를 낳고 사는 굴욕을 겪는 경우가 허다하다. 식부인 역시 초왕의 부인이 되어 두 아들까지 두었다. 하지만 그녀는 시종일관 초왕과 말을 하지 않았다. 혹자는 그녀가 재가한 이후부터 아예 말을 한 마디도 하지 않았다고 한다. 초왕이 더 이상 참지 못하고 식부인에게 연유를 물었더니, 식부인은 그제야 절개를 지키지 못하고 두 남편을 섬긴 처지에 무슨 면목으로 사람들과 말을 할 수 있겠냐며 눈물을 흘렸다고 한다.

『열녀전』에서는 식부인이 끝까지 정절을 지키는 것으로 묘사되었다. 식부인은 초왕이 없는 틈을 타서 몰래 갇혀 있는 식후를 찾아가 "사람은 결국 한 번 죽습니다. 살아 지상에서는 이별했지만 죽어 지하에 함께 돌아가는 것이 어떠합니까" 하며 시「대거」를 지어, 식후에 대한 죽어도 변함없는 마음을 노래하고, 이어 부부는 함께 자결했다 한다. 초왕은 그래도 아량이 넓은 사람이라 식부인의 정절에 감동하여 제후의 예로 식후 부부를 합장했다고 전한다. 여기 기록에 따르면「대거」는 식부인의 절명사_{絶命辭}가 된다.

식부인은 전통적으로 말하는 훌륭한 여성상이다. 기구한 운명 속에서도 언제나 책임을 스스로 떠맡아 가녀린 어깨로 기꺼이 고난을 짊어지는 그런 여성을 대변한다. '도화부인'이라는 호칭은

그녀의 아름다운 용모를 찬미하는 것이기도 하지만 또한 복사꽃
처럼 지는 그녀의 운명을 탄식하는 것이라 볼 수도 있지 않을까.
식부인의 일에 대해서는『좌전』『여씨춘추』『사기』등에 모두 기
록이 있으나 내용이 조금씩 다르다. 또 민간에서는 오늘날까지 그
녀와 관련한 많은 이야기가 전한다. 후인들은 식부인을 기념하여
한양성 밖에 도화부인묘를 세웠는데,『중국고국원류사中國古國源流
史』에서의 기록에 따르면 그곳은 나중에 한양월호팔경漢陽月湖八景
의 하나인 '고동선종古洞仙踪'이 되었다 한다. 도화부인묘에 직접
가보지는 않았으나 그곳에 다음과 같은 흥미로운 대련이 있다.

『열녀전』은 유향이 썼으나 　　　　　　　　　列女傳從劉向定
식부인의 마음은 식후만이 안다네 　　　　　　夫人心只息侯知

식나라 송나라 흥망은 물결 따라 흘러가고 　　息宋興亡隨逝水
생사와 은원일랑 복사꽃에나 물어볼까 　　　　死生恩怨問桃花

이 대련을 쓴 사람은『열녀전』의 기록을 신뢰하고 있는 것 같
다. 누가 남긴 대련인지 알 수 없지만 그의 마음속에 식부인은 영
원히 지지 않는 '복사꽃'이었으리라. 그리고 송지문宋之問, 왕유王維
, 두목杜牧, 유장경劉長卿 등 많은 문인이 이 아름다운 여인을 위해
시를 남겼다. 식부인은 미인박명의 대표적인 예라 할 수 있는데,
남에게 좌지우지되는, 스스로 어쩔 수 없는 비극적 운명에 놓인

여성을 대표한다.

당대 맹계孟棨의 『본사시本事詩』에도 식부인과 관련된 이야기가 실려 있다. 『본사시』는 당대 시인들의 일화와 시를 담고 있는 흥미로운 책인데, 식부인과 운명이 비슷한 한 여성의 이야기가 실려 있다.

당 현종의 배다른 형 영왕寧王 이헌李憲은 권세가 하늘을 찔렀다. 그는 수십 명의 가기家妓를 두고 있었는데, 하나같이 용모와 기예가 출중했다. 그런데도 그는 근처 길거리에서 밀전병을 파는 아름다운 아낙에게 마음을 두고 있었다. 영왕은 그녀의 남편을 불러다 거금을 주고 그녀를 첩으로 들였다. 1년 후인 개원 8년(720)의 어느 날 영왕은 크게 주연을 열었는데 술이 거나하게 취해서 그녀에게 아직 예전의 남편을 생각하냐고 물었다. 아무런 대답이 없자 영왕은 술기운에 그녀의 남편을 불러오게 했다. 남편과 대면하자 그녀는 남편을 바라보며 하염없이 눈물만 흘렸는데, 그 모습에 좌중이 모두 안타까워했다. 영왕은 빈객들에게 이 정경을 시로 써보라 했다. 당시 영왕의 빈객 가운데는 겨우 20세였던 왕유도 있었는데, 왕유는 가장 먼저 「식부인息夫人」이란 시를 써냈다.

오늘 특별한 사랑을 받는다 하여	莫以今時寵
지난날의 은혜를 잊을 수 있으리오	能忘昔日恩
꽃을 보아도 두 눈엔 눈물만 가득히	看花滿眼淚
초왕과는 한 마디도 아니 했지요	不共楚王言

이 시는 춘추 시기 식부인의 일을 빌려 여인의 정절을 예찬하는 한편 영왕이 그녀를 놓아주길 간접적으로 권고하고 있다. 식부인과 같은 역사적 비극이 반복되지 않아야 한다고 완곡하게 영왕을 일깨운다. 왕유의 시를 보고 영왕은 문득 그들의 바람을 이루어줘야겠다는 마음이 들어 그 부부를 다시 맺어주었다고 한다.

명말·청초의 시인 등한의鄧漢儀 또한 「제식부인묘題息夫人廟」를 전한다.

초궁에서 무심히 눈썹을 그리며　　　　楚宮慵掃黛眉新

그저 말없이 가는 봄을 바라만 본다　　只是無言對暮春

천고에 어려움이란 오직 한 번 죽는 일　千古艱難唯一死

상심이 어찌 식부인만이겠는가　　　　傷心豈獨息夫人

이 시는 명청 교체기에 직면한 한족漢族 지식인이 식부인의 가슴 아픈 사연을 빌려와 생사의 선택과 민족적 대의 앞에서의 당혹스러움을 개탄한 것이다. 위의 시는 『홍루몽』 120회에서도 인용되었는데, 습인襲人이 장옥함張玉函에게 시집가는 대목에서 "천고간난유일사千古艱難唯一死, 상심기독식부인傷心豈獨息夫人" 구절이 인용되어, 생사의 선택에서 갈등하는 습인의 마음을 나타냈다. 그리고 『홍루몽』이 널리 애독됨에 따라 여기 인용된 '식부인'의 이름과 이야기도 더 널리 알려지게 되었다.

한대 이후 식부인이 「대거」를 썼다는 것을 의심하는 이는 거의 없었던 것으로 보인다. 그 후 남송 주희의 『시집전詩集傳』에 이르러 비로소 이에 대해 의문을 제기했는데, 주희는 「대거」는 남녀가 사통하여 몰래 도망하는 '음분淫奔'의 시인데, 어떻게 식부인과 같은 정절을 지킨 여자가 이런 시를 쓸 수 있겠냐고 했다. 생각해보면 주희가 제기한 의문도 일리가 있다. 「대거」에서 여자가 "당신이 주저할까 두려워요畏子不敢" "당신이 아니 갈까 두려워요畏子不奔"하며 남자가 주저하여 자신과 함께 달아나지 못할 것 같다고 원망한 부분이라든지, 두 번째 결혼 뒤에는 수치심으로 말도 하지 않았다던 식부인이 어떻게 자신의 마음은 "저 해와 같이 명백하리다有如曒日"라며 맹세할 수 있는지 등등, 보는 관점에 따라 다르게 읽힐 여지가 있다.

'왕풍'은 낙읍 일대에서 불린 노래다. 식부인은 장기간 초나라 도성 영郢에서 생활했는데, 그럼 그녀가 쓴 시가 낙읍까지 전해진 것일까?

이 대목에서 『시경』의 시들이 어떻게 수집되었는지에 대한 이해가 필요하다. 『시경』은 '풍風' '아雅' '송頌' 세 부분으로 나뉘는데, 그중 '풍'은 15 '국풍'이 있고 모두 160편이 전한다. 아는 '대아大雅'와 '소아小雅'로 나뉘는데 105편이 있다. '송'은 '주송周頌' '노송魯頌' '상송商頌'으로 나뉘고 40편이 있다. '송'은 주로 통치자가 제례를 올리는 묘당에서 불렸던 시로, 국가적 차원의 주요 음악이므로 비교적 보존되기 쉽다. '아'는 대체로 관료와 귀족의 손에서 나왔는데, '대아'는 주로 주 왕실의 문치文治와 무공武功을 찬양하는 사시史詩이고 '소아'는 주로 귀족의 생활을 기록하거나 왕실 통치의 위기를 반영한 정치 서정시다. 이 또한 기록으로 남기 쉽다. 한편 여러 지역의 민가로 구성된 '국풍'의 경우는 이들이 오늘날까지 전해질 수 있었던 것은 전문적으로 시를 수집하는 사람이 있었기 때문이다. 이상 '풍' '아' '송'의 시들이 어떻게 한 데 모일 수 있었을까를 생각해보면 당시 교통도 불편하고 기록하는 것 또한 죽간에 써야 하는 어려움이 있었기 때문에 만일 전문적으로 수집·정리하는 사람이 없었다면 『시경』이 이렇게 기록으로 남아 오랜 기간 전해지기 힘들었을 것이다.

뿐만 아니라 『시경』에 수록된 시가가 지어진 연대는 서주 초년에서 춘추 중기에 이르는 500여 년에 걸친 시간이다. 또한 시가가 지어진 지점은 황허 유역 거의 전체를 포함하고 여기에 창장강, 한수이강 일대까지 걸쳐 있어 매우 광범위하다. 이렇게 넓은 지역과 긴 시간에 걸친 시들을 한 데 모으는 일은 전담 기구가 맡아서 수집하고 정리하지 않으면 불가능한 일이다. 그럼 어떻게 시들을 수집·정리한 것일까?

『한서漢書』「예문지藝文志」에는 고대에 전문적으로 시를 채집하는 관원이 있었다고 적고 있다. "그러므로 옛날에는 시를 채집하는 관원이 있었는데, 군왕은 이를 통하여 풍속을 살피고 정사의 득실을 알아 고찰하여 바로잡을 수 있었다."[26] 즉 시가에는 백성

---

26 "故古有采詩之官, 王者所以觀風俗, 知得失, 自考正也."

의 마음의 소리가 반영되어 있으므로 천자는 시를 채집하는 관원을 파견하여 시를 통해 백성의 소리를 듣고자 했다고 한다. 『한서』「식화지食貨志」에는 이와 관련하여 보다 상세한 설명이 있다. "초봄에, 군거하던 백성이 산야로 흩어져 농경을 시작하려 할 때 시가를 채집하는 관원인 '행인行人'이 목탁을 흔들며 길거리를 다니면서 시가를 채집했다."[27] 이렇게 시가를 채집하는 관원인 '행인'이 민간에서 채집한 시가는 그 다음 음악을 담당하는 악관에게 보내졌다. 당시 악관을 '사師'라고 불렀고, 그 총관을 '태사太師'라 했다. 각국의 태사들은 본국에서 유행하는 시가들을 선별·정리하여 주 왕실의 태사에게 올렸고 주의 태사는 이것을 주 천자에게 들려주었다. 이러한 방식으로 500여 년 동안 역대 주 태사의 손에 들어온 시가는 분명 방대한 분량이었을 것이다. 방대한 분량의 시가들 중 백성이 즐겨 부를 수 있고, 시가를 부르며 심신을 수양하고 도덕성을 기르게 하기 위해서는 선별·정리하는 작업이 필수적이다. 오늘날 『시경』 305편의 편집을 보면 시가를 선별한 사람의 안목이 범상치 않음을 느낄 수 있다. 그럼 이 작업을 한 사람은 누구일까?

역대로 사마천을 포함한 많은 이가 모두 공자가 시가를 305편으로 선별·정리했다고 생각했다. 그러나 이에 대해 이견을 제시하는 학자 또한 적지 않다. 왜냐하면 『논어』에서 공자는 『시경』

---

27 "孟春之月, 群居者將散, 行人振木鐸徇于路, 以采詩."

을 늘 '시삼백詩三百'이라는 명칭으로 부르고 있어 공자 이전에 이미 삼백여 편으로 정리된 것으로 보이고, 또 공자 이전에 있었던 『시경』에 대한 평론을 보면 오늘날 전해지는 『시경』의 판본과 내용이 기본적으로 같으므로 공자 이전에 이미 『시경』의 편집본이 있었다고 볼 수 있기 때문이다.

그럼 누구의 손에 의해 『시경』이 편집된 것일까? 많은 학자는 주 왕실의 악관 태사가 편집한 것이라고 보는데, 나 역시 이에 동의한다. 주 태사에 의해 각기 다른 지역의 다양한 시가들이 선별되어 가공되고 수정되었을 것이다. 그리고 어느 한 사람의 태사가 아니라 500여 년 동안 수많은 태사의 손을 거쳐 완성되었을 것이다. 각국에서 수집된 다양한 형식의 시가들은 태사의 수정과 정리를 거쳤을 것이고, 그래서 오늘날 전해지는 『시경』은 형식이 4언체로 기본적으로 통일되고, 압운하는 운부의 체계와 운을 운용하는 규칙이 대체로 일치한다. 또 일정한 정형구가 서로 다른 시기와 다른 지역의 시가에서 똑같이 쓰인 것을 볼 수 있는데, 예컨대 "저 처자 시집가네之子于歸"라든지 "만수무강萬壽無疆"과 같은 구가 발생 시기와 지역이 다른 시가에서 반복적으로 쓰인 것은 시가에 수정·가공 작업이 행해졌다는 것을 다시 확인시켜준다. 왕실 주도로 민간의 악가를 수집·정리한 것은 주 왕조의 문화 사업 가운데 하나라 할 수 있다. 서주 초엽에서 춘추 중엽에 이르는 오랜 기간 시가를 채집하고 다듬는 과정을 통해, 한 권의 시가집으로 묶인 『시경』의 시들은 이미 한 시기, 한 지역, 한 사람, 한 사건에 국한되지 않는 시공을 넘어선 생명력을 갖게 되었다.

이상과 같은 『시경』의 편집 상황을 염두에 두면서, 다시 식부인 문제로 돌아가 식부인이 「대거」의 작자인지를 생각해보자. 「대거」가 속해 있는 '왕풍'은 낙읍 일대의 시가를 모은 것으로, 다시 말해 동주 왕실 통치 지역의 시가들이다. 식부인은 초왕의 부인 신분으로 장기간 초나라에서 생활했다. 그런데 '국풍'에는 '초풍楚風'이 없다. 전국 시대에 초나라에서 아름다운 문학 초사楚辭가 나오기는 했지만, 춘추 중기에 편집된 『시경』에는 초 지역 민가가 수록되어 있지 않다. 그러므로 지역적인 측면만 보아도 「왕풍·대거」의 작자가 식부인이 아님을 확인할 수 있다.

그러면 유향을 비롯한 많은 문인은 왜 이 시가 식부인이 지은 것이라 생각했을까? 그것은 「대거」에서 말하고 있는 한 여인의 절망적 사랑과 그럼에도 변치 않는 사랑을 지키려는 의지가 유향이 서술한 식부인의 삶과 유사한 부분이 매우 많기 때문일 것이다. 여기서 또 한 가지 문제는 식부인에 대한 유향의 서술이 정확한가이다.

식부인 이야기의 결말에 대해서는 여러 가지 설이 분분하다. 『열녀전』은 그 가운데 한 가지 설이고, 다른 기록을 보면 식부인이 상심하여 마음의 병으로 죽었다는 것도 있고, 그녀가 70여 세까지 살았다는 것도 있다. 개인적으로는 후자의 설에 동의한다. 생각해보면 식부인과 식후의 결혼은 정치적인 것이었고, 결혼한지 얼마 되지 않아 그녀는 초왕의 포로가 되었다. 식후와는 자녀가 없었으나 초왕과의 사이에 두 아들을 두었고, 그중 한 아들은 지혜롭기로 이름난 성왕成王이다. 또 역사적으로 전해지는 이야기들을 보면 인간적인 면모에서 식후는 초왕에 미치지 못하는 듯하다. 그가 채경후를 혼내주려고 생각해낸 말도 안 되는 계획을 보아도 어느 정도 짐작할 수 있다. 채후에게 분개했음에도 직접 채후와 맞서지 못하고 초왕을 찾아가 그의 힘을 빌리다가 결국 자신의 부인까지 잃고 말았다. 식부인이 비통해 한 것은 식후와의 사랑 때문이 아니라 여성으로서 지켜야할 절개를 지킬 수 없었기 때문이 아닐까? 그녀가 초왕과 말을 하지 않았던 것은 아마도 스스로를 보호하기 위해서였을 것이다. 말은 언제나 화를 불러오는 법이다. 게다가 그녀에게는 자신이 보호해야 할 두 아이까지 생긴 상황이었다. 그녀가 만약 죽고자 했다면 포로가 되었을 때 자결했지 두 아들을 둘 때까지 기다릴 필요가 있었을까? 그리고 해가 갈수록 자식들은 성년이 되고 그녀는 강대한 초나라 성왕의 모후母后가 되니 어떻게 생명을 가벼이 할 수 있었겠는가? 그러므로 "천고에 어려움이란 오직 한 번 죽는 일千古艱難唯一死"이라고 읊은 등한의의 말이 그래도 맞는 것 같다. 생명에 집착하는 것은 인지상정이다. 식부인은 '생生'을 선택했으되 전통 예교의 관념에 매여 일생을 마음껏 웃고 말하지 못했는데, 이것으로도 그녀의 일생은 안타까운 탄식을 자아낼 만하다.

노자는 "진실한 말은 아름답지 않고, 아름다운 말은 진실하지 않다"[28]고 했다. 식부인이 「대거」의 시를 절명사로 하여 자신의 뜻을 밝혔다는 이야기는 그 자체로 처연하고 아름다워, 학자들이 군이 그 진위를 밝히기를 원하지 않았을지도 모른다. 우리도 군이 따지지 말고 우선 말하는 대로 들어두자. 그저 한 여인의 절절한 사랑의 맹세라 해두어도 충분할 것이다. 식부인은 한 떨기 아름다운 꽃으로 자연에 순응하여 피었다가 바람 따라 스러졌다. 도화부인의 결말이 어떠한지 군이 사실을 검증해야 할 필요가 있을까. 때로는 엄격히 따지지 않는 것이 지혜로움이다.

오늘날 "살아서는 달리 살지라도, 죽어 한 무덤에 묻히리다"와 같은 사랑의 맹세를 읽었을 때 이 구절이 당시와 같이 절절하게 마음에 와 닿을 수 있을까? 그녀는 비록 한 나라의 공주였고 한 나라의 왕후였던 고귀한 신분이었으나 자신의 운명과 사랑을 주관할 수 없었던 시대를 살았다. 지금 우리는 평화로운 민주 시대에 살고 있고, 사랑에 있어서는 남녀 누구에게나 당시와 같은 사회적 압박이 없다. 있다면 개인적인 내면의 갈등이 있을 뿐이다. 어떻게 화려한 물질적 유혹을 극복하고 용감하게 사랑을 책임지는가 하는 것이야말로 오늘날 우리가 해야 하는 가장 중요한 일이 아닐까. 오늘날 필요한 것은 절절한 맹세가 아니라 '행동'인 것 같다.

---

28 『도덕경道德經』 81장 "信言不美, 美言不信."

하루만 아니 보아도,
세 가을이 지난 듯하네

: 그리움에 관하여 :

중국 민간에는 "청춘 남녀가 없으면 노래가 되지 않는다無郎無姐
不成歌"는 말이 있다. 『시경』 305편 가운데 대략 90편이 혼인이나
연애와 관계가 있다. 서주·춘추 시기의 생생한 사랑의 과정, 연
애·혼인 생활, 모든 만남과 헤어짐의 희로애락이 낱낱이 담겨 있
다고 할 수 있다. 사랑을 제재로 한 시는 『시경』에서 가장 큰 비중
을 차지할 뿐만 아니라 풍격도 가장 다채로워 오늘날까지 즐겨 거
론되며 강한 울림을 전한다. 『시경』의 매력적인 사랑 이야기는 종
래로 현실적이고 이성적인 중국인에게 사랑의 정취에 취할 수 있
는 길을 터주기도 했다. 희곡 『모란정』에서 양갓집 규수 두여랑은
「관저」에서 끊이지 않는 사모의 정을 읽어내고서 자신의 사랑의

마음을 확인했고, 『홍루몽』에서 가보옥은 『시경』에서 주로 '정'을 노래한 국풍만을 읽었는데, 아마도 그랬기 때문에 자신이 사랑하는 여인을 끔찍이 위할 수 있었던 것 같다. 역사적 기록으로 보나 현실에서 보나 열애에 빠져 있는 청춘남녀들은 늘 "하루만 아니 보아도, 세 가을인 듯하다─日不見, 如三秋兮"라고 말하는데, 이 말은 바로 『시경』에서 나왔다. 다음의 「왕풍·채갈采葛」편을 보자.

저기 칡을 캐네, 하루만 아니 보아도,
석 달인 듯하네   彼采葛兮, 一日不見, 如三月兮
저기 대쑥을 캐네, 하루만 아니 보아도,
세 가을이 된 듯하네   彼采蕭兮, 一日不見, 如三秋兮
저기 약쑥을 캐네, 하루만 아니 보아도,
삼 년이 지난 듯하네   彼采艾兮, 一日不見, 如三歲兮

매우 간결하면서도 명료한 사랑의 노래로 열애중인 사람의 심리를 묘사한 전형적인 시편이다. 하루를 보지 못하면 "석 달三月" "세 가을三秋" "삼 년三歲"이 된 듯하다고 반복적으로 말하여 마음에 둔 여인에 대한 순정남의 심정을 생생하게 그려내고 있다. 시에서 언급한 "갈葛", 즉 칡은 콩과의 덩굴식물로, 줄기의 껍질은 갈포葛布를 만드는 데 쓰이고, 뿌리는 약재로 쓰인다. "소蕭"와 "애艾"는 산지에서 흔히 자라는 쑥을 말하는데, 모두 약재로 쓰인다. "피채갈혜彼采葛兮" "피채소혜彼采蕭兮" "피채애혜彼采艾兮", 저기 먼밭

치에서 칡을 캐고 쑥을 뜯는 아가씨는 바로 마음속 그녀다. 이 시는 매 절마다 한 가지 식물을 언급하는데, 이렇게 『시경』에는 수많은 향초와 수목과 꽃과 과일이 등장한다. 공자는 일찍이 『시』를 읽으면 "새, 짐승, 풀, 나무의 이름을 많이 알 수 있다多識鳥獸草木之名"(「양화陽貨」)라고 했는데, 『시경』은 실로 자연 교실이나 박물학 교실처럼 식물과 동물 이름에 대해 많은 것을 알게 해준다. "소蕭"와 "애艾" 같은 쑥은 산지에서 흔히 자라는 향초로 꽃이 예쁘거나 과실이 열리는 것이 아니라서 사람들이 그다지 관심을 두지 않지만 매우 실용적 가치가 있다. 모두 약재로 쓰일 뿐만 아니라 이것을 태우면 모기와 같은 해충을 쫓을 수도 있다. 또 『시경』의 시대에는 신에게 제사를 올릴 때 늘 쑥을 사용했다. 그래서 쑥을 뜯는 아가씨의 모습에는 어느 정도의 신성함이 어리기도 한다.

일상생활에서 우리는 객관적인 시간 계산 방식에 익숙하여 시계로 시간을 잰다. 예를 들어 석 달이면 90일이고, 3년은 1095일과 같은 식이다. 그러나 객관적인 시간관념을 넘어서서 시간 밖에서 삶을 바라보면 때로 시간은 수리적으로 계산될 수 없다는 것을 알게 된다. 왜냐하면 우리는 감성이 충만한 세계에서 생활하고 있기 때문이다. 공자는 제나라에서 악곡 「소韶」를 듣고 심취하여 "몇 달 동안 고기 맛을 알지 못했다三月不知肉味"(「술이述而」)라고 한 적이 있다. 음악에 완전히 심취하여 일상생활도 잊고 몇 달의 시간이 하루처럼 그냥 지나간 것이다. 사랑을 해본 사람은 알 것이다. 함께 있는 행복한 시간이 순식간에 지나가고, 방금 헤어졌는데도 금방 다시 보고 싶은 그런 느낌말이다. 이는 바로 "하루만 아니 보아도, 세 가을이 된 듯"한 사랑의 행복함이 주는 고통이다. 위의 시를 보면 구구절절 애절하게 떨어질 수 없는 마음을 말하거나, 서로를 믿고 의지한다는 달콤한 말이나, 금석보다 견고하리라는 사랑의 맹세나, 애간장을 녹이는 절절한 사연을 늘어놓거나 하는 것 없이 그저 바보스럽고 단순하게 하루만 아니 보아도 석 달이, 세 가을이, 삼 년이 지난 듯하다고 고백하는데, 그 마음이 어떠한지 이미 투명하게 그대로 전달된다. 여기서 시간은 객관적인 시간이 아니다. 주관적인 '심리적 시간'이다. 아인슈타인은 상대성 이론을 설명하며 "뜨거운 여름날 만약 난로 앞에 앉아 있다면 하루가 분명 몇 년처럼 느껴질 것이지만 만약 미녀 옆에 앉아 있다면 시간이 몇 초인 듯 빨리 지나갈 것입니다"라고 말한 적이 있다. 「채갈」에서의 시간 또한 이와 같은 맥락이다.

　「채갈」 시편은 누구나 다 이해하는 가장 일반적이면서도 가장 마음을 힘들게 하는 감정을 포착하여 반복적으로 읊어 '그리움'이라는 것을 강렬하면서도 생동감 있게 묘사하고 있다. 여기서 또 한 가지 주목할 것은 각 장에 쓰인 '혜(兮)'자다. '혜'는 감탄사로 일반적으로 문미에 쓰여 어기를 강화하는 역할을 한다. 대체로 오늘날의 '아'에 해당한다고 할 수 있는데, 이렇게 매 장마다 감탄사를 배치하니 격앙된 감정이 한층 더 생생하게 드러난다. 그리움으로 느끼는 심리적 시간의 표현은 당시 꽤 널리 공감대를 불러일으켰던 것 같다. 낙읍 일대의 노래인 「왕풍」에서 뿐 아니라, 그 인근 지역, 즉 지금의 허난성 신정新鄭 일대의 노래인 「정풍鄭風」에서도 비슷한 표현이 그대로 나온다. 「정풍·자금子衿」편은 사모하는 남자에 대한 그리움을 노래한 시인데, 내용은 다음과 같다.

푸르디푸른 그대의 옷깃에, 내도록 설레어라　　　青青子衿, 悠悠我心
내가 갈 수 없다지만,
그대는 어찌 소식조차 없을까　　　　　　　　縱我不往, 子寧不嗣音
푸르디푸른 임의 패대에, 내도록 그리워라　　　青青子佩, 悠悠我思
내가 갈 수 없다지만,
그대는 어찌 오시지도 않을까　　　　　　　　縱我不往, 子寧不來
이리저리 서성이어 망루에 서 있네　　　　　　挑兮達兮, 在城闕兮
하루만 아니 보아도, 석 달인 듯하네　　　　　一日不見, 如三月兮

이 시 역시 그리움을 노래하고 있다. 시의 화자는 분명 춘심에 들떠 있는 아가씨일 것이다. 시 전체는 화자의 그리움을 중심으로 전개되는데, 그리움의 대상인 정인에 대해서는 직접적으로 묘사하지 않고 다만 푸른 옷깃과 패대佩帶만을 언급했다. 하지만 "푸르디푸른青青"이나 "내도록悠悠"이라 한 표현으로부터 상대의 모습이 화자의 마음에 얼마나 깊이 각인되어 있는지 충분히 짐작이 간다. 여기서 문득 궁금함이 생기는데, 한 여자의 마음을 이토록 사로잡은 남자는 어떠한 사람일까? 첫 구에서 "청청자금青青子衿"이라 했는데, "자금"의 "자子"는 남자에 대한 존칭으로 쓰는 표현이고, "금衿"은 옷깃이다. 그러면 '청금青衿'은 무엇을 뜻할까? 한대 한자의 뜻과 음으로『시경』을 해설한 중요 문헌인『모시고훈전毛詩古訓傳』에서는 '청금青衿'을 풀이하여 "푸른 옷깃이다. 학도가 입는 옷이다青領也, 學子之所服"라고 했다. 오늘날 표현으로 하자면 푸른 옷깃의 교복을 입은 학생을 말한다. 이것으로 보면 여기서 그리움의 대상은 한 서생이다. 오늘날까지 전해지는 중국 사랑이야기에서 남자 주인공은 대부분 서생이다. 예를 들어『서상기』에서의 장생,『모란정』에서의 유몽매,『도화선』에서의 후방역 등 모두 그렇다. 어쨌든 옛날 서생의 대명사로 쓰였던 "청금青衿"이란 말은 바로 이 시에서 비롯되었다.

이 시의 첫 구는 생각해보면 묘사가 특이하다. 사랑을 말하면서 우선 상대의 옷깃에 초점이 머무니 말이다. 또 제2장에서 "청청자패青青子佩"라 했는데, "패佩"는 남자들이 패옥을 다는 띠다. 패옥을 달아 허리에 차는 띠 역시 푸르다고 말한다. 이렇게 상대의 작은 한 부분을 들어 말하는데, 사랑을 할 때는 이상하게 아주 사소한 것에도 시선이 머무는 것 같다. "사랑하면 그 집 지붕 까마귀에게도 관심을 가진다愛屋及烏"는 말이 있다. 원래 까마귀는 사람들이 싫어하는데 사랑하는 사람 집의 지붕에 있는 것은 그마저도 사랑스럽다 하니, 하물며 옷깃과 띠는 어떻겠는가? 의복이나 장신구는 매일 매일을 그와 함께 한다. 여기서 아가씨는 암암리에 그의 푸른 옷깃과 푸른 띠에 부러움과 질투를 느끼는 것은 아닐까?

『시경』 강의를 하면서 "이 시는 무엇을 '썼고', 저 시는 무엇을 '썼고'"라는 식으로 말했는데, 이는 오늘날 시를 보는 입장에서 말한 것이다. 만약『시경』의 시대로 돌아가서 말한다면 '쓰다'라는 표현은 정확하지 않다. '부르다'라고 해야 맞다.『시경』305편은 모두 악곡에 맞추어 부르는 가사였다. 선진 시기의 문헌 중에서 원래『악樂』이라는 경전이 여섯 가지 중요한 경전인 '육경六經'에 포함되어 있었다. 안타깝게도『악경』은 한대에 이미 실전되어 확인할 수 없지만, 거기에는『시경』의 악보도 포함되어 있었을 것이다. 악곡의 관점에서 본다면『시경』은 서주·춘추 시기 유행했던 유행가곡집으로 중국 유행 음악의 경전·비조라 할 수 있다. 이후『시경』은 가장 광범위한 청중과 가장 열성적인 팬층을 확보하게 되었고,『시경』의 유행과 전파, 감상, 해설, 평론 등 관련 지식이 결집하여 하나의 학문, 즉 '시경학'이 형성되었다. 지금은 노래방에 가면 음악과 가사를 비롯하여 화면까지 눈앞에 펼쳐지지만『시경』은 이제 가사만 남아 전해진다. 그러나『시경』의 시들을 세밀하게 읽어보면 당시의 장면들을 어렵지 않게 화면으로 그릴 수 있다. 위의 시를 화면으로 재생한다면 사랑에 빠진 아가씨가 성문 위 망루에서 하염없이 기다리며 불안한 마음에 서성이는 모습을 잡을 수 있을 것이다. "종아불왕縱我不往, 자녕불사음子寧不嗣音" "종아불왕縱我不往, 자녕불래子寧不來", 여자인 자신이 직접 찾아가자니 민망하고, 그런데 그 사람은 왜 핑계를 대서라도 만나러 오지 않는지 원망스럽기만 하다. "도혜달혜挑兮達兮, 재성궐혜在城闕

兮", 성문 위 망루에서 이리저리 서성대보지만 그 사람은 보이지 않고 마음은 점점 조급해진다. 성문 위의 망루는 성의 경계의 끝 지점으로 그곳에는 언제나 멀리 떠난 가족이 돌아오기를 기다리는 사람들이 있기 마련이다. 여기까지의 정황으로 보았을 때 그녀의 정인은 그녀를 떠난 지 오래일 것 같다. 하지만 마지막 구에서 "일일불견一日不見, 여삼월혜如三月兮"라고 하며 예상을 완전히 벗어난 고백을 한다. 이 대목에 이르면 의외의 반전에 절로 웃음이 지어진다. 이토록 정인을 그리는 마음이 사랑스럽지 않은가.

『시경』에서 사랑의 노래에 등장하는 여자들은 매우 대담하고 적극적일 때가 많다. 잠시 「정풍·건상褰裳」 편을 보자.

그대가 진정 나를 원하시면,

옷을 걷고 진수라도 건너오오 子惠思我, 褰裳涉溱

그대가 나를 원치 않으시면,

어딘들 남자가 없겠소 子不我思, 豈無他人

얼간이 멍청이 같으니라고! 狂童之狂也且.

시에서 여자는 남자에게 정말로 자신을 사랑한다면 "옷을 걷고 褰裳" 진수溱水를 건너오라고 말하고, 만약 그렇지 않으면 자신을 원하는 남자는 세상에 많다고 하며 "광동지광야차狂童之狂也且!"라며 한바탕 원망의 말을 한다. 이 시는 여자가 남자에게 적극적으로 구애하는 전형적인 시다. 아무 거리낌 없이 직접적으로 말하는 태도가 남성보다 더 대담하다. 「정풍·자금」 편에서의 여자도 이와 같이 솔직하게 자신의 마음을 조금도 숨기지 않고 드러내며, 거기다 과장하여 "하루만 못 보아도 석 달인 듯"하다고 했다. 이상과 같은 시들을 보건대 『시경』에는 '화끈한' 여성들의 모임이 있는 것 같다.

경전은 언제나 새롭다. 「정풍·자금」 편에서 "청청자금靑靑子衿" 구절은 나중에 조조曹操에게 인용되고 재해석되어 새로운 명구로 재탄생했다. 『시경』은 한대에 아이들의 교재 가운데 하나였으니, 조조 또한 이에 능통했을 것이고, 그러니 그의 시에 자연스럽게 녹아 나오게 되었을 것이다. 『시경』 이후 사언체 시는 점점 쇠퇴했는데, 조조는 사언시를 다시 중국 문학의 무대로 복귀시켰다. 그의 「단가행短歌行」은 다음과 같이 노래한다.

푸르디푸른 그대의 옷깃에, 내도록 설레어라 靑靑子衿, 悠悠我心
오직 그대 때문에, 지금도 나지막이 읊조린다네 但爲君故, 沈吟至今

위의 시에서 「자금」의 "청청자금靑靑子衿, 유유아심悠悠我心" 두 구를 한 글자도 바꾸지 않고 그대로 인용하여 썼지만 전체적인 느낌은 확연히 다르다. 더 이상 아가씨의 완약한 정감이 느껴지지 않는다. 여기에서 조조가 갈구하는 대상은 '현재賢才', 즉 현명하고 유능한 인재다. 조조는 「자금」의 두 구를 인용함으로써 인재를 구하는 절실한 마음을 매우 함축적으로 담아냈다. 뒷부분의 내용은 인용하지 않았으나 앞 두 구의 인용만으로도 전체 내용을 모두 상기시키는 효과를 거두고 있다. 다시 말해, 그가 인재를 구하나 천하의 인재를 하나하나 모두 찾아갈 수 없으니 설사 자신이 찾아가지 않더라도 왜 자신에게 소식을 전하거나 오지 않는지, 천하의 현명하고 유능한 인재들을 기다리는 마음이 "하루만 아니 보아도" "석 달인 듯" "세 가을인 듯" "삼 년인 듯"한 마음과 같다는 말을 위 두 구의 인용 안에 함께 포괄하고 있는 것이다.

"일일불견一日不見, 여삼추혜如三秋兮"와 같은 아름다운 구절을 읽을 때 문득 궁금한 생각이 드는데, 그것은 『시경』 시대의 사람들은 어떤 언어로 이와 같은 구절을 읽었을까 하는 문제다. 당시 각국에는 지역마다 방언이 있었는데, 모두 『시경』을 교재로 사용했다면 어느 지역의 발음이 표준이었을까?

중국은 영토가 넓고 민족도 다양하여 한어漢語와 소수민족 언어가 공존한다. 한어가 통용되는 지역이라 하더라도 지역에 따라 다른 방언을 형성하기도 한다. 선진 시기 언어의 복잡한 상황에 대해서는 역사 문헌에 기록이 있다. 예를 들어 『전국책戰國策』 「진책秦策」에 보면 "정나라 사람들은 아직 다듬지 않은 옥을 박璞이라 하고, 주나라 사람들은 아직 소금에 절여 말리지 않은 쥐고기를 박朴이라 한다"[29]고 적고 있다. 똑같이 '푸pu'로 발음하는데, 정나라에서는 다듬지 않은 옥돌을 가리키고, 주나라에서는 가공하

---

29 "鄭人謂玉未理者曰璞, 周人謂鼠未臘者曰朴."

지 않은 쥐고기를 가리킨다. 그러니 만약 정나라 사람이 박옥璞玉을 가지고 주나라에 가서 판다고 하면 주나라 사람들은 쥐의 생고기를 판다고 여기지 않겠는가? 또 한 예로 당시 황허강 유역의 중원에서는 호랑이를 '호虎(후hu)'라 했는데, 창장강 유역의 초나라에서는 호랑이를 '어토於菟(우-투wutu)'라 했다 한다. 이에 중국에서는 일찍부터 방언이나 민족적 차이를 넘어설 수 있는 공용어에 대해 모색했다. 한족 공통의 언어가 언제 형성되었는지에 대해서는 명확하게 말할 수 없으나 그에 대한 가장 이른 문헌 기록은 『논어』「술이述而」 편에 보인다.

공자께서는 『시』나 『상서』를 읽을 때와 예를 집행할 때는 아언雅言으로 하셨다.[30]

여기서 '아언雅言'은 당시 중국에서 통행되던 공용어로 오늘날의 관점에서 보자면 표준어에 해당한다. '아雅'라는 글자는 오늘날 고아高雅라든지, 문아文雅, 아치雅致 등의 표현으로 쓰이며, 대체로 아름다움, 학식, 교양, 문화, 수양 등과 관련이 있고, '속俗'과 상대되는 의미를 지닌다. 『시경』 시대에 '아雅'는 '정正'으로 풀이된다. 그러므로 '아언'은 바로 '정언正言'이다. 그 의미는 바른 소리, 즉 예의규범에 맞는 정통의 언어를 말한다. 이런 의미에서 『시경』

---

30 "子所雅言, 詩·書·執禮, 皆雅言也."

에 있는 「대아」와 「소아」는 종래로 학자들이 존숭해온 예악 문명을 대표하고, 나아가 『시경』은 국가 교육기관뿐만 아니라 사학私學에서도 우선적인 교재로 채택된 것이다. 중국 역사상 '사학'의 기풍을 처음으로 연 위대한 교육가 공자는 바로 이 『시경』으로 학생들에게 언어와 음악, 예의를 가르쳤다. 공자는 다음과 같이 말한 바 있다.

그대들은 어찌 『시』를 배우지 않는가? 『시』는 순수한 감성을 불러일으킬 수 있고, 세상을 볼 수 있게 하며, 사람들과 조화롭게 어울릴 수 있게 하고, 마음속의 원망도 풀어낼 수 있게 한다. 그리하여 가까이는 부모를 잘 모실 수 있고, 멀리는 군주를 잘 모실 수 있다. 아울러 새, 짐승, 풀, 나무의 이름을 많이 알게 한다.[31]

공자는 『시경』을 읽음으로써 감성을 기를 수 있을 뿐 아니라, 사회·정치나 도덕 등 세상 풍속을 볼 수 있게 하고, 인간관계의 교류에 도움이 되며, 아울러 현실과 세상에 대한 불만을 시를 통해 풀어낼 수 있다고 생각했다. 또 이상과 같은 훈련을 통해 가까이는 어떻게 부모에게 효도해야 하는지 알 수 있게 할 뿐 아니라 나아가 어떻게 군주를 모셔야 하는지도 알게 한다고 했다. 이에 더하여 새나 짐승, 식물의 이름 등과 같이 지식을 넓히는 데도 도

31 "小子! 何莫學夫『詩』? 『詩』, 可以興, 可以觀, 可以群, 可以怨. 邇之事父, 遠之事君. 多識於鳥獸草木之名."(『논어』「양화陽貨」)

움이 되니, 『시경』을 배우면 두루 유익한 점이 많다고 생각했다. 이렇게 보면 공자가 『시경』을 얼마나 중시했는지 알 수 있다. 또 공자는 예를 집행할 때와 학생을 가르칠 때는 당시의 표준어인 '아언'으로 했다고 하니, 평소 말할 때는 노나라 방언으로 말했어도 『시경』을 낭송하거나 설명할 때는 '아언'으로 했을 것이다. 만약 노나라 방언으로 『시경』을 읽었다면, 다시 말해 노나라 방언이 '아언'과 독음에서 차이가 있다면, 운이 맞지 않아 시 본래의 정감을 잘 살려내기가 어려웠을 것이다. 공자의 학생들 역시 여러 제후국으로부터 왔기 때문에 지역별로 다른 방언을 구사했을 것이다. 하지만 『시경』을 공부할 때는 당시 표준 언어인 '아언'으로 공부했을 것이라 추정해볼 수 있다.

『시경』에 실린 305편의 시들을 보면 그 발생 지역은 산시陝西, 산시山西, 산둥, 허난, 허베이, 후베이 등의 지역을 아우른다. 이들은 지역마다 다른 방언을 사용했을 터인데, 수집된 시가들은 이미 성숙한 압운 운용을 보인다. 이는 『시경』의 시가들이 주 왕실 태사의 정리와 수정을 거치는 과정을 통하여 당시 공용어인 '아언'으로 교정되었다는 것을 나타낸다. 다시 말해 『시경』은 당시 아언의 표준 독본으로 재정비된 것이다. 그러므로 관학에서든 사학에서든 『시경』을 낭송하고 풀이할 때는 아언으로 했고, 『시경』을 강론하는 선생이나 배우는 학생이나 모두 아언을 썼을 것이라는 추정이 가능하다.

현대 한어의 표준어는 베이징어 음을 표준음으로 하고 북방 방언을 기초방언으로 하며 모범이 되는 현대 백화문白話文을 어법의 기준으로 삼는 현대 표준 공통어라 정의된다. 그러면 선진 시기의 표준어인 아언은 어느 지역 어음을 표준 어음으로 삼았을까? 서주 왕조는 지금의 시안 부근의 호경鎬京에 도읍을 정했으므로 자연히 호경 일대의 언어가 당시의 공통어, 즉 '아언'의 역할을 했을 것이다.

예전에 나는 옛날 서당에서의 교육방식을 이해하지 못했다. 문장을 읽을 때 선생님은 자세히 풀이하거나 일일이 가르쳐주지 않고 학생들에게 그저 문장을 외우라고 독촉하여 오늘날의 교육방식과 비교하면 별로 가르치는 게 없고 훨씬 수월하다고 생각했다. 그 후 점점 낭송의 좋은 점을 발견하게 되면서 생각이 바뀌었다. 문장의 정수는 때로는 말로 설명되는 것이 아니라 마음으로 느낄 수밖에 없는데, 반복해서 낭송하다보면 자기도 모르게 마음에 깨치는 것이 있게 된다. 나 역시 『시경』을 강의할 때 학생들에게 함께 큰 소리로 낭송하게 하는데, 이렇게 함께 낭송하면 더 좋은 공명의 효과를 거둘 수 있을 뿐 아니라 더 많은 것을 느낄 수 있게 한다. 만약 선생님이 모든 것을 설명해버리면 학생 스스로 생각하고 느낄 여지가 없을 것이다. 위의 「채갈」 같은 시는 그리 어려운 문구가 있는 것도 아니니 그다지 설명할 것도 없다. 그저 학생들에게 읽게 하고 그 가운데서 나름대로 의미를 느낄 수 있게 하면 그것으로 족하다고 생각한다.

『시경』이 형성된 시대로부터 지금까지 2000여 년이 지나오는 동안 각 시대마다 『시경』에 대한 다양한 연구와 해설이 있었다. 그러나 『시경』이 지닌 오랜 역사만큼이나 그 언어는 난해하고 풀이는 방대하여 현대인들이 가까이 하기에는 어려움이 많다. 『시경』의 언어와 시의 아름다움에 대해 들어서 알고는 있다 해도, 어떻게 아름다운지 그 묘미를 느낄 수 있는 경우는 매우 드물다. 『시경』이라는 고대 박물관으로 들어가더라도 소수의 해박한 학자들 외에는 대개는 그 안의 의미를 읽어내는 데 필요한 인문 지식이 없어 진미眞味를 느끼지 못한다. 그리고 『모시정의毛詩正義』나 『시집전詩集傳』과 같은 전통 주석서들은 읽기도 전에 흥미를 반감시키는 작용을 하기도 한다.

그럼 오늘날 우리는 어떻게 『시경』을 읽어야 할까? 그 비법은 오로지 '마음'으로 읽는 것이 아닐까. 『시경』 시편들의 형성 시기를 보면 305편 가운데 가장 이른 것으로 추정되는 시는 대략 3000여 년 전의 것이고 가장 늦은 것이 2500여 년 전이다. 시간적 거리로 보았을 때 너무나 요원하고, 그렇기에 그들이 노래했던 언어를 이해하기 어렵지만, 위에서 살펴본 "하루만 아니 보아도, 세 가을이 지난 듯하네一日不見, 如三秋兮"와 같은 구절을 보면 우리가 진지하게 귀 기울이고 다가가고자 하는 마음만 있다면 당시의 노래들이 지금 우리의 마음과 그리 요원한 것도 아님을 발견하게 된다. 『시경』에 실려 있는 많은 사랑의 노래, 이들을 읽을 때 만약 우리가 소박하게 자신의 체험에 비추어 자신의 사랑의 감정을 돌이키며 읽어나간다면 그 안의 진의를 충분히 느낄 수 있을 것이다.

제2부

『시경』의 민속 풍경

복숭아나무 싱그럽고, 그대 자손 다복하리

: 혼례의 축가 :

사랑과 결혼은 어느 시대의 사람들이나 모두 관심을 갖는 화두다. 사랑하는 사람들은 사랑으로 결합하고, 이로써 행복을 얻는다. 그러나 "사람에게는 만남과 헤어짐이 있고, 달에게는 차고 기울어짐이 있다."[32] 이백李白은 「술잔을 들어 달에게 묻는다把酒問月」는 시에서 다음과 같이 읊었다.

지금 사람은 예전의 달을 볼 수 없지만   今人不見古時月

지금의 달은 예전의 사람도 비추었겠지   今月曾經照古人

---

32 "人有悲歡離合, 月有陰晴圓缺"(소식蘇軾, 「수조가두水調歌頭」)

옛사람이나 지금 사람이나 물처럼 흘러가는데 　　古人今人若流水
함께 보았던 저 달은 이렇게 여전하구나 　　共看明月皆如此

『시경』 시대에 사람들이 결혼에 대해 가장 중요하게 생각했던
것은 무엇이었을까? 첫 시편인 「관저」는 이에 대해 답을 해준다.
「관저」는 줄곧 유가에서 중시하는 부부 윤리의 표본이 되어왔다.
사서의 『중용』에서도 "군자의 도는 부부에서 비롯된다君子之道, 造
端乎夫婦"고 했다. 다시 말해 수신, 제가, 치국, 평천하의 도를 포괄
하는 모든 도는 부부 간의 도에서 시작한다는 것이다. 만약 부부
관계가 원만하지 못하면 가정의 화복과 안정은 바랄 수도 없고
그런 상황에서 무슨 국가적 도리를 논할 수 있겠는가? 당대 역사
가 사마정司馬貞은 "『예』는 부부를 중시하고, 『역』은 건곤을 서술
한다. 태양과 함께 조화造化에 임하고 달과 함께 존귀하다"[33]고 했
는데, 이 말은 예전 중국인들이 결혼을 얼마나 신성하게 여겼는
지를 잘 보여준다.
　옛사람들의 혼례에는 어떠한 축가가 연주되었을까? 오늘날과
마찬가지로 고대의 혼례 역시 성대하게 울리는 악곡으로 혼례의
서막을 열었다. 『시경』에는 결혼 축가로 볼 수 있는 여러 시편이
실려 있는데, 가장 대표적으로 많이 거론되는 시는 「주남周南·도
요桃夭」 편이다.

33　"『禮』貴夫婦, 『易』敍乾坤, 配陽成化, 比月居尊."(『사기색은史記索隱』 「외척세가外戚世家」)

복숭아나무 싱그럽게, 작작히 피었구나	桃之夭夭, 灼灼其華
저 색시 시집가네, 시집가서 복 되리라	之子于歸, 宜其室家
복숭아나무 싱그럽게, 탐스럽게 열렸구나	桃之夭夭, 有蕡其實
저 색시 시집가네, 복 되리라 시집에서	之子于歸, 宜其家室
복숭아나무 싱그럽게, 잎새도 다보록이	桃之夭夭, 其葉蓁蓁
저 색시 시집가네, 집안이 행복하리라	之子于歸, 宜其家人

"요요夭夭"는 내포된 의미가 풍부한 말이다. 여기에는 다음과 같은 몇 가지 의미가 담겨 있다.

우선 무성한 모양을 묘사한 것으로 볼 수 있다. 이는 한대의 대표적인 『시경』 해설서 『모시고훈전』의 해석이다. "요요夭夭"는 "젊고 힘차다其少壯也"는 의미인데 이로써 신부의 싱그러운 아름다움을 비유한다고 했다.

다음으로 꽃이 활짝 웃는다는 의미로 볼 수 있다. 이는 첸중수錢鍾書 『관추편管錐篇』의 해석인데, 이상은의 「즉목卽目」에서 "활짝 복사꽃이 웃으니, 나비가 공연히 춤을 춘 게 아니었구나夭桃唯是笑, 舞蝶不空飛"라고 한 구절을 들어 증명했다. 그런데 생각해보면 '웃음'이라는 것은 사람만의 표정인데, 왜 '웃을 소笑'는 대나무인 '죽竹'을 부수로 가지고 있을까? 이 글자의 구성이 이상하지 않은가? 잠시 문자학적인 측면에서 이 글자에 대해 살펴보자. 송대 사람들은 대나무를 읊을 때 대나무가 '웃는다笑'고 표현하는 경우가 많았다. 예를 들어 소식의 「소소선생찬笑笑先生贊」을 보면 "대나무도 바람에 싱그럽게 웃는다竹亦得風, 天然而笑"고 한 구절이 있다. 대나무가 어떻게 웃을 수 있을까? 이 표현의 출처는 오대五代 후기의 문자학자 서현徐鉉에게서 찾을 수 있다. 서현은 '소笑'를 풀이하여 "대나무에 바람이 불면 '휘어지는' 것이 사람이 웃는 모습과 같다竹得風, 其體夭曲, 如人之笑"고 했다. 즉 바람에 휘어지는 대나무의 모양이 사람이 웃을 때 허리를 굽혀 웃는 것과 같다는 의미에서 '소笑'에 '죽竹'이 들어간다고 설명했다. 그후 송대 사람들은 웃는 모습을 묘사할 때 '요夭'를 썼는데, 대나무를 묘사할 때만 '소'를 썼다. 좀 더 이전 시대로 거슬러 올라가보면 중국의 첫 번째 자전인 『설문해자』에는 '소笑'가 초두 부수인 '艹'로 되어 있다. 예서隷書로 쓸 때 '艹'와 '竹'을 통용하여 쓸 수 있었기 때문에 나중에 '소笑'가 '竹'부로 분류된 것이다. 원래의 '소'는 '艹' 아래 '夭'가 있는 형태였다. 『설문해자』에서 「도요」 시를 인용한 것을 보면 "요요"의 "요夭"는 '艹' 아래 '夭'가 있는 형태의 글자로 적혀 있다. 이어 그 의미를 여자가 웃는 얼굴이라고 풀이했다. 우리가 현재 쓰고 있는 '소笑'의 의미는 바로 여기에서 비롯된다. 그러므로 첸중수는 "요요夭夭"를 신부의 웃음 짓는 얼굴을 의미한다고 보았다.

그 다음으로 "요夭"에 아름답다는 의미가 있는 것으로 볼 수 있다. 송대 학자 주희는 "요夭"를 "여리고 고운 모습少好貌", 즉 젊고 아름답다는 의미를 가진다고 했다. 그래서 "도지요요桃之夭夭"는 복숭아나무가 싱그럽게 잘 자라 한창 물이 오른 탐스러운 모습이 곧 시집갈 여자에 비유할 만하다고 했다. 여기서 말하는 아름다움은 건강하고 생기로 충만한 그런 아름다움을 말한다.

이상에서 보듯, 첫 구 "도지요요桃之夭夭"라는 구절 자체에는 매우 풍부한 의미가 담겨 있다. 이어 다음 구에서 바로 눈에 들어오는 것은 환하게 활짝 핀 복사꽃이다. "작작灼灼"은 눈이 부시도록 환한 것을 말한다. "화華"는 고대의 '화花'에 해당한다. 선진 시기에는 '화華'만 썼고, 육조 이후에 와서야 '화花'를 쓰기 시작했다. 다음으로 "기엽진진其葉蓁蓁"에서 "진진蓁蓁"은 복숭아나무의 잎이 무성한 모습을 말한다. 복사꽃이 화사하게 꽃망울을 터트릴 때, 시집가는 신부의 양 볼은 긴장과 수줍음으로 발그레 물드는데, 이렇게 신부의 얼굴과 복사꽃이 서로를 비추면 그 아름다움이란 이루 말할 수 없을 것이다. 시에서 신부의 용모에 대해서는 한 마디도 직접적으로 묘사하지 않았지만, 풋풋하고 아름다운 신부의 모습이 이미 눈에 보이는 듯하다.

"지자우귀之子于歸"의 "지之"는 지시대사이므로 "지자之子"는 저 처자, 저 아가씨의 의미다. '자子'는 공자孔子, 맹자孟子, 한비자韓非子와 같이 일반적으로는 남자에 대한 존칭으로 쓰였으나, 때로 이것으로 여자를 가리키기도 했다. 여기 구절에서 '자'는 특별히 곧 시집갈 여자를 가리키는 말이다. "우于"는 '왕往', 즉 '가다'는 의미다. 마지막으로 "귀歸"는 매우 중요한데, 선진 시기에 '귀'는 '시집가다'의 의미가 있었다. '귀'는 원래 '돌아오다 혹은 돌아가다回'의 의미를 가진다. 당시 사람들은 여자가 부모님과 생활하는 기간을 잠시 머문다고 여기고 시집가는 그곳이 진정한 의미에서 자신의

집으로 돌아가는 것이라 생각했다. 즉 시댁이 여자의 마지막 귀의

소라 여겼다. 그러므로 "지자우귀之子于歸"는 "저 색시 시집간다"의

의미다.

"유분기실有蕡其實"에서 "분蕡"은 탐스럽게 열매가 열린 모습이다.

시를 보면 활짝 핀 복사꽃으로부터 탐스럽게 열린 열매로, 다시

무성한 잎으로 전개되는데, 이는 신부가 결혼 후 자손이 번성할

것이라 비유하여 축원한 것이다.

흔히 처음으로 미인을 꽃에 비유한 사람이야말로 천재라고 하

는데, 「도요」를 지은 사람도 천재라 할 수 있지 않을까. 이 시를

지은 사람은 복사꽃의 아름다움이 어떠한지, 여자의 아름다움이

어떠한지를 완전히 잘 알고 있는 사람 같다. 그렇지 않다면 둘의

공통점을 포착하여 이렇게 기막히게 잘 버무려놓을 수가 없었을

것이다. 『시경통론詩經通論』을 쓴 청대 학자 요제항姚際恒은 이 시

를 평하여 "미인을 노래한 천고 사부의 비조다開千古辭賦詠美人之祖"

라고 했는데 결코 과찬이 아니다. 이후 복사꽃으로 미인을 비유

한 시구는 셀 수 없이 많다. 후대로 가면서 복사꽃은 『시경』 시대

의 상서로움과 축복의 의미가 아니라 꽃이 지듯 아름다움도 사라

진다는 의미로 쓰이게 된다. 당대 시인 최호崔護는 「제도성남장題

都城南莊」을 썼는데, 이 시를 쓴 배경은 다음과 같다. 최호는 진사

과에 낙방한 후 청명절에 혼자 장안성 남쪽 교외에서 답청踏靑하

다가 복사꽃이 만개한 어느 농가에 이르게 되었고, 거기서 아름

다운 아가씨와 마주쳤다. 두 사람은 마음이 서로 통한 듯 눈길을

주고받았다. 이듬해 청명절이 되어 최호는 다시 그곳으로 가보았으나, 들에는 복사꽃만 예전처럼 만발하고 아가씨는 어디로 갔는지 알 길이 없었다. 그는 안타까운 마음을 시로 적어 지금까지 애송되는 명편을 남겼다.

작년, 오늘, 여기 정원에서	去年今日此門中
고운 얼굴 복사꽃이 발그레 물들었는데	人面桃花相映紅
고운 얼굴 그 사람은 자취를 알 길 없고	人面不知何處去
복사꽃만 그 자리에서 봄바람에 미소 짓네	桃花依舊笑春風

여기서의 얼굴과 복사꽃의 대비, 즉 "인면도화人面桃花"는 진한 아쉬움이 담긴 특별한 정취를 자아낸다.

생각건대, 「도요」는 신부에 대한 축복의 노래이니까 신랑이 신부를 맞으러 갈 때 연주되는 첫 번째 악곡일 것이다. 여기서 '복숭아'는 건강과 생명력의 상징이다. 『시경』300여 편은 모두 음악에 맞추어 연주할 수 있다. 오늘날 악곡은 전해지지 않지만, 「도요」는 시구의 아름다움이나 "도지요요" 구절의 반복되는 리듬감이나 시집가는 장면 등을 볼 때 분명 경쾌하고 리듬감이 충만한 곡이었으리라 짐작된다.

「도요」의 3장은 각 장에서 몇 개의 글자만을 바꾸어 반복적으로 진행되지만, 복사꽃과 여자의 삶이 절묘하게 연결되었다. 첫 장에서는 '꽃'을, 둘째 장에서는 '열매'를, 마지막 장에서는 '잎'을 써서, 봄에서 가을까지 복숭아나무의 변화를 이용하여 세 단계로 다른 의미를 나타냈다. 복사꽃으로는 신부의 아름다움을 형상화했고, 복숭아로는 자손의 생산을 말했으며, 잎으로는 가정을 화목하고 번창하게 꾸려나갈 수 있게 한다는 것이다.

　사서의 하나인 『대학大學』에서는 「도요」를 인용하여 "집안을 바르게 정돈한 다음에야 백성을 가르칠 수 있다宜其家人, 而後可以敎國人"고 했다. 「도요」의 핵심을 한 마디로 꿰뚫은 말이다. 가정은 사회의 가장 기본 단위로 가정의 안정 여부는 사회의 안녕에 밀접하게 관계한다. 한대에 이르러 군신, 부자, 부부 간의 '삼강三綱'이 나올 만큼 부부 관계는 중요한 기반이다. 후한의 반소班昭가 쓴 『여계女誡』는 고대 여성 교육의 교과서와 같은데, 여기에 다음과 같은 말이 있다. "부부의 도란 음양이 화합하여 천지신명에 통하는 것으로 천지의 대의大義와 인륜의 대절大節을 지니는 것이다."34 음양은 중국 전통사상의 핵심 개념으로 부부는 가장 직접적이고 가장 일반적인 음양 관계다. 그러므로 부부의 도는 인륜 가운데 가장 중요할 뿐 아니라 천지의 이치와 함께 하는 모종의 신성함도 갖추고 있다. 「도요」에서 집안을 행복하게 하리라는 축복은 결국 나라를 행복하게 하기 위함이다. 옛사람들은 '집안을 행복하게 하는 것宜家'과 '나라를 행복하게 하는 것宜國'을 하나로 보았을 만큼 집안을 다스리는 것을 중시했다.

34　"夫婦之道, 參配陰陽, 通達神明, 誠天地之弘義, 人倫之大節也."

중국 전통사회에서 혼인은 당사자의 사랑으로 실현되는 개체의 행위가 아니라 많은 사회적 요소를 포함한다. 「도요」에서도 "의기실가宜其室家" "의기가인宜其家人"이라고 반복하여 읊으며 집안과 가족을 강조했다. 여기서 '적합하다'는 의미를 가진 "의宜"에 대해서는 줄곧 논의가 분분한데, 혼례를 치르기에 적합한 연령이 되었음을 말한다고 보는 견해도 있고, 혼례에 적합한 계절임을 말한다고 보는 견해도 있다. 사실 여기서 '의宜'는 보다 포괄적이다. 신부가 혼례를 치른 다음 시댁 사람에 '맞추어' 시댁을 기쁘게 하고 화목하게 하는 것을 축복한다는 의미도 있을 테고, 혼례의 모든 것이 '적합하여', 아름답고 행복함을 축복하는 의미도 있을 것이다. 후인들은 '도요신부桃夭新婦'라는 말로 신부의 젊음과 아름다움을 형용하고, '도요지화桃夭之化'라는 말로 혼례를 형용하는데, 모두 이 시에서 나온 말이다.

「도요」는 간단하고 이해하기 쉽지만 담긴 의미는 좀 더 깊이 검토해볼 필요가 있다.

이 시는 '아름다움美'이라는 중요한 관념과 관련이 있다. 어떤 것을 아름답다고 할까? 2500여 년 전 사람들에게 어떠한 여성이 가장 아름다운 여성일까? 「도요」는 선진 시기 여성에 대한 심미관을 집중적으로 드러낸다. "복숭아나무 싱그럽게, 작작히 피었구나桃之夭夭, 灼灼其華", 활짝 핀 복사꽃과 같다 하니 그 아름다움이란 말할 필요도 없을 것이다. 하지만 이것만으로는 충분하지 않다. 그 아름다움은 아직 초보적 단계에 머물러 있는 외재적 아름다움일 뿐이다. 여기에서 더 나아가야 하는데, 그 답은 바로 "저 색시 시집가니, 시집가서 복 되리라之子于歸, 宜其室家"는 구절에서 찾을 수 있다. 즉, 시댁 식구와 가정을 화목하게 할 수 있는 덕성, 즉 그러한 내재적인 아름다움을 갖추어야만 아름다움이 비로소 완성된다.

공자는 다음과 같은 심미관이 있었다. "선생님께서 악곡 「소韶」에 대해 말씀하시길 지극히 아름답고 지극히 선하다고 하셨다. 「무武」에 대해 말씀하시길 지극히 아름다우나 지극히 선하지는 않다고 하셨다."35 여기서 악곡 「소」와 「무」에 대한 평가를 보면 '미美'와 '선善'의 두 독립된 개념을 쓰고 있는데, 공자가 생각하는 진정한 아름다움이란 "진미盡美", 즉 지극히 아름답다고 해서 되는 것이 아니라 "진선盡善", 즉 지극히 선함을 갖추어야 비로소 완성된다. 오직 선함을 다하고 아름다움을 다해야 가장 아름다운 음악이라는 것이다. 이렇게 공자는 '선'과 '미'의 일치를 강조하며 아름다움의 근본을 '선'에 두어, 아름답다는 것에 강한 정치·윤리적 의미를 부여했다. 이러한 관점은 선진의 심미관을 대표한다. 그리고 이후 중국 사회사상 체계의 핵심 가치관으로 작용하는 선진 유가의 미학 관념은 바로 이 방향으로 발전하게 된다.

이상의 내용을 염두에 두며 다시 「도요」를 보면 시에 반영된 심미관을 보다 깊이 이해할 수 있다. 당시 사람들의 관점에서 복

---

35 "子謂『韶』, 盡美矣, 又盡善也. 謂『武』, 盡美矣, 未盡善也."(『논어』「팔일八佾」)

사꽃처럼 아름다운 외모는 아직 초보적 단계, 즉 '지극히 아름다우나 지극히 선하지는 않은' 단계에 머물러 있는 것이다. 거기에 더하여 가정을 화목하게 꾸려나갈 수 있는 덕성을 갖춰야지만 진정한 아름다움을 갖출 수 있다. 즉 "진미"하면서 "진선"해야 적합한 신부가 된다고 생각했다. 옛말에 아내가 어질면 남편에게 미치는 화가 적고, 집안에 어진 아내를 두는 것이 비옥한 밭 만 경頃을 두는 것보다 낫다고 했다. 『홍루몽』에서 집안을 화목하게 이끌 현모양처가 될 만한 가장 적합한 인물은 아마도 설보차薛寶釵일 것이다. 그런데 작자 조설근은 굳이 그녀를 가보옥에게 시집가도록 설정하여 그녀의 현숙한 자질을 발휘하기 어렵게 했다. 이 또한 작자의 심오한 뜻이 담긴 부분이겠지만 말이다.

「도요」는 이후에도 계속 애송되어 근래에 이르기까지도 불렸다. 『시경』 연구자 천지잔陳子展 선생은 "신해혁명 이후 나는 농촌에서 혼례를 거행할 때 「도요」 3장을 부르는 것을 목격한 적이 있다"(『국풍선역國風選譯』)라고 말한 바 있다. 그리고 지금도 사랑받는 시 가운데 하나다.

『시경』에서 혼례의 시는 대부분 자손이 번성하기를 축복하는 내용을 담는다. 「대아·가락假樂」에서는 "백복을 누리시고, 자손 또한 천이요 억이라오千祿百福, 子孫千億"라고 노래했는데 이는 자손이 많은 것을 다복하다고 여기는 가정윤리관을 보여주는 전형적인 예다. 『시경』에서 미인으로 칭송되는 여자들은 크고 건장한 경우가 많은데, 모두 "석인碩人"이라 일컬어졌다. '석碩'은 크다는 뜻으로 "석인"의 건강하고 풍만한 아름다움이 늘 칭송의 대상이 된 것은 사람들이 생명과 힘, 생식능력을 중시했기 때문이다. 봉건사회의 종법제도 아래에서 자녀의 생육은 여성의 중대한 사회적·윤리적 책임이었다. 이런 말도 있지 않은가. "불효에 세 가지가 있으니 후손이 없는 것이 가장 크다." 당시에 여자가 생육능력을 갖추고 있는가의 여부는 배필을 택하는 중요한 기준 가운데 하나였다. 「도요」에서 복숭아의 크고 탐스러운 열매와 무성한 잎은 여자의 왕성한 생육능력을 암시하며, 이는 또한 신부가 장차 많은 자녀를 둘 수 있기를 축복하는 의미를 지닌다.

다른 결혼 축가로 「주남·종사螽斯」를 들 수 있는데 마찬가지로 자손이 많기를 축복하는 내용이다.

메뚜기 날개는, 그득그득하고	螽斯羽, 詵詵兮
다복한 그대 자손, 가득가득하리	宜爾子孫, 振振兮
메뚜기 날개는, 부웅부웅하고	螽斯羽, 薨薨兮
다복한 그대 자손, 영영무궁하리	宜爾子孫, 繩繩兮
메뚜기 날개는, 겹겹이 모이고	螽斯羽, 揖揖兮
다복한 그대 자손, 정겹게 지내리	宜爾子孫, 蟄蟄兮

"종사螽斯"는 메뚜기 부류의 곤충이다. 이 시에는 생소한 글자가 많다. "선선詵詵"이라든지 "횡횡薨薨" "즙즙揖揖"은 모두 메뚜기가 날 때의 소리와 날개의 모습을 묘사한 것이다. 이 시의 주지는 바로

"의이자손宜爾子孫"으로 시 전체는 축원의 말로 이루어져 있다. 시에서 "진진振振"이나 "승승繩繩" 등과 같은 접어가 모두 6개 나오는데, 이들이 각 장의 같은 위치에 놓임으로써 형식이 정제됨과 동시에 운율감이 강화되는 효과를 거둔다. 이 악곡이 연주되는 장면을 상상해보면, 혼례에 참석한 사람들이 모두 떠들썩하게 웃고 환호하며 신랑과 신부에게 메뚜기와 같이 많은 자손을 두기를 축원하는 모습을 그릴 수 있다.

자식을 많이 두는 것을 다복하다고 여겼던 중국인의 전통 관념은 일찍이 요임금과 순임금의 시대에도 다르지 않았다. 『장자』「천지天地」편에 화봉인華封人이 세 번 축원하는 대목을 보면, 요임금이 화지華地로 순시를 나갔는데, 그곳을 지키고 있던 사람이 요임금에게 경의를 표하며 마음을 다하여 그에게 "장수壽"와 "부富"와 "많은 자손多男子"을 축원하는 내용이 있다. 상고 시대에 인류는 척박한 생활환경에서 수시로 극심한 생존의 위협에 놓였으므로 각 씨족 부락은 인구의 규모를 확대하는 것이 급선무였다. 그래서 자손의 생육은 가장 중대한 문제 가운데 하나였다. 그 시대에는 새끼가 많거나 종자가 많은 동식물이 늘 숭배의 대상이 되었는데, 예를 들어 거북이나 개구리, 물고기, 조롱박, 복숭아나 박 등이 모두 그랬다. 메뚜기와 같은 곤충은 번식력이 강하여 한 번에 99개의 알을 낳고, 일 년에 두 번 혹은 세 번 번식한다. 그러므로 위의 시에서 메뚜기를 노래하여 자손이 번성하기를 재삼 축원한 것이다.

자손의 번성은 또한 인구의 증가를 의미하므로 옛사람들은 이를 개인 가정의 행복이기도 하면서, 군왕의 정치적 성과나 국력을 반영하는 기준 가운데 하나라고 생각했다. 예를 들어 청조 건륭 연간에는 나라가 안정되고 경제가 발전하여 인구가 일시에 1억 5000만까지 증가했는데, 이 시기를 사학가들은 "건륭성세乾隆盛世"라고 찬미한다. '복'과 '장수'와 '많은 자손'은 오늘날까지도 '길상삼보吉祥三寶', 즉 세 가지 상서로운 보배라고 여겨진다. 자손이 많은 것은 혈통이 이어지고 가문이 번창하는 것을 나타내는데 이는 중국 특유의 문화적 전승의 의미를 지닌다. 다시 말해 중국인에게 있어 가문의 번영과 국가의 창성을 위한 우선 조건은 바로 자손이 많은 것이다. 그러므로 중국인 특유의 가족관념과 혈족관념에서 보면, "종사螽斯"로 표현한 축원이 지니는 의미가 어떠한 것인지 어렵지 않게 이해할 수 있을 것이다.

중국에서 혼례의 축사에 늘 쓰이는 "종사연경螽斯衍慶"이라는 말이 있는데, 바로 「주남·종사」로부터 나왔다. 베이징 자금성에는 '종사문螽斯門'이라는 문이 있는데, 명대에 처음 세워졌다. 이 문의 북단에는 '백자문百子門'이 있어 '종사문'과 상응한다. 문의 이름을 '종사'라 한 것은 물론 황실의 자손이 번성하여 대가 끊임없이 이어지기를 바란다는 뜻이다. '종사문'은 매우 소박한 외양을 지니고 있지만 황궁 내 다른 어느 문보다 이름이 높았다. 자희태후는 일찍이 이 문으로 광서제에게 황손을 많이 두라는 암시를 주기도 했다. 궁에서 황제가 매일 아침 행하는 첫 번째 일이 후비와 함께

태후에게 문안을 올리는 일인데, 자희태후가 한 번은 광서제에게 '종사문宗嗣門'을 통하여 온 것이냐 묻고는 '송사문'의 의미를 황제에게 다시 한 번 일깨워주었다는 일화가 전한다.

또 전하는 바에 따르면 마지막 황제 푸이溥儀가 자전거를 배울 때 편의를 위해 황궁 내 문턱을 모두 제거하려고 했는데, 그중에 '종사문'도 포함되었으나 이 문은 차마 제거하지 못하고 이동식으로 변경하여 낮에는 거두어들였다가 밤에 다시 설치했다. 왜냐하면 일종의 미신일지 모르나 종사문의 문턱을 제거하지 않으면 푸이의 후손도 끊어지지 않으리라 믿었기 때문이다. 메뚜기는 조각에서도 자주 취하는 소재 가운데 하나다. 현재 타이완 고궁박물관에 소장되어 있는 청대 황실 소품인 '비취옥백채翡翠玉白菜'에는 메뚜기 한 마리가 조각되어 있는데, 이 역시 황실 자손의 번창을 기원하는 의미다.

현대 사회에서 중국인이든, 외국인이든 중국 전통문화에 대한 오해가 많은데, 그중 하나가 중국 고대에는 군신 간의 의리나 부자 간의 은혜만을 중시하고 남녀의 사랑이나 부부의 정을 말하지 않았다고 여기는 경우다. 그야말로 오해다. 『시경』만 봐도 당시 사회가 부부관계와 남녀의 만남을 얼마나 중요시했는지를 전면적으로 보여준다. 이는 위에서 인용한 「도요」나 「종사」 두 편에서도 충분히 알 수 있다. 그리고 이러한 시들이 『시경』의 앞부분에 배치되어 있는데, 여기에는 당시의 가치관이 반영되었다고 하지 않을 수 없다. 「종사」는 『시경』 305편 가운데 제5편이고 「도요」는

제6편이다. 『시경』의 맨 처음에 나오는 시 6편의 내용을 순서대로 살펴보면, 혼인과 가정 문제가 『시경』에서 우선시되고 있다는 것을 분명하게 확인할 수 있다.

『시경』의 제1편 「관저」는 한 현숙한 아가씨를 사모하여 그녀와 혼인하기를 갈망하는 마음을 묘사했는데, 이로부터 사랑과 윤리 도덕과의 관계가 부각된다.

제2편 「갈담」은 시집간 후 친정 부모님을 뵈러가기 전의 심정을 쓴 시인데, 근면·검소·효도·공경 등의 미덕이 부각된다.

제3편 「권이」는 멀리 부역을 떠난 남편을 그리워하는 아내의 마음을 노래했다.

제4편 「규목」은 축복의 노래다. 다만 어떠한 성격의 축복인지는 분명하게 드러나지 않는다.

제5편 「종사」는 자손의 번성을 축복한 노래다.

제6편 「도요」는 신혼을 축하하는 노래인데, 아울러 신부에게 장차 가정이 화목하고 번창하기를 축복했다.

이상이 『시경』의 첫머리에 있는 6편의 시인데 제4편을 제외한 나머지는 모두 사랑과 결혼, 부부 간의 그리움, 다산에 대한 기원, 친정 부모님에 대한 마음 등을 내용으로 한다. 전통사회에서 결혼생활과 관련한 주요 문제들은 대체로 위에 모두 언급되었다 할 수 있다. 이렇게 『시경』 305편의 첫머리에 배치된 시가 거의 전부 결혼과 가정 문제를 다루고 있다는 점은 생각해볼 가치가 있다. 『시경』의 편집자가 누구이든, 이와 같은 시의 배치는 분명 편집자가 결혼과 가정 문제를 매우 중시한다는 것을 나타낸다.

「종사」와 「도요」 두 시를 통하여 우리는 당시 혼례의 흥겨운 정경을 조금이나마 상상해볼 수 있다. 복사꽃이 찬란하게 핀 좋은 날에 복사꽃처럼 고운 신부에게 혼례에 모여든 모든 사람은 행복한 가정을 이루고 메뚜기처럼 자손이 번성하기를 축복하며 한바탕 떠들썩하게 잔치를 즐겼으리라. 또 아름다운 축복의 말에 힘입어 신부 또한 더욱 용기를 내어 새로운 생활에의 발걸음을 힘차게 내딛었으리라. 여기서 혼례는 단순히 개인적인 사랑의 결합이라는 의미를 넘어서서 신성한 신앙이요, 사회적 책임이고 의무임을 선언한다.

작약꽃을 주고받네

: 정인절情人節 :

춘추전국 시대로부터, 심지어 그보다 훨씬 이른 시기부터 송대에 이르기까지 중국에서는 매년 고유의 밸런타인데이를 지냈다. 그날은 어느 날이며 또 구체적인 명칭은 무엇이었을까? 중국식 밸런타인데이는 바로 '상사절上巳節'이다.

고대에 상사절의 중요도는 거의 음력설인 '춘절春節'에 상당했다. 그러나 오늘날 사람들은 이에 대해 잘 알지 못하여 이제는 매우 낯선 날이 되어버렸다. 일부 소수민족의 발수절潑水節(서로 물을 뿌리며 축복하는 축제)이나 대가절對歌節(1문 1답 형식으로 노래를 주고받으며 즐기는 축제) 등에서는 아직 그 잔영을 발견할 수 있다.

서양의 밸런타인데이는 중국인의 낭만적 감성을 일깨워 이제는 이날 장미꽃을 바치는 것은 연인들이 사랑을 고백하는 주요 방식이 되었다. 한편에서는 '칠석七夕'을 내내셔스로 띄우며 중국식 밸런타인데이라고 하는데, 견우와 직녀의 애절한 사랑이야기가 전해오지만 가을의 첫 번째 기념일로서 칠석은 애상의 날이며 예부터 이별의 감상에 젖는 날이다. 그러므로 칠석을 중국식 밸런타인데이로 보자는 것은 그리 적합하지 않은 것 같다. 너무 처량하고 암울하지 않은가? 사실 중국인에게도 일찍이 낭만적인 밸런타인데이가 있었다. 가을이 아니라 봄에 말이다. 『시경』의 시대에 나름대로 밸런타인데이라고 할 수 있는 기념일이 있었는데, 바로 상사일이다. 물론 사랑을 고백하는 의미의 꽃도 있었다. 그것은 '작약芍藥'이다. 다음의 「정풍鄭風·진유溱洧」편은 당시의 밸런타인데이의 정경을 노래한 시다.

진수 유수는, 봄물이 찰랑대고　　　　　　溱與洧, 方渙渙兮

처녀 총각은, 손에 손에 난초를 들고　　　　士與女, 方秉蘭兮

처녀는 "볼까요?" 총각은 "벌써 봤지"　　　女曰觀乎, 士曰旣且

"다시 가볼까요?

유수를 건너면 정말 넓고 좋을 거요"　　且往觀乎, 洧之外, 洵訏且樂

처녀 총각은, 희희낙락 짝을 짓네,

작약꽃을 주고받네　　　　　維士與女, 伊其相謔, 贈之以勺藥

진수 유수는, 맑은 물 넘실대고　　　　　溱與洧, 瀏其淸矣

처녀 총각은, 물결처럼 모여들고　　　　　士與女, 殷其盈矣

처녀는 "볼까요?" 총각은 "벌써 봤지"　　　　女曰觀乎, 士曰旣且

"다시 가볼까요?

유수를 건너면 정말 넓고 좋을 거요"　　且往觀乎, 洧之外, 洵訏且樂

처녀 총각은, 희희낙락 짝을 짓네,

작약꽃을 주고받네　　　　　　　維士與女, 伊其將謔, 贈之以勺藥

　겨울에는 중요한 일이 없어 대개는 집안에서 소일하며 겨울을
보낸다. 말하자면 '와동窩冬(겨울 칩거)'이다. 그리고 보면 선진 시기
의 중대사를 적은 역사서를 '춘추春秋'라고 이름한 것도 이런 의미
에서 일리가 있다. 그렇게 긴긴 겨울을 보내고 다시 생기 가득한
봄이 오면 왠지 모를 기쁨과 희망으로 설레는 것은 어쩌면 당연한
일인 것 같다. 위의 시는 음력 3월 진수와 유수 강변의 유쾌하고
낭만적인 봄의 정취를 묘사했다. "기름처럼 귀하다"[36]는 봄비와 녹
아내린 눈에 진수와 유수가 도화수로 넘실대면, 사람들의 마음도
함께 설렌다. 청춘남녀는 내면의 흥분을 감추지 못하고 강가로 나
가는데, 강가는 이미 초목으로 싱그럽고 가지마다 새들이 지저귀
며 햇살은 금빛으로 반짝이니, 춘심이 동하지 않을 수 없다. 겨울
동안 집안에서 긴 따분함에 지쳐 있던 사람들은 삼삼오오 강가의
모임에 참여하여 봄의 환희를 마음껏 즐기게 된다. 강가는 이미
저잣거리처럼 사람들로 북적이고, 모두들 손에 난초와 작약을 들

36　"春雨貴如油."(명나라 해진解縉의 「춘우春雨」)

고 분주하게 오간다. "진여유溱與洧, 방환환혜方渙渙兮, 사여녀士與女, 방병산혜方秉蘭兮", 첫 네 구절은 바로 이러한 정경을 묘사하는데 짧은 열네 글자 안에 들뜬 분위기를 생생하게 담아냈다.

옛날에는 무슨 행사를 잡을 때마다 언제나 자연 시간의 흐름을 중시했다. 봄의 절기를 맞아서는 무엇을 해야 할까? 옛사람들의 관점에서 볼 때, 봄·여름에 생장하고 가을·겨울에 수렴하는 자연법칙은 자연계의 변화일 뿐 아니라 사람이 순응해야 할 절기였다. 봄에는 수렵하지 않고 물고기를 잡지 않으며 벌목하지 않았는데, 이는 모두 만물이 생장하는 데 이롭게 하기 위해서다. 봄은 만물이 생장하는 시기로 남녀의 마음도 가장 동하기 쉬운 때다. 그래서 나라에서는 이 계절에 일종의 오작교烏鵲橋를 놓는 행사를 마련했다. 『주례周禮』「춘관春官·매씨媒氏」에서는 "음력 사월에 청춘남녀를 만나도록 명하는데, 이 시기에는 정분이 나서 도망가는 것을 금하지 않는다. 만약 특별한 이유 없이 명을 따르지 않는 자는 처벌한다"[37]고 했다. 이렇게 법령으로 만남을 허락했고, 집에 상을 당하거나 이미 결혼한 경우가 아니면 모든 청춘남녀는 모임에 참여해야 하고, 그렇지 않은 경우 처벌한다고 했다. 설사 그 자리에서 정분이 난다해도 이때만큼은 허물이 되지 않고 오히려 자연의 축복이라 여겼다. 위의 「진유」는 바로 그 아름다운 봄날의 만남을 노래한 것이다. 북적대며 오가는 사람들 가운데 마

---

37 "仲春之月, 令會男女, 于是時也, 奔者不禁, 若無故而不用令者, 罰之."

음에 드는 상대를 만나면 이날만은 여자라도 감정을 숨기지 않고 마음껏 표현할 수 있었다. "여왈관호女曰觀乎", 아가씨는 상대에게 직접적으로 "구경 가볼까요?"라고 먼저 말을 건넨다. 이에 살짝 당황한 듯한 남자는 약간 바보스럽게 "기차旣且", 이미 다녀왔다고 대답한다. 그 모양이 마음에 들었는지 여자는 다시 장난스럽게, "차왕관호且往觀乎, 유지외洧之外, 순우차락洵訏且樂", 그래도 다시 가 보는 게 어떠냐고, 유수 건너 저기 가면 정말 재미있을 거라고 말한다. 남자도 애교스럽게 다가오는 그녀가 마음에 들어 제안에 응해준다. 그렇게 두 사람은 서로 농하고 웃으며 작약을 주고받으며 즐거운 시간을 보낸다.

『시경』의 시는 4언이 기본 형식이다. 그런데 이 시는 4언의 정형의 틀을 벗어나 3언, 4언, 5언이 자유롭게 혼합·운용되었다. 또 중간 중간 대화도 삽입되어 서술체와 대화체가 어우러지며 거의 산문체시 같은 형식을 보인다. 이렇게 활발한 구법과 생동감 있는 표현은 당시 상사절의 정경을 더욱 현장감 있게 전달할 수 있도록 하는 것 같다. 상사절 역시 다른 명절과 마찬가지로 음력을 기준으로 한다. 알다시피 천간지지는 고대 중국의 연·월·일 기록 방법 가운데 하나다. '상사上巳'의 '사巳'는 바로 12지지의 '사巳'일이다. 그러므로 '상사'란 3월 상순의 첫 번째 사巳일로, 다른 이름으로 '삼사三巳' '원사元巳'라 부르기도 한다. 한대와 그 이전 시기에는 상사일을 정식 명절로 정하고 있는데, 다만 음력 3월 상사일에 해당하는 날이 매년 시기가 다르기 때문에, 나중에는 특히 위진 이후에는 기억의 편의를 위해 상사절을 아예 음력 3월 3일로 고정했다. 그후 실제 날짜가 '사巳'일에 맞추어지지 않더라도 '상사'라는 명칭은 그대로 사용되었다.

상사절은 사랑의 감정이 요동하는 아름다운 날이다. 전설에 따르면 맨 처음 이날을 정한 것은 중국 신화에서 인류의 시조라 일컬어지는 여와女媧다. 그녀는 음과 양을 나누고 연분을 정했으며 자유연애의 날인 상사절을 제정했다고 전한다. 그런데 왜 다른 날이 아닌 상사일로 시기를 정했을까? 이 문제에 대해서는 두 가지 측면에서 그 문화적 연원을 살펴볼 수 있다.

하나는 신화적 측면이다. 신화에 따르면, 태고에 세상에 아주 큰 재난이 발생하여 하늘이 무너지고 땅이 꺼졌으며 홍수가 범람하여 인류와 동물이 모두 사라지고 오로지 복희와 여와 남매만이 거북이의 보호로 살아남게 되었다. 나중에 이들은 부부가 되어 자식을 낳고, 또 진흙으로 사람을 만들어 인구가 점점 많아졌다. 이들이 부부로 결합한 날이 음력 3월 3일이었고, 인류를 번성하게 한 공로를 기념하기 위해 사람들은 매년 음력 3월 3일에 인류의 조상인 두 사람에게 제를 올렸다. 또한 이날은 청춘남녀가 자유로이 연애하고 사랑을 확인할 수 있는 날이 되었다. 주대周代에는 비록 혼인의 예절을 엄격하게 규정했으나, 인구의 증가를 위해 상사절 행사는 변함없이 계속하여 혼인 적령기의 남녀가 결혼할 수 있도록 장려했다.

하나는 민속학적 측면이다. 상사절은 상商 민족의 혼인과 출산을 관장하는 신인 고매高禖에게 올리는 제사와 제비를 토템으로 하는 원시 신앙과 밀접한 관계가 있다. 그러므로 '상사'의 초기 의미에는 자손을 염원하는 의미가 담겨 있다고 할 수 있다. 『사기』 「은본기殷本紀」의 기록에는 간적簡狄이 목욕할 때 현조玄鳥, 즉 제비가 떨어뜨린 알을 삼켜 회임하여 상 씨족의 시조가 되는 설契을 낳았다고 적고 있다. 이때 목욕하는 것을 또한 '불계祓禊'라고도 하는데, 묵은 때를 씻어내어 몸과 마음을 정결히 하는 것을 말한다. 간적은 상 민족의 고매신인데, 그녀에게 제를 올리던 것이 후대에는 상사절에 '불계' 의식을 통해 자손을 얻을 수 있기를 기원하는 풍습으로 자리 잡게 되었다. 이렇게 보면 옛날 상사절에 사람들이 불계 의식을 행하는 동시에 왜 청춘남녀를 짝 지워주고 구혼하는 활동을 함께 했는지 어렵지 않게 이해할 수 있다.

『시경』의 시대에 상사절은 이미 하나의 성대한 명절이었다. 춘삼월 바람은 부드럽고 햇살은 아름다운 날에 위로는 천자, 제후로부터 아래로 일반 백성에 이르기까지 모두 새로 지은 봄옷을 입고 나들이를 나가는데, 강가에 가서 목욕하기도 하고 심산계곡으로 찾아가 난초를 꺾어들기도 하고 교외에서 연회를 즐기기도 했다. 사람들은 약초물에 몸을 담그기도 하고 난초를 꺾어 몸에 지니기도 했는데, 이렇게 몸을 씻고 향기를 입혀 겨우내 묵었던 때를 털어낼 뿐 아니라 봄의 유행성 질병의 침입을 예방하고자 했다. 더욱이 이날의 주인공인 미혼의 청춘남녀는 정갈한 차림과 상쾌한 기분으로 노래하고 춤추며 자유롭게 상대를 구하거나 밀회를 즐겼는데, 이는 자연의 절기와 인체의 생리적 주기에 순응한 것으로, 여기에는 인류의 번식을 돕고자 하는 의미가 담겨 있다. 그러므로 상사절은 사악한 기운을 걷어내고 복을 구하고자 하는 날인 동시에 자유롭고 유쾌한 봄놀이의 날로 청춘남녀는 교외로 나가 답청을 하거나 물을 뿌리며 놀이하는 가운데 자유로이 자신의 짝을 선택할 수 있었다. 이러한 성대한 모임을 민가를 수집하는 관리인 '행인行人'이 놓칠 리 없다. 대체로 이러한 배경에서 「정풍·진유」가 전해지게 되었으리라 추측할 수 있다.

한대에 이르러 상사절에 자손을 기원하는 풍속은 이미 일반화되었다. 한의 도읍인 장안에는 매우 특별한 곳이 있었는데, 바로 백자지百子池이다. 매년 상사절에 사람들은 자손을 기원하기 위해 이 못에서 여러 가지 활동을 하며 출산을 관장하는 신에게 제를 올렸다. 당시 쓰촨四川 지역 곳곳에서도 같은 성격의 행사가 이날 거행되었다. 『태평환우기太平寰宇記』에 의하면 청두成都 북문 밖에 산이 있고 그 위에 작은 연못이 있는데 3월 3일이 되면 연못에 돌을 던져 아들을 낳을 수 있는지를 점쳤다고 한다. 이와 같이 자손을 기원하는 것은 상사일의 중요한 행사 내용이 되었다.

상사절의 풍속은 시간이 지나 후대로 전해지는 과정에서 역대 문인들의 시가에서 끊임없이 불리고 또 내용이 더해지면서 문학사와 문화사에서 특별한 의미를 지닌 명절이 되었다. 예를 들어 동진·남조의 시기에 문인들은 이날을 매우 좋아했는데, 특히 곡수曲水에 모여 술잔을 띄우는 유희를 즐겼다. 문인들은 굽은 물가에 모여 앉아, 술잔에 술을 채우고 물에 띄워, 술잔이 멈추는 곳에 앉은 사람이 술잔을 비우고 시를 한 수 짓거나 수수께끼를 내거나 노래를 하도록 했다. 동진 영화永和 9년의 상사절 역시 예외 없이 문인들이 유희를 즐겼고 이날의 일은 기록되어 영원히 회자되고 있다. 당시 유명한 서예가 왕희지王羲之와 42명의 친구들은 저장浙江 회계산會稽山 북쪽의 난정蘭亭에서 모임을 가졌는데, 모두 난정의 곡수를 따라 앉아 술잔을 띄우고, 술잔이 멈춘 자리의 사람은 잔을 비운 다음 즉흥시를 지어야 했는데, 만약 시가 통과하지 못하면 다시 벌주로 세 잔을 더 마셔야 했다. 이날 명사들이 현장에서 지은 37수의 시는 『난정집蘭亭集』으로 묶였다. 아울러 왕희지는 흥에 겨워 서문을 적었는데, 이것이 바로 '천하제일 행서行書'로 일컬어지는 「난정집서蘭亭集序」다. 당시 모두들 기분 좋게 취한데다 주위의 풍광 또한 아름다워 읊은 시들이 모두 빼어났고 왕희지의 필치는 더욱 일품이었다. 그래서 이 상사절의 '곡수유상曲水流觴'은 천고에 회자되는 미담이 되었다.

당대의 상사절은 더 떠들썩했다. 낙읍의 아가씨들은 이날이 되면 낙하洛河로 몰려가 다투어 용주龍舟를 탔는데, 타지 못한 사람은 용주를 만져보기라도 하려고 애썼다. 왜 이러한 행동을 했는가 하면 용주의 길한 기운을 받아 용과 같이 귀한 자식을 얻게 해달라고 기원하는 마음에서였다. 또 당시 낙읍성 밖에는 많은 향초가 자라고 있었는데, 매년 상사절이 되면 성 밖은 향초를 꺾는 아가씨들로 붐비고 남자들은 멀지도 가깝지도 않은 거리에서

아가씨들의 고운 자태를 지켜보았다고 한다. 두보杜甫는 「여인행麗
人行」에서 다음과 같이 읊었다.

삼월 상사일 화창한 날에	三月三日天氣新
장안 물가엔 미인도 많다	長安水邊多麗人
염려한 자태 순진한 모습에	態濃意遠淑且眞
고운 피부 균형 진 몸매	肌理細膩骨肉勻
비단옷자락 늦은 봄 햇살 아래	繡羅衣裳照暮春
금공작 은기린이 눈이 부시다	蹙金孔雀銀麒麟

위에서 묘사한 것은 상사절에 나들이 나온 귀족 신분의 여인들
에 관한 것이다. 아름다운 여인들이 물가에서 목욕을 하는데 부끄
러움 없이 고운 살결과 균형 잡힌 몸매를 드러내고, 또 고운 비단
옷과 화려한 머리장식으로 단장을 하니, 그 모습이 아찔하다.

송대 이후에는 여성에 대한 단속이 날로 엄격해져 외출한다거
나 모임을 갖는다거나 연인을 찾는 일 등은 상상할 수도 없었다.
이러한 분위기에서 상사절은 그 존재 기반을 잃게 되고, 중원의
한족 사회에서 3월 3일의 활동은 점점 사라져 결국 이날의 의미
또한 잊혀졌다. 하지만 백족白族이나 묘족苗族, 요족瑤族, 여족黎族,
장족壯族 등 서남 지역 소수민족들은 3월 3일의 여러 가지 풍습
을 여전히 유지하고 있다. 상사절은 한식寒食과 청명절淸明節과 시
기적으로 비슷하다. 상사절은 음력 3월 3일이고, 한식은 동지로부

터 105일 되는 날이니, 청명절보다 하루이틀 앞이며, 청명절은 춘분春分으로부터 15일 되는 날이다. 이렇게 세 날이 시기적으로 가까이 있어 풍속에도 서로 비슷한 부분이 있다. 그리고 시간이 지남에 따라 한식과 상사절은 점점 축소되고 이들의 일부 풍습은 청명절에 흡수되었다. 예컨대 청명절의 답청 풍습은 원래 상사절의 주요 풍습 가운데 하나였다.

이상 상사절에 관한 내용에서 핵심어를 세 개 뽑으라면 봄, 물, 향초라 할 수 있다. 우선 첫 번째로 봄에 관해 살펴보자. 음력 3월 상순의 첫 번째 '사巳'일은 그야말로 봄이 한창인 때다. 다시 말해 상사는 봄의 명절이라 할 수 있다.

두 번째로 물은 상사절의 가장 중요한 매개체다. 상사절과 물은 그 연원이 깊다. 사람들은 물로 묵었던 때를 씻어내고 정갈하고 상서로운 기운을 받아들여 새로운 모습으로 새로운 생활을 시작한다.

세 번째는 향초다. 전통 중국 문화에서 향초는 꽃보다 중요한 의미를 차지한다. 옛사람들은 향초에 나쁜 것을 물리치는 효능이 있어 몸에 아주 좋다고 믿었다. 춘삼월에 향초가 지천으로 자라나는데 부들이나 쑥이나 또 「진유」에서의 난초 모두 몸에 좋은 작용을 하는 식물이다. 남녀 간에 향초를 주고받는 것은 서로 사랑의 마음을 확인하는 일일 뿐 아니라 상대의 건강을 축원하는 의미도 담겨 있다.

『시경』은 춘추 시기 귀족자제들이 학습할 때 사용했던 교재였다. 공자 또한 『시경』을 필수 교재로 학생을 가르쳤다. 여기서 한 가지 주목해보아야 할 점은 공자에게 『시경』은 '어문' 교재였을 뿐 아니라 '음악' 교재였고, 심지어 '박물학' 교재였다는 것이다. 가장 처음 박물학의 관점에서 『시경』을 연구한 학자는 삼국 시기의 육기陸璣다. 그는 『모시초목조수충어소毛詩草木鳥獸蟲魚疏』를 썼는데 이 책은 『시경』에서 묘사한 모든 동물과 식물에 대해 상세하게 귀납하고 통계를 냈다. 그 후 박물학 관점에서 『시경』을 연구한 저작이 계속해서 나왔고, 어떤 것은 채색 삽도까지 더하여 매우 아름답다. 박물학의 통계에 따르면 『시경』에서 식물의 명칭은 초본식물만 해도 105종에 이른다.

「진유」에서는 두 종류의 향초를 언급했는데, 그 하나가 '간蕑'이다. 시에서 남녀의 손에 들려 있던 '간'은 국화과에 속하는 식물로 난초라고도 한다. 하지만 오늘날 우리가 일반적으로 알고 있는 난이 아니라 여기서의 난초는 향초의 일종이다. 물가에서 자라기 때문에 '택란澤蘭'이라고도 한다. 다년생 초본식물로서 줄기와 뿌리, 잎 모두 약용으로 쓰인다. 택란은 또 향기가 있어 옛사람들은 이를 목욕할 때 쓰기도 하고 향낭에 넣어 차고 다니기도 했다. 이렇게 하면 몸에 좋지 않은 냄새가 나는 것을 막을 수 있을 뿐 아니라, 또 일설에는 액을 쫓고 길운을 맞아들이는 중요한 작용을 한다고도 한다. 또한 난초는 물가의 깨끗하고 한적한 곳에서 자라서 사람들의 눈에 잘 띄지 않으나 변함없이 은근한 향기를 뿜어내므로 고귀한 품성을 지녔다고 여겨진다. 『시경』을 통해서 보면 당시 사람들이 택란을 매우 좋아했음을 알 수 있다. 어떤 시에서는 택란을 들어 사람의 모습과 품성에 비유하기도 했는데, 예를 들어 「진풍陳風·택파澤陂」가 그러하다.

저기 연못 둑에는, 부들과 난초　　　　　彼澤之陂, 有蒲與蕑
아름다운 한 사람, 훤칠한 키에 곱슬머리　有美一人, 碩大且卷
자나깨나 하릴없이, 마음만 답답하네　　　寤寐無爲, 中心悁悁

위에서 '간蕑' 역시 택란이다. 연못 둑에는 택란과 '포蒲' 즉 부들이 자라나 있고 그곳에 아름다운 한 사람이 있는데, 훤칠한 키에 수려한 용모를 지녔다. 오매불망 사모하는 마음에 혼자 마음을 태운다. 이렇게 시는 연못 가 난초와 부들로부터 사모하는 이의 아름다운 모습을 말하고 있다. 다시 「위풍衛風·환란芄蘭」을 보자.

덩굴 난 줄기야, 도령이 뿔송곳을 찼구나　　芄蘭之支, 童子佩觿
뿔송곳을 찼다 하나, 나를 모른 체할 줄이야　雖則佩觿, 能不我知
점잖으며 느긋하며, 넓은 띠를 드리우며　　　容兮遂兮, 垂帶悸兮

이 시에서 "환芄(덩굴 난, 박주가리)" 역시 택란의 일종이다. 이 시를 부른 아가씨는 자신이 좋아하는 청년을 덩굴 난에 비유하며 그의 수려한 모습을 그리고 있다.

신에게 제를 올릴 때는 당연히 신령이 자신의 염원을 들어주기를 바란다. 그러면 어떻게 해야 신령이 그 염원하는 바를 알 수 있을까? 일반적으로 어떤 기물이나 향기를 빌려 신령에게 뜻을 전달한다. 택란의 향기는 바로 그러한 신령과 통하는 작용을 한다고 여겨졌다. 그래서 택란을 몸에 차는 것은 액을 물리치고 상서로운 기운을 불러오기 위해서이고, 서로 택란을 주고받는 것은 상대를 축복하는 의미에서였다.『시경』보다 늦은 시기에 나온『초사楚辭』에서도 많은 난초를 언급하는데, 특히 굴원屈原의 작품에서 그렇다.「이소離騷」나「구가九歌」만 보아도 난초를 언급한 횟수는 24차례에 이른다.『초사』에서 말하는 '난蘭' 또한 오늘날 우리가 흔히 알고 있는 난이 아니라『시경』에서의 택란과 마찬가지로 물가에서 자라는 향초의 일종이다. 그윽한 향기가 있을 뿐 아니라, 열과 습기를 빼는 약물 작용도 있고, 부정한 것을 물리친다는 의미도 있다. 특히 초 지역 풍속에서 난초는 고결한 품성을 지닌 화중군자花中君子로 꼽힌다. 심산계곡에서 자라 뭇 꽃들과 아름다움을 다투지 않으면서도 자태가 소박하고 우아하고 향기가 맑고 깊다는 이유에서다.『시경』과『초사』에서의 난초 예찬은 전통 중국 지식인에게 큰 영향을 미쳤다.

「진유」에서 언급한 두 번째 향초는 '작약勺藥'이다. 시의 두 장의 결미가 모두 "증지이작약贈之以勺藥"으로 끝난다. 왜 상사절에는 모임이 끝난 다음 남녀가 서로 작약꽃을 주고받을까?

작약은 중국의 가장 오래된 화초 가운데 하나로 적어도 3000여 년의 재배 역사를 지닌다. 작약을 옛날에는 신이辛夷라고도 했다.

작약에는 목본 작약과 초본 작약의 구별이 있는데, 『시경』에서의 작약은 초본 작약으로 그 학명은 '강리江離'라고도 한다. 옛날 연인 들은 헤어질 때 서로 작약을 주고받으며 아쉬운 마음을 달랬다. '강리'라는 이름은 '장리將離', 즉 '장차 이별'한다는 의미의 말과 음 이 비슷하다.

중국인은 화초에 대해 색과 향과 자태 등의 형식미를 즐기기도 하지만 나아가 그 안에서 인생을 사고하고 느낀다. 그러므로 화초 는 중국 문인들에 의해 각각의 성격과 정감을 부여받아 시문에 서 언제나 주요 이미지로 등장하고, 또 특정한 품격을 구성하고 깊은 철리를 담게 되었다. 전형적인 예로 매화, 난초, 국화를 들 수 있다. 중국 화초 문화의 핵심 정신은 화초의 인격화라 할 수 있다. 화초의 품격을 인격에 기대어 말하고 인격을 화초의 품격에 기대 말한다. 이러한 화초의 감상으로부터 구현해낸 심미적 체득 방식은 세계 문화에서 동양 특유의 독특한 인문학적 양식을 이 룬다.

『시경』시대로부터 작약은 연인들이 주고받음으로 인해서 사람 들에게 '해어화解語花(말을 아는 꽃)'로 간주되었다. 작약은 색과 향기와 자태의 아름다움으로 역대 문인들의 사랑을 받았고, 지금 까지 회자하는 많은 명작을 남겼다. 당대 한유韓愈 역시 작약에 심취하여 마치 선경仙境에 있는 것 같다는 느낌을 읊은 바 있다.

호대한 자태 미친 향기는 일찍이 본 적이 없다   浩態狂香昔未逢

활활 타는 홍등을 푸른 용이 휘감아   紅燈爍爍綠盤龍

문득 혼자 깨어나 대면하고서 놀란다   覺來獨對情驚恐

이 몸이 구중천 선궁에 있는 것인가   身在仙宮第九重

작약꽃이 필 때는 이미 늦은 봄이기 때문에 이 꽃을 또한 '전춘殿春'이라고도 한다. 봄의 가장 끝이라는 의미로, 이렇게 봄을 마감하는 꽃이기에 사람들이 더욱 애지중지했던 것 같다. 옛사람들은 여성의 수려한 자태를 표현하여 "서 있을 때는 작약 같고, 앉아 있을 때는 모란 같고, 걸을 때는 백합 같다"고 했다. 작약과 같은 모습의 여성은 당연히 사랑스러울 것이다. 『홍루몽』에서 사상운史湘雲은 보금寶琴, 보옥寶玉, 수연岫烟, 평아平兒 네 사람의 생일 잔치에서 벌주로 술을 마시고 몸을 가누지 못하여 산 바위 한편에서 단잠에 빠졌는데, 온통 작약꽃잎이 바람에 날려와 그녀의 얼굴과 옷 위에 떨어지더니 얼마 지나지 않아 수북이 쌓인 꽃잎에 그녀가 땅에 떨어뜨린 부채도 반이 잠겼다고 묘사했다. 이것이 유명한 '사상운이 취하여 작약꽃 자리에서 잠들다史湘雲醉臥芍藥茵'의 전고다.

춘추 시기는 전통 중국 사회에서 상대적으로 연애가 비교적 자유로웠던 시대다. 『시경』의 시를 보아도 대담하고 활발한 시가 많다. 「진유」에서의 활발하고 명랑한 아가씨는 그 시대의 상사절이라는 특정한 명절에서 볼 수 있는 특별한 여성 형상이다. 『시경』의 애정시들은 사랑을 표현할 때 대부분 일상생활과 밀접한 관련이 있는 것, 예를 들어 택란이나 작약이나 강물 등과 같은 소재를 선택하는데, 바로 이러한 일상에서 늘 볼 수 있는 자연 형상을 취하기 때문에 진실한 미감을 느낄 수 있게 한다. 그리고 이러한 순수한 자연의 정경 속에서 나온 정감은 사람들 마음속의 가장 진실한 정감으로 이는 또한 전통 심미사상 가운데 천인합일天人合一의 심미 정취를 체현하고 있다. 인간의 정감이란 어느 시대이든 서로 통하는 바가 있다. 바로 그렇기 때문에 수천 년 후의 우리도 『시경』에서의 애정시에 공감할 수 있는 것이다.

한편 전통민속 가운데는 12화신花神이라는 것이 있다. 그 가운데 작약의 화신은 송대 대문호 소동파다. 역사 기록에 따르면 소동파의 외모는 그다지 잘생기지 않았다고 하는데 어떻게 작약과 연결된 것일까? 그 연유는 다음과 같다. 당시 작약을 아주 좋아했던 탐관오리 채번경蔡繁卿이 양주揚州 태수였는데, 매년 봄이 되면 꽃 축제를 열어 백성의 양식을 다 털어 작약 수천 그루를 모아놓고 즐겼다. 그 아래 관리들 또한 기회를 틈타 재산을 갈취하니 백성은 분노했으나 감히 말하지는 못했다. 이후 소동파가 부임한 다음, 그러한 활동 때문에 백성의 재산 피해가 너무 크다고 생각하여 축제를 폐지했다. 소동파가 세상을 떠난 후 그곳 백성은 그의 마음에 감사하며 소동파는 죽어 화신이 되었을 것이라고 생각했다고 한다.

시대와 사회가 변함에 따라 많은 것이 변하지만 오직 사랑이라는 화두는 예나 지금이나 변하지 않는 것 같다. 다만 사랑을 대언

하는 꽃이 변했을 뿐이다. 장미는 가시도 있는데, 지금은 왜 이렇게 아름답고 향기로운 작약을 꺾어늘지 않을까.

아내를 얻으세나 어떻게 말인가,
중매가 없으면 얻을 수 없다네

: 매작媒妁 :

　속담에 "하늘에는 비를 내리지 않는 구름이 없고, 땅에는 짝을
맺어주지 않는 매파가 없다天上無雲不下雨, 地上無媒不成親"고 했다. 고
대 중국에서 남녀는 일반적으로 중매를 통해야지만 결합할 수 있
었다. 중매인의 출현과 존재는 중국 문화의 또 하나의 특색이다.
중매인은 결혼 예법을 규범화하는 데 있어 실제적으로 없어서는
안 되는 중요한 역할을 담당해왔다. 역사적으로 이들 중매인이 얼
마나 많은 청춘남녀의 결혼을 성사시켰는지, 또 얼마나 많은 청춘
남녀의 사랑의 꽃을 꺾어 좌절시켰는지 모른다. 사랑이 결실을
맺는 것도, 실패하는 것도 중매인에 좌우되는 경우가 많았다. 『서
상기』에서 언변이 뛰어난 홍랑紅娘은 결혼을 성사시키기 위해 열

성을 다하는 가장 사랑스러운 매파라 할 수 있다. 하지만 대부분의 작품에서 매파의 형상은 그렇지 않다. 명대 풍몽룡馮夢龍은 그의 화본話本에서 "비구니나 무당이나 중매쟁이와 같은 여자들은 사례금만 밝힌다"[38]며 개탄했는데, 매파를 혐오하는 관점이 분명하게 드러난다. 그래서 대부분 희곡에서 매파는 악역으로 나타난다. 머리에는 커다란 붉은 꽃을 꽂고 양 볼에는 짙은 연지를 바르며 입이 크고 입가에는 큰 점이 있고 걸을 때 좌우로 엉덩이를 요사스럽게 흔드는 모습이다. 이러한 형상은 희곡에서 일찍부터 정형화되어 하나의 문화적 기호가 되었다. 물론 악역으로 규정할 수 있는 것은 매파의 주요 특성과 관련이 있다. 예를 들어 매파의 뛰어난 언변술은 혼인 당사자들을 속여 오리를 백조로 만들 수도 있고 별을 달로 만들 수도 있다. 입 주변에 있는 검은 점은 말도 잘하고 먹기도 잘한다는 일종의 상징이다. 돼지 머리 하나, 돼지 족발 하나, 약간의 사례금이라도 그들을 달려들게 할 수 있다. 그들은 겨우 이러한 것들을 위해 기꺼이 신의를 희생시킬 수도 있다. 볼에 연지를 과장되게 그리는 것은 그들에게 진정한 미감이 결여되어 있음을 표현한다. 매파는 우스꽝스러운 교활함과 한편으로 귀엽기도 한 잔꾀와 불쌍한 아첨 등으로 그 성격이 정형화되었다.

---

38 "三姑六婆, 嫌少爭多." '삼고三姑'는 '비구니尼姑' '여자 도사道姑' '여자 점쟁이卦姑'를, '육파六婆'는 '인신매매를 하는 여자牙婆' '중매쟁이媒婆' '여자 무당師婆' '포주虔婆' '돌팔이 여의사藥婆' '무자격 산파穩婆'를 가리킴.

『시경』에서 결혼에 관해 언급한 시는 90수에 달한다. 이들은 선진 시기 다양한 결혼 풍속을 그대로 반영하고 있다. 사랑을 연결하고 결혼을 성사시키는 '중매인'이라는 연결고리는 당시에도 이미 존재했다. 「위풍衛風·맹氓」에서의 여성 화자는 좋은 중매인이 없어 결혼을 늦출 수밖에 없다고 말했다. 또 중매인에 관하여 '작벌作伐(나무를 베다)' 혹은 '벌가伐柯(도끼자루 감을 베다)'라는 표현을 쓰는데, 이 표현은 바로 『시경』에서 나왔다. 다음의 「빈풍豳風·벌가伐柯」편을 보자.

도끼자루 패세나 어떻게 말인가,
도끼가 없으면 찍을 수 없다네   伐柯如何, 匪斧不克
아내를 얻으세나 어떻게 말인가,
중매가 없으면 얻을 수 없다네   取妻如何, 匪媒不得
도끼자루 패세나 도끼자루 패세나,
방법이 멀리 있지 않으리   伐柯伐柯, 其則不遠
색시를 소개받아 만나 보세나,
변두를 차리고 혼례를 치르리   我覯之子, 籩豆有踐

위의 시는 문답의 형식을 써서 결혼이 성사되려면 중매인이 없으면 안 된다고 말하고 있다. 이 시는 보기에 약간 이상할 수 있다. 결혼을 말하는데 왜 먼저 도끼를 언급할까? 이는 『시경』의 표현 방식과 관계가 있다. 이러한 표현 방식을 '흥興'이라 하는데,

『시경』의 특수한 표현법 가운데 하나다. 그러면 '흥'이란 무엇일까? '흥'의 본래 의미는 '기起', 즉 '시작하다' 혹은 '일어나다, 일으키다'이다. 흥은 사물에 기탁하여 감정을 담는 표현법인데, 대개 시가 시작하는 첫머리에 놓인다. 일반적으로 새나 짐승, 벌레, 어류 등 동식물과 바람, 구름, 비, 눈, 해, 달, 별 등 천문 기상의 자연계 사물을 빌려 시의 첫머리를 '시작하고', 그런 다음 그에 따라 '일어나는(연상되는)' 화자 내면의 감정을 이끌어내는 것을 '흥'이라 한다. 『시경』에서 흥의 표현법은 대개 다음의 두 가지 작용을 하는 것을 볼 수 있다.

1. 상징이나 연상, 비유의 작용을 한다. 「관저」를 보면, 첫 구절의 물수리가 짝을 지어 노니는 정경으로부터 화자는 "요조숙녀는, 군자의 배필窈窕淑女, 君子好逑"을 연상하기에 이른다. 「주남·도요」에서 "복숭아나무 싱그럽게, 작작히 피었구나桃之夭夭, 灼灼其華"라고 한 첫 구절은 활짝 핀 복사꽃으로 신부의 젊음과 아름다움을 상징하고, 동시에 혼례의 축제 분위기를 부각시켜준다. 그리고 복숭아나무의 탐스런 열매와 무성한 잎은 신부가 출가한 후 자손을 많이 두고 집안이 행복하리라는 것을 축원하는 의미를 지닌다.

2. 시를 시작할 때 어떠한 정취나 분위기를 조성하는 작용을 한다. 예를 들어 「진풍秦風·겸가蒹葭」는 "갈대는 우거지고, 이슬은 서리되고蒹葭蒼蒼, 白露爲霜"로 시작하는데, 이러한 늦가을의 처연한 정경은 화자의 상실감을 더욱 두드러지게 한다.

『시경』에서의 '흥구興句'는 그 다음에 이어지는 구절의 내용과 표면에 드러나지 않는 내재적인 연관성을 지니거나 시에서의 정감을 두드러지게 하므로 시적 표현 방식으로서 없어서는 안 되는 부분이다. 「정풍鄭風·야유만초野有蔓草」는 연인들이 교외에서 만나는 것을 노래했는데, '흥'의 수법을 십분 발휘한 시라고 할 수 있다.

들판에 덩굴풀 가득히,

이슬이 방울방울 내렸지요　　　　　　　野有蔓草, 零露漙兮

아름다운 한 사람

청초한 눈매에 이마가 곱지요　　　　　　有美一人, 清揚婉兮

그대와 이렇게 만나다니,

내 소원 이루어졌지요　　　　　　　　　邂逅相遇, 適我願兮

아리따운 그녀는 마치 이슬 젖은 풀처럼 청초하다. 짙은 푸르름과 생기 가득한 풍광은 화자가 그리던 사람과 해후하게 된 희열을 더하는 작용을 한다. '흥구'인 첫 구절과 그 다음에 읊은 내용은 연상을 통해 이어지는 일종의 암시적 상징 관계라 할 수 있다. 『시경』의 '흥'은 대부분 이와 같이 비유의 의미도 있으면서 연상 작용을 일으킨다.

'흥'에 대해 간략히 살펴보았는데, 이제 다시 「벌가」로 돌아가보자. 이 시에서는 결혼을 말하기 전에 먼저 도끼를 말했는데, 바로 '흥'의 표현법이다. 도끼의 역사는 매우 오래되었다. 중국 각지의 신석기시대 유적들에서 많은 마제磨製 돌도끼가 출토된 바 있다. 도끼는 아주 일찍부터 일상생활과 생산활동에서 중요한 도구였다. 위의 시에서는 도끼를 매개로 흥의 표현법을 써서 나무를 베어 도끼자루를 만들려면 반드시 도끼가 있어야 하듯 아내를 얻으려면 반드시 중매를 통해야 한다는 것을 형상화했다. 「제풍齊風·남산南山」에도 이와 비슷한 구절이 나온다. "장작을 패세나 어떻게 말인가, 도끼가 없으면 찍을 수 없다네. 아내를 얻으세나 어떻게 말인가, 중매가 없으면 얻을 수 없다네析薪如之何, 匪斧不克. 取妻如之何, 匪媒不得" 역시 같은 맥락에서 이해할 수 있다. 나중에 중매인을 가리켜 '벌가인伐柯人(도끼자루 감을 베는 사람)'이라 하고, 혼담을 꺼내는 것을 '벌가伐柯'라 하고, 중매를 서는 것을 '집가執柯(도끼자루를 잡는다)'라 하는 등의 말이 생겨났는데 모두 여기에서 비롯되었다.

맹자는 일찍이 "부모의 명이나 중매쟁이의 말을 기다리지 않고 구멍을 뚫어 틈새로 엿보거나 담장을 넘어 상종한다면 부모와 나라 사람들이 비천하게 여길 것"[39]이라고 했다. 맹자의 이 말은 당시 결혼에서 반드시 준수해야 하는 원칙을 보여준다. 하나는 "부모지명父母之命", 즉 부모의 명을 따라야 한다는 것이고 하나는 "매작지언媒妁之言", 즉 중매인의 말이 있어야 한다는 것이다. 이 두 가지 원칙에 부합해야 비로소 합당한 그리고 합법적인 결혼이라

---

39 "不待父母之命, 媒妁之言, 鑽穴隙相窺, 踰牆相從, 則父母國人皆賤之."(『맹자』「등문공
滕文公 하」)

할 수 있고, 두 사람의 결합이 비로소 사회 여론의 승인을 얻을
수 있었다.

먼저 첫 번째 원칙인 '부모지명'에 대하여 살펴보자.

결혼할 때 반드시 부모의 명을 따라야 한다는 관례가 언제부
터 시작되었는지에 대해서는 역사상 명확한 기록이 없다. 그러나
적어도 춘추 시대에 이러한 관례가 이미 보편화된 것으로 보인다.
예를 들어 「제풍齊風·남산南山」에 "아내를 얻으세나 어떻게 말인
가, 반드시 부모님께 아뢰야 한다네取妻如之何, 必告父母"라 한 구절이
있다. 부모의 명 없이 남녀가 자의적으로 결합하는 일은 허용되
지 않았다. 그런데 비록 부모의 명이라 해도 부권제 중심의 중국
전통사회에서 부친과 모친의 영향력에는 차이가 있을 수밖에 없
다. 부모의 의견이 일치한다면 아무런 문제가 없을 테지만, 그렇
지 않을 경우에는 일반적으로 부친의 명을 따라야 했다. 『사기』
「고조본기高祖本紀」에는 진대秦代 말년에 여치呂雉의 부친이 딸을 유
방劉邦에게 시집보내려 했을 때 그 부인이 그렇게 보잘 것 없는 사
람에게 금지옥엽으로 키운 딸을 줄 수 없다고 한사코 반대한 일
을 적고 있다. 여공은 그럼에도 딸을 결국 유방에게 시집보냈다.
모친보다는 부친에게 결정권이 있었음을 보여주는 한 예다. 「정
풍·장중자將仲子」를 보면 부모님 말씀을 거역하기 두려워 연인과
만나지 못하는 아가씨가 나온다.

제발 둘째 도령, 우리 마을 넘어와

우리 버들 꺾지 마소   將仲子兮, 無踰我里, 無折我樹杞

나무야 아깝겠소, 부모님이 두렵소   豈敢愛之, 畏我父母

둘째 도령 그리워도,

부모님 말씀이 두렵소   仲可懷也, 父母之言, 亦可畏也

제발 둘째 도령, 우리 담장 넘어와

우리 뽕나무 꺾지 마소   將仲子兮, 無踰我牆, 無折我樹桑

나무야 아깝겠소, 어른들이 두렵소   豈敢愛之, 畏我諸兄

둘째 도령 그리워도,

어른들 말씀이 두렵소   仲可懷也, 諸兄之言, 亦可畏也

제발 둘째 도령, 우리 정원 넘어와

우리 박달나무 꺾지 마소   將仲子兮, 無踰我園, 無折我樹檀

나무야 아깝겠소, 남들 말이 두렵소   豈敢愛之, 畏人之多言

둘째 도령 그리워도,

남들 말이 두렵소   仲可懷也, 人之多言, 亦可畏也

『시경』의 시대에는 비록 풍습이 순박하고 자유연애도 했지만, 결혼을 논할 때는 그래도 지켜야 할 도덕적 기준이 있었다. 당시는 윤리 관념이 아직 견고하게 자리 잡히지 않은 맹아 단계라 할 수 있으나, 그래도 이미 청춘남녀의 사랑과 결혼의 자유로운 선택을 제약하는 요소로 작용하고 있었다. 시에서 아가씨는 "외아부모畏我父母" "외아제형畏我諸兄" "외인지다언畏人之多言"이라며 부모님과 어른들, 사회 여론이 자신의 사랑과 결혼을 허락하지 않을까 걱정한다.

다음으로 두 번째 중요 원칙인 "매작지언"에 대해 살펴보자.

부모가 왕래를 동의하더라도 '중매인의 말'이 있어야 두 집안 사이에 다리를 놓을 수 있다. 『설문해자』에 따르면, '매媒'는 두 성씨 간의 화해를 도모한다는 의미이고, '작妁'은 두 성씨 간의 뜻을 짐작斟酌하는 것을 가리킨다. 또 다른 풀이가 있는데, 남자 측의 중매인을 가리켜 '매媒'라 하고 여자 측의 중매인을 가리켜 '작妁'이라 한다고 한다. 어떻게 풀이하든 '매작'은 남녀 양가 사이에서 결혼이 가능한지를 살펴보는 사람이다. 전통사회에서 매작은 두 집안의 관계를 조절하여 결혼을 성사시키는 교량 역할을 한다는 점에서 매우 중요한 의미를 지닌다. 매작을 통해 결혼이 성사되면 양가는 친속관계가 되고, 성사되지 못하면 매작이 일종의 완충지대로 작용하여, 양측의 직접적인 충돌을 피하도록 함으로써 적어도 악연으로 귀결되지 않을 수 있도록 한다.

전통사회에서 결혼이 성립하기까지는 6단계의 절차가 있는데 이를 '육례六禮', 혹은 '육의六儀'라 한다. 그 구체적인 내용은 『의례儀禮』 「사혼례士婚禮」에 나온다.

1. 납채納采

남자 측에서 마음에 두고 있는 상대방에게 먼저 중매인을 보내 의견을 물어보고 여자 측에서 받아들이면 중매인을 통해 기러기를 예물로 보낸다. 왜 다른 새도 아니고 기러기일까? 기러기는 철새이므로 오고 가는 때가 정해져 있다. 이는 장차 혼약을 맺을 양가가 약속을 잘 지켜 순조롭게 결혼이 성사되리라는 것을 나타낸다. 또한 두 사람의 사랑을 축복하는 의미도 담겨 있는데, 기러기가 정해진 때에 오고가는 것처럼 두 사람도 서로 간의 믿음을 견지하여 끝까지 행복하기를 바라는 의미다.

2. 문명問名

'납채'의 예가 끝난 다음 남자 측의 중매인은 여자 생모의 이름을 물어 그 적자嫡子·서자庶子의 여부에 대해 알아보고, 아울러 여자의 이름과 항렬, 출생연월을 물어 이것으로 점칠 때 쓴다.

3. 납길納吉

'문명'의 절차를 거친 다음 남자 측은 점을 보는데, 만약 좋은 결과를 얻으면 기러기를 들려서 사람을 보내 여자 측에 기쁜 소식을 알린다. '납길'의 예가 끝난 다음 혼약이 정식으로 확정된다. 좋지 않은 결과를 얻을 경우에는 '납길'할 필요 없이 양가는 혼사를 진행하지 않는다.

4. 납징納徵

남자 측에서 여자 측에 폐백幣帛을 보내는데 여자 측이 이를 받으면 혼인이 성사됨을 나타낸다. 『춘추』에서는 "납폐納幣"라고도 했는데, 아울러 "폐백이 없으면 만나지 않는다無幣不相見"고 했다.

그러므로 남자 측에서 폐백을 보내지 않으면 그 혼인은 성사되지 못한다.

5. 청기請期

남자 측에서 길일을 잡아 혼례를 올리는 날을 정하고, 예를 갖추어 이를 여자 측에 알려 동의를 구한다. 여자 측에서 이를 수락한 다음 혼례 날짜가 정해지고 이를 친지에게 알릴 수 있다.

6. 친영親迎

신랑이 직접 신부 집에 가서 신부를 맞아오는 것으로, 혼례의 가장 마지막 절차다. 또한 혼례의 가장 성대한 시점이기도 하다. 신랑 측은 반드시 직접 신부 측에 가서 신부를 맞아야 하고 예를 갖추어야 하는데, 이 과정에도 엄격한 예의규범이 적용된다. 「대아·한혁韓奕」에 "한후가 맞을 배필은, 분왕의 생질이요, 궤보의 따님이라. 한후가 손수 맞이하시네, 궤보의 땅에서韓侯取妻, 汾王之甥, 蹶父之子. 韓侯迎止, 于蹶之里"라고 한 구절이 있다. 바로 한후와 주 여왕厲王의 외손녀자이자 대신 궤보蹶父의 딸이 결혼할 때, 한후가 친히 궤보의 봉지에 가서 신부를 맞은 것을 말한다. 이어서 "백 량의 수레 우르르 달리고, 말방울 소리 쟁그랑 울리고, 그 광채 눈부시지 않으리오百兩彭彭, 八鸞鏘鏘, 不顯其光"라 했는데, 한후의 '친영'의 예가 얼마나 성대하게 거행되었는지 짐작해볼 수 있다. 그 외 「소남·하피농의何彼襛矣」에서 공주가 시집갈 때의 화려한 행렬이나,

「소남·작소鵲巢」에서 귀족 규수가 시집갈 때의 백 량의 수레 행렬 능 모두 당시 '친영'의 성대함을 말해준다.

결혼의 '육례' 절차를 보면 어느 단계에서든 중매인이 개입되지 않을 때가 없다.『예기』「곡례曲禮」에는 "남자와 여자는 중매가 오가지 않았으면 서로 이름을 알지 않고, 폐백을 받지 않았으면 친분을 맺지 않는다"[40]고 했고, 또『의례』「사혼례」의 주석에서도 "장차 상대방과 혼인하고자 할 때는 반드시 먼저 중매를 통해 말을 넣어야 한다"[41]고 했다.『전국책』「연책燕策」에는 심지어 "처녀가 중매가 없으면 늙어도 시집가지 못한다"[42]고 한 논의가 있다. 이상의 기록들은 모두 당시 결혼할 때 중매인이 얼마나 중요했는지를 보여준다.

이상에서 알 수 있듯 결혼할 때는 '육례'를 반드시 갖추어야 했는데, 그 구체적인 양상이 어떠했는지는『시경』을 통해서도 엿볼 수 있다.「위풍·맹」편은 한 여자의 결혼의 비극을 그리고 있는데, 처음에 덮어놓고 결혼을 서두르는 남자에게 여자는 "내가 날을 늦추는 게 아니라, 당신에게 좋은 중매 없어서요匪我愆期, 子無良媒"라고 말한다. 여기에서도 '부모지명' '매작지언'은 당시 사회에서 보편적으로 따르는 예속이 되었음을 알 수 있다. 두 사람의 감정이 아무리 좋아도 예속에 따라 일을 진행해야 했다. 이 시에서는

40　"男女非有行媒, 不相知名; 非受幣, 不交不親."
41　"將欲與彼合婚姻, 必先媒氏下通其言."
42　"處女無媒, 老且不嫁."

또 "거북점도 치고 산대점도 치고, 점괘마다 흉한 소리 없다기에. 당신 수레 타고 와서, 내 혼수를 옮겼다네爾卜爾筮, 體無咎言. 以爾車來, 以我賄遷"라고 읊었는데, 신랑 측이 결혼 전에 먼저 점을 보아 불길한 점괘가 나오지 않자 비로소 혼례를 정식으로 진행하는 모습을 볼 수 있고, 또 신랑이 직접 가서 신부를 맞아 오는 상황을 말하고 있는데, 이상의 내용은 바로 '납길'과 '친영'의 절차를 구체적으로 보여준다. 「빈풍豳風·동산東山」편은 외지로 출정나간 장병이 고향을 그리워하는 내용을 담고 있다. 장병은 고향과 고향의 아내를 그리워하며, 그중에서도 아내와 신혼 때의 행복한 날들을 회상하는데, 여기에서도 혼례의 구체적인 모습을 볼 수 있다. "내 아내 시집올 때, 얼룩말 수레 타고. 어머님 손수 옷고름 매어주시며, 구십 가지 법도를 일러주시고之子于歸, 皇駁其馬. 親結其縭, 九十其儀", 어머님은 친히 딸의 고름을 매어주시며 딸에게 현모양처가 되리라는 축복과 함께 당부의 말을 하는데, 신혼의 의식은 90가지에 이르도록 지극히 번잡하다고 말하고 있다. 하지만 그렇게 번잡한 의식도 긴 인생의 여정에서, 특히 어려운 상황에 처했을 때 돌이켜보면 아름다운 추억으로 회상되리라.

이상에서 혼례에 대해 대략적으로 소개했는데, 위에서의 이해를 바탕으로 다시 「벌가」편을 보면, 시에서 "도끼자루 패세나, 도끼자루 패세나. 방법이 멀리 있지 않으리伐柯伐柯, 其則不遠"라고 한 구절의 의미가 풍부하다는 것을 알 수 있다. 남자가 좋은 아내를 맞이하는 일은 도끼를 만들 때 알맞은 도끼자루를 맞추어야 하는 것과 마찬가지로 정해진 절차와 규범이 있다. 중매가 가운데서 연결해주지 않으면 안 된다. 그 다음 구절 "아구지자我觀之子, 변두유천籩豆有踐"에서 '변籩'은 대나무로 만든 음식을 담는 그릇이고, '두豆' 역시 음식을 담는 그릇이다. '변'과 '두'를 가지런히 차려놓고 먼저 조상에게 제사를 올리고, 이어 하객을 대접하는 것이 혼례의 예법이다. 이렇게 혼례 의식을 올리고 나면 그제야 인생 대사는 성사되고 마음에 그리던 사람을 정식으로 아내로 맞게 된다.

가정은 사회의 기본 단위다. 군신·부자·부부·형제·붕우 간의 오륜 가운데 부부관계는 인류의 시작이다. 그러므로 결혼과 같은 인생의 중대사를 한 개인의 일시적 충동이나 욕망에 의해 결정하는 것은 전통사회에서 허락되지 않았다. 결혼은 가정이라는 차원에서 전면적으로 고려되어야 할 문제였다. 결혼이란 두 가정이 결합하는 것으로 이는 당사자의 결합 문제보다 훨씬 중요했다. 이러한 관점을 기본으로 하기에 설사 이미 마음에 둔 사람이 있다 하더라도 개인적 결합은 사회적으로 용납되지 않았다. 심지어 부모의 명에 따라 전혀 알지 못하는 사람과 억지로 결혼하는 경우도 허다했다. 이는 중국 전통 예교의 잔혹한 측면이다. 전통사회에서는 또 '화和'와 '목睦'을 매우 중시했다. 가정은 사회의 가장 기본 단위이므로 두 가족 간의 화목은 사회적 화합의 기초가 된다. 그러므로 배필을 선택할 때 특별히 신중할 수밖에 없는데,「벌가」에서 중매를 부각시킨 것은 바로 이러한 측면을 반영해준다.

옛날 중매에는 '관매官媒'와 '사매私媒'의 구분이 있었다. '관매' 란 나라에서 관리하는 '혼인소개소' 같은 것이다. 현존하는 역사 기록을 보면 중매인은 가장 먼저 서주 시기에 보인다. 『주례』「지 관地官·매씨媒氏」에 "매씨는 두 반쪽을 합하는 백성의 결혼을 장 관한다媒氏掌萬民之判合"고 적고 있다. 여기서 '판합判合'이란 '반합半 合'이다. 두 반쪽을 하나로 합한다는 의미다. 매씨는 백성의 결혼 을 중개하고 관리하는 일을 전담하는데, 구체적인 주요 업무는 나라 안 남녀의 성명과 출생 일시를 파악하여 결혼 적령기의 남 녀가 결혼할 수 있도록 독촉하는 것이다. 또한 젊은이들의 결혼 을 추진하는 것 외에 과부나 홀아비가 재혼할 수 있도록 돕는 일 도 했다. 『관자管子』「입국入局」 편에는 춘추전국 시기의 관매에 대 해 다음과 같이 적고 있다. "무릇 나라의 도성에는 모두 중매를 맡은 관리가 있다. 아내가 없는 남자를 '환鰥'이라 하고 남편이 없 는 여자를 '과寡'라 하는데, 홀아비와 과부를 결합하게 도왔다."[43] 중국 역대 법률은 모두 중매를 결혼의 필수조건의 하나로 보았 다. 예를 들어 『당률소의唐律疏議』를 보면 "결혼을 행하는 법은 반 드시 중매가 있어야 한다爲婚之法, 必有行媒"라고 적었는데, 중매가 없는 결혼은 불법으로 간주했다. 어떤 시대에는 중매인은 반드시 등록을 해야 했다. 다시 말해 자격 인증을 받아야 했다. 그리고 일단 위법 결혼이 발견되면 중매인에게까지 법률적 책임을 물었

---

43 "凡國都皆有掌媒. 丈夫無妻曰鰥, 婦人無夫曰寡, 取鰥寡而合和之."

다. 또 아주 흥미로운 현상도 보이는데, 중매인들이 자신의 신분을 표시하는 독특한 표식을 가지고 있는 경우도 있었다. 예를 들어 송대에 중매인들은 모두 황색 두건을 쓰고 손에는 양산을 들었다. 원대에는 손에 도끼와 저울을 들었다. 왜 도끼를 들었을지는 역시 「벌가」 편에서 그 연원을 찾을 수 있다. 매작을 나무를 베는 도끼에 비유하여 도끼가 없으면 나무를 벨 수 없듯 중매가 없으면 결혼하지 못한다고 읊은 바 있다. 그럼 왜 저울을 들었을까? 그 저울을 '양인칭量人秤'이라고도 했는데, 사람을 재량하는 저울이라는 의미다. 남녀 양가의 각 방면의 조건을 종합적으로 고찰하여 양가의 경중이 맞아 서로 균형이 잡혀야 부부 사이가 화목하고 집안이 번성할 수 있다는 의미를 지닌다. 명·청 시대에도 국가가 승인한 직업 중매인이 있었다. 바로 『홍루몽』 제72회에 등장하는 주朱 아주머니가 관매다.

'사매'는 우리가 일반적으로 알고 있는 매파다. 대개 중·노년의 부인이 맡아서 한다. 적어도 송대부터 영리를 목적으로 하는 직업 매파가 등장하기 시작하는 것을 볼 수 있다. 그들은 대부분 매파를 하는 동시에 산파를 하거나 바느질을 하거나 병을 치료하는 일 등을 겸했다. 그러다보면 여러 집안과 접촉할 기회가 많아지고, 특히 산파의 일을 하다보면 태어난 아이의 생년월일을 알게 되어 나중에 중매를 서는 데 유용한 지식으로 활용할 수 있었다. 이들은 명·청대 소설에도 자주 등장한다. 사매가 진행한 결혼은 다시 관매에게 가서 등록하게 했는데, 관매의 감독을 거쳐서 나라의 법률 규정에 맞도록 했다. 중매인의 수입은 적지 않았던 것으로 보인다. 민간에서의 중매 사례금은 기본적으로 신랑이 신부를 맞을 때 보내는 폐백의 10퍼센트 가량이었다. 사례금을 줄 때는 반드시 붉은 봉투에 잘 봉하여 건넸는데 이를 '홍포紅包' 혹은 '포봉包封'이라 했다. 속담에 "중매를 잘 서면 새 옷이 한 벌說好一門親, 好穿一身新"이라 했는데 공연히 나온 말이 아닌 것 같다.

여기에서 또 한 가지 의문이 생길 수 있을 것 같다. 앞에서 상사절의 모임에서는 남녀가 자유로이 교제할 수 있었는데, 여기서는 또 결혼에 반드시 중매가 필요하다니 말이다.

『시경』은 중국의 가장 오래된 시가 총집으로 서주 초기에서 춘추 중엽에 이르는 대략 500여 년의 사회 상황과 생활을 반영하고 있다. 『시경』에 수록된 305편의 시가에는 사회 민속을 반영한 시가 많은데, 사랑을 노래한 것이 특히 많아 그와 관련한 민속을 풍부하게 담고 있다. 『시경』의 시들이 포괄하는 지역은 황허 유역 및 창장·한수이漢水 유역에 걸쳐 있는데, 지금의 기준으로 보면 서쪽으로 산시陝西에서부터 동쪽으로 산둥에 이르고 남으로 후베이에서부터 북으로 허베이에 이르는 광대한 지역이다. 속담에 "5리나 10리만 떨어져도 풍속이 다르다五里不同風, 十里不同俗"고 했는데, 『시경』이 넘나드는 시간과 공간은 장대하다. 그러므로 『시경』에 수록된 시들이 오랜 시간과 넓은 공간만큼이나 풍부하고 다양한 민속 풍경을 담는 것은 어쩌면 당연하다. '부모지명'과 '매작지언'에 따라야 하는 결혼과 함께 개성을 추구하는 자유연애가 공존하는 것도 가능하다. 사실, 상사절 모임에서의 자유연애나 중매나 모두 나라에서 생육을 촉진하여 국력을 강화하고자 하는 목적에서 추진되었다는 점은 같다. 그리고 자유연애 다음 단계로 결혼을 성사시키려면 정식으로 등록해야 했다. 관매는 '혼인등기소'의 소장쯤 된다고 생각하면 되겠다. 『시경』의 시대에 '부모지명' '매작지언'이 결혼에 미치는 영향력은 막강했다. 그러나 당시 사회, 특히 민간에서는 자유연애를 통해 스스로 짝을 정하는 상황이 보편적이었다. 다시 말해 원시의 결혼 풍속과 주대 문명화된 사회의 예법이 규정한 결혼 의례가 동시에 존재했다고 볼 수 있다.

그러면 중매인은 남녀 관계에서 어떤 이점으로 작용할까?

첫째, 남녀 사이에 거리를 두게 함으로써 관계가 문란해지는 것을 막는 작용을 한다.

만약 예법의 규제가 없다면 남녀 간의 교제에 적정 한도가 없어지고 문란한 일이 일어날 수 있다. 남녀의 교제를 예의 범주 안에 두어야지만 사회가 더욱 질서 있게 된다. 그러므로 객관적으로 말하자면 중매인의 등장은 풍기 문란을 막고 결혼을 보장하며 나아가 가정을 안정되게 하는 데 있어 분명 적극적인 작용을 했다고 볼 수 있다.

둘째, 혼인 제도를 더욱 완성시키고 예법을 규범화시키는 작용을 한다.

서주·춘추 시기에 이미 관매가 있었고, 그 후에 사매가 나오기 시작했는데, 사매는 비록 민간에 흩어져 있었으나 관매와 마찬가지로 결혼에 대해 법률적인 보장 역할을 할 수 있었다. 매작은 어떤 의미에서 결혼 윤리의 가장 상위의 원칙을 대표했다. 또한 그렇게 결혼해야만 그 결혼에 존엄성이 주어졌다. 특히 여성은 중매인 없이 결혼했을 경우 남자에게 다른 여자가 생겨도 할 말이 없었다. 이유는 간단하다. 중매인이 증인으로 서지 않았기 때문이다. 만약 여자가 중매인을 통하여 정식으로 혼례 절차를 받고 시집온 경우는 다르다. 남자가 부인을 함부로 대하지 못했고, 여자 역시 당당하게 자신의 권리를 요구할 수 있었다. 그 이유는 마찬가지로 간단하다. 중매인이 보증하는 정식 결혼을 했기 때문이다.

셋째, 결혼하는 양가를 연결하고 양자 간의 의견을 전달하는 작용을 한다.

전통사회에서 결혼이란 두 사람의 결합이기보다는 두 집안의 결합이다. 심지어 정치적 결합인 경우도 있다. 그러므로 줄곧 결혼을 '대사大事'라 한 것이다. 예교의 속박 안에서 여자는 자신을 외부에 알릴 길이 없었는데, 그렇다고 부모가 직접 나서서 딸의 혼사를 진행하는 것도 여의치 않다. 이에 반해 중매인은 직업 특성상 이집 저집 다니며 주위의 남녀에 대한 인적 사항을 훤히 꿰고 있었다. 조건이 맞는 대상을 발견하면 중매인은 기꺼이 나서서 양측에 다리를 놓았고, 양측은 중매인을 통해 이해관계를 조절하고 갈등을 완화시켜 결혼을 성사시킬 수 있다. 이 과정에서 중매인은 의견을 전달하거나 연락하는 중요한 역할을 했다.

농장弄璋과 농와弄瓦

: 남존여비 습속 :

예부터 행복한 결혼에는 진실한 사랑이 있어야 함은 물론이고, 또한 사랑의 결실인 아이도 있어야 한다고 여겼다. 아이가 태어나는 것을 민간에서는 '첨희添喜'라고 한다. 전통 시기 중국 사회에서는 다른 집에 아이가 태어나면, 남자아이인 경우에는 옥기玉器를 선물하고 여자아이면 '와瓦'를 선물했다. 여기서 '와'는 기와가 아니라 도제의 방추紡錘와 같은 방직 도구다. 이러한 습속이 언제 시작되었는지에 대해서는 명확한 기록이 없다. 하지만 『시경』에는 이에 대한 가장 이른 기록이라 볼 수 있는 내용이 전해진다. 다음은 「소아小雅·사간斯干」 편의 한 단락이다.

이리하여 사내아이 낳으면, 침상에 누여서, 잘 차려 입혀서, 옥장
을 주어 놀게 하리다　　　　乃生男子, 載寢之牀, 載衣之裳, 載弄之璋
울음소리 우렁차니, 대례복 붉은 슬갑 눈부시고, 집안의 어른되고
군왕되리라　　　　　　　　其泣喤喤, 朱芾斯皇, 室家君王
이리하여 계집아이 낳으면, 바닥에 누여서, 포대기 둘러서, 실감개
주어 놀게 하리다　　　　乃生女子, 載寢之地, 載衣之裼, 載弄之瓦
거스르지도 나서지도 않게, 술 데우고 밥 짓기나 가르치고, 부모
걱정 안 하게 하리라　　　無非無儀, 唯酒食是議, 無父母詒罹

　이 시는 귀족이 궁실을 축조할 때 준공식에서 부른 축가다. 자
손만대가 영원히 번창하기를 축원하는 내용을 담고 있다. 시에서
남자아이가 나면 '옥장玉璋'을 가지고 놀게 하라 했는데, '장璋'은
제왕이나 제후가 성대한 의식을 거행할 때 사용하는 옥으로 만
든 예기禮器로 매우 중요한 옥기의 하나다. 『주례』를 보면 제사를
지낼 때 여섯 종류의 예기가 있었는데, 벽璧과 종琮과 규珪와 장璋
과 호琥와 황璜이라 한다. '장'은 납작한 장방형 모양을 하고 있고
한쪽에 날이 있는 형상의 제기다. 이것이 변하여 한대 이후에는
대신이 조정에 설 때 손에 드는 '홀笏'로 정착되었다. 이를 일반적
으로 '수판手版'이라 부르기도 하고, 민간에서는 '조왕편朝王片'이라
하기도 한다. 이렇게 '장'은 점점 신분과 지위를 상징하게 되었다.
아들이 태어나면 '장'을 가지고 놀게 한 것은 아이가 장차 크게
되어 '옥장'을 손에 들 수 있는 지위에 올라 가문을 빛낼 수 있기

를 바라는 마음에서였다. 그래서 나중에 사람들은 남자아이를 낳으면 '농장지희弄璋之喜'라고 말하며 축하했다.

시에서 여자아이가 태어나면 '와瓦' 즉 도제의 방직도구인 '방윤紡輪'을 가지고 놀게 하라 했다. '방윤'은 가운데 구멍이 뚫린 동전 모양으로 생긴 일종의 방추다. 여자아이에게 방추를 가지고 놀게 한 것은 어려서부터 부지런히 베를 짤 수 있는 능력을 길러 장차 집안일을 잘 돌보고 남편을 도와 살림을 잘 하기를 바라는 마음에서였다. 그래서 사람들은 "농와지희弄瓦之喜"라고 말하며 축하했다.

이와 같이 남자아이를 낳았는지, 여자아이를 낳았는지에 따라 옥장을 가지고 놀게 하는 '농장弄璋'과 방추를 가지고 놀게 하는 '농와弄瓦'로 구분 짓는 습속으로부터 당시 신분의 등급이 엄격한 사회에서 남녀의 사회적 지위와 노동 분업의 경계가 어떠했는지를 볼 수 있다. 또한 그 바탕에는 남존여비의 관념이 깔려 있음을 알 수 있다. 아이가 태어났을 때 행하는 갖가지 의례들을 보면 좋은 소망은 모두 남자아이에게 걸어 아이가 자라 장차 가업을 일으키고 관직에서 출세하여 가문을 빛내줄 것을 희망했다.『시경』이 경전으로 받들어지며 대대로 전송되어 오면서 '농장' '농와'는 아들을 낳았는지 딸을 낳았는지를 의미하는 상징적 표지로 정착되었고, 이 말은 상용어가 되었다. 위의「사간」에서는 또 여자가 회임하여 분만하는 것에 대해 다음과 같이 묘사했다.

곰과 큰곰을 본 것은, 사내아이 낳을 징조요   維熊維羆, 男子之祥

큰뱀과 뱀을 본 것은, 계집아이 낳을 징조요   維虺維蛇, 女子之祥

  꿈에 곰을 본 것은 남자아이를 낳을 징조이고 뱀을 본 것은 여자아이를 낳을 징조라 했는데, 이러한 꿈 해몽이 과학적인 근거는 없으나 후대에 끼친 영향은 상당하다.

  오래전부터 남자에 대해 그의 뛰어난 자질을 말할 때는 늘 옥과 연결지어 말했다. 얼굴이 반듯하고 잘생기면 '얼굴이 관모의 옥과 같다面如冠玉'고 하고, 기질과 풍채가 좋으면 '옥나무에 바람이 이는 듯한 풍채玉樹臨風'라 했다. 또 『홍루몽』에도 가보옥은 입에 '통령보옥通靈寶玉'을 물고 태어나는 것으로 설정되어 있다. 모두 남자에게 옥이 가지는 특별한 의미를 설명해준다.

  그러면 옥에는 어떠한 특성이 있어 '군자'와 같은 숭고한 인격과 연결되는 것일까?

  중국인의 옥에 대한 사랑은 그 연원이 깊다. 고고학에서 증명했듯, 지금으로부터 7000여 년 전에 중국에는 이미 옥돌로 만든 물건이 있었다. 좋은 옥은 매끄럽고 반들반들 윤기가 나며 색이 부드럽게 감도는 재질을 가지고 있는데, 이러한 특성은 온화하면서 평온한 느낌을 갖게 하므로 늘 가장 숭고한 품성을 비유하는데 쓰였다. 『예기』 「옥조玉藻」에는 "군자는 특별한 연유가 있는 것이 아니면 옥을 몸에서 떼지 않는다君子無故玉不去身"고 했다. 이는 늘 옥을 몸에 지니며 옥의 품성과 같이 될 수 있도록 스스로 항상 노력하라는 의미에서다. 옥에 이미 도덕적·윤리적 속성을 부여하고 있는 것을 볼 수 있다. 「위풍衛風·기오淇奧」에서는 "아름다운 군자는 자른 듯, 다듬은 듯, 쫀 듯, 간 듯하다有匪君子, 如切如磋, 如琢如磨"라고 했는데, 바로 옥을 가공하는 절차탁마切磋琢磨의 과정으로 군자가 스스로를 부단히 연마해야지만 옥과 같은 품성을 갖출 수 있음을 비유한 것이다. 이러한 '옥 문화', 더 정확하게 말하자면 '옥 도덕문화'의 분위기에서 일찍이 아가씨들을 설레게 했던 『시경』의 옥과 같은 온후하고 고상한 남성상이 나오게 되었다. 진秦나라처럼 실리와 무공을 중시하는 풍토에서도 옥과 같은 사람에 대한 연정을 토로한 노래가 있다. 「진풍·소융小戎」에서는 진나라 군대의 삼엄하고 잘 짜인 진용에 대해 찬송을 아끼지 않으면서, 전차나 말, 병기의 뛰어남 등을 반복해서 노래하는 가운데 한 마디 감정을 토로하는 말을 살짝 덧붙였다. "언제나 그대가 그립습니다, 옥 같이 온화하신 그대가言念君子, 溫其如玉." 출정 나간 장병을 그리워하는 진나라의 여인은 자신이 흠모하는 사람을 옥과 같이 온화하고 중후하다 했다. 이와 같은 장병은 전국 시기 진나라의 유명한 장군 백기白起나 몽염夢恬 등의 풍모와 달리 유가적 선비의 기질을 지녔다고 볼 수 있다.

유향의 『설원說苑』 「잡언雜言」을 보면 옥에는 여섯 가지 미덕이 있다고 한다. 그래서 군자는 옥을 좋아하고 옥과 같은 덕을 지니는 것을 인생의 지향으로 삼는다고 한다. 옥은 멀리서 보면 부드럽고 윤기가 나는 것이 군자의 성품과 같고 가까이서 보면 결이

치밀한 것이 군자의 지혜와 같으며, 부러질지언정 굽어지지 않는 것은 군자의 용감함과 같다. 어떻게 훼손해도 결코 유약하지 않고, 각이 분명하나 남에게 상해를 입히지 않으며, 흠이 있어도 외부에 드러나 한눈에 볼 수 있게 한다.

옥과 같은 남자란 온화하고 교양 있으면서도 날카로운 예지와 강인함을 지니고 있는 사람이라 할 수 있다. 막 출생한 남자아이에게 옥장을 가지고 놀게 하는 것은 옥 문화의 교화 아래 성장하여 후에 문무를 겸비한 옥과 같은 품성을 지닌 군자가 되기를 바라는 마음에서다.

옛날에는 아이를 낳으면 '탕병연湯餅宴'[44]을 열었다. 특히 아들을 낳으면 잔치는 더욱 성대했고, 초대받은 사람들 역시 축하의 의미를 더했다. 그런데 축하연에서 종종 '농장' '농와'의 전고典故를 제대로 알지 못하여 한바탕 웃음을 자아내는 일도 있었다. 『구당서舊唐書』에 이와 관련한 기록이 전한다. 재상 이임보李林甫의 이야기인데, 이임보의 처남인 강도姜度가 득남하여 한 달이 되는 날 문무백관이 모두 와서 축하를 했고 이임보도 친필로 축사를 써서 사람을 시켜 보냈다. 재상인 매형이 축하 서신을 보내자 강도는 황급히 그것을 받아들고 보다가 순간 미간을 찌푸리며 그 자리에 얼은 듯했다. 옆의 친구가 그 서신을 건네받아 보니 위에는 "그대에게 '농장弄璋'의 경사가 있다고 들었소"라고 적혀 있었

44 아이가 태어난 지 3일 혹은 한 달 되는 날에 친지들을 초대하여 축하연을 하는데, 밀전병이나 면 요리를 우선 상에 올리므로 '탕병연'이라 한다.

다. 그 친구는 실소를 금치 못했다. '장麞'은 머리가 작고 뾰족한 노루나. '노루 머리麞頭'는 '쥐의 눈鼠目'과 함께 '장두서목麞頭鼠目'이 라 하여 용모가 추악하고 마음이 교활한 것을 가리킨다. 그러니 "농장의 경사"란 아이가 커서 노루와 같이 외모와 마음이 추한 사람이 되기를 바란다는 의미다. 강도가 화내지 않을 수 없고 하 객이 웃지 않을 수 없는 일이다. 재상이라는 지위에까지 오른 사 람이 이와 같은 실수를 범했다는 것이 놀랍다. 이 일이 있은 후 사람들은 '농장 재상弄麞宰相'이라는 말로 학식과 교양 없는 세도 가들을 비웃고 또한 기본 소양도 갖추지 못했으면서 온갖 패악은 다 저지르는 그들을 비난했다. 소동파는 또 이 일을 시에 전고로 썼는데, 해학이 넘친다. 그의 「진술고의 아우 진장이 득남한 것을 축하하며賀陳述古弟章生子」의 한 대목이다.

왕성한 서기瑞氣가

밤사이 문설주에 가득 차나 했는데   鬱葱佳氣夜充閭

서 사또의 두 번째 아드님을 얻는

경사가 있으려 했구나[45]   始見徐卿第二雛

탕병연 하객으로 가고픈 마음이야 그지없으나   剩欲去爲湯餅客

'농장'으로 잘못 쓸까 하여 걱정이 앞선다   惟愁錯寫弄麞書

---

45 두보杜甫, 「서경이자가徐卿二子歌」의 전고를 썼다. 서 사또徐卿가 누구인지 확실하지 않
   으나 일반적으로 당시 서천병마사西川兵馬使인 서지도徐知道가 아닐까 추정한다. 두보
   가 그 집안의 두 아들이 모두 출중한 것을 보고 지은 시다.

이 시를 받아 든 사람은 분명 아주 기뻐했을 것이다. 이임보의 재미있는 일화를 빌려 써서 그의 귀공자 탄생을 축하하는 동시에 웃음도 함께 전했으니 말이다. 소동파는 이렇게 이임보를 풍자하는 전고를 참신하게 써서 보는 이를 웃음 짓게 했다.

'농와'에 대해서도 재미있는 이야기가 있다.

당송팔대가의 한 사람인 소순蘇洵은 26세 때 부인이 둘째를 낳았는데 두 번째도 딸이었다. 한 달이 되어 소순은 절친한 벗 유기劉驥를 집으로 초대해 주연을 열었다. 유기는 만취하여 정신이 몽롱한 가운데 「농와弄瓦」라는 시를 썼다.

지난해 '농와'의 경사로 초대를 받고	去歲相邀因弄瓦
올해도 '농와'로 다시 초대를 받으니	今年弄瓦又相邀
이리 농하고 저리 농해도 여전히 '농와'라	弄去弄來還弄瓦
부인께선 혹여 기와 가마가 아니시온지	令正莫非一瓦窯

소순의 아내가 둘째도 딸을 낳자 그의 부인은 혹시 전문적으로 '기와瓦'를 굽는 '와요瓦窯'는 아닌지 농을 한 것이다.

소설가 장아이링張愛玲의 작품에서도 자주 『시경』을 운용하여 쓴 것을 볼 수 있는데, 그 가운데 단편소설 「유리와琉璃瓦」라는 작품은 바로 「소아·사간」 편에서 나온 '농와'에서 편명을 취한 것이다. 이 소설에서 요姚 선생에게는 딸이 일곱 있는데 하나같이 미모가 출중하다. 주위 친구들이 '농와'를 써서 요 선생을 놀려 그

부인을 '와요'라 하자, 요 선생은 겸연쩍은 듯 미소를 지으며 우리 집 기와는 보통 기와와 비교할 수 없는 아름다운 '유리와'라고 말하는 대목이 있다.

'장'은 옥이고 '와'는 도기니 재질로만 보아도 그 가치를 함께 논할 수 없다. 「사간」에서는 여기에 덧붙여, "내생남자乃生男子, 재침지상載寢之牀", 사내아이가 나면 침상에 누이고, "내생여자乃生女子, 재침지지載寢之地", 계집아이가 나면 바닥에 누이며, "재의지상載衣之裳", 사내아이에게는 옷을 지어 잘 차려 입히고, "재의지석載衣之裼", 계집아이에게는 옷 없이 그냥 포대기에 싼다고 했다. 남존여비가 당시에는 보편적인 관념이었음을 볼 수 있다.

인류사회의 발전 측면에서 보면, 원시사회 초기인 모계 씨족사회의 경우, 음식물의 공급은 주로 부녀자의 채집과 재배에 의지했고 남자들은 수렵을 담당했는데, 수렵의 기술과 도구가 아직 초보적인 단계여서 포획이 일정치 않았으므로 당시에는 여성이 생활 수요물자의 주요 공급자였기 때문에 여존남비의 사회였다. 나중에 수렵의 도구와 기술이 빌딜함에 따라 포획량이 점점 많아지고, 그러다가 잉여의 포획물은 가축으로 기르게 되었다. 남자들의 수렵 시간이 단축되면서 남자들은 농경과 목축에도 참여하기 시작하고, 건장한 체력을 바탕으로 점점 생산 활동의 주도적 지위를 차지하게 되었다. 이로부터 남성이 여성보다 우위라는 사회적 관념이 형성되었다. 남성 중심의 사회가 자리를 잡으면서 군사와 정치 활동 모두 남성이 주도했고 여성의 사회적 지위는 점점 약해졌다. 여성들에게는 참정권이 없을 뿐만 아니라 심지어 "똑똑한 장부는 나라를 이루고, 똑똑한 여자는 나라를 망친다哲夫成城, 哲婦 傾城"(「대아·첨앙瞻卬」)는 식으로 단정하기에 이르렀다. 오로지 남성만이 나라를 위해 공훈을 세울 수 있고 여자가 참정하는 것은 패가망신할 뿐이라고 하니, 똑같이 똑똑하고 유능하다해도 성별이 다르다는 이유로 전혀 다른 평가가 내려졌음을 볼 수 있다. 이렇게 『시경』의 시대에 사회·정치무대는 남성에 속하는 것이지 여성에게는 허용되지 않았고 여성의 활동 범위는 가정이라는 작은 울타리 안에 제한되었다.

'남존여비'라는 말은 『열자列子』 「천서天瑞」 편에 나온다. "남녀가 구별되니 남자는 존귀하고 여자는 비천하다男女之別, 男尊女卑"라고 했다. 열자는 전해진 바에 따르면 전국 시기 사상가로 노자·장자와 함께 도가 사상의 중요한 인물로 일컬어진다. 『열자』의 내용을 보면 전국 시기의 것이라고 볼 수 없는 부분이 있어 대개는 이 책이 한대에 편집되었을 것으로 추정한다. 이렇게 본다면 늦어도 한대에 이미 '남존여비'라는 표현이 형성되었다 할 수 있다. 그후 이 말은 전통시기 중국 사회에서 남성을 존중하고 여성을 경시하는 관념에 대한 가장 간명한 표현이 되었다. 특히 봉건 예교가 갈수록 엄격해지는 송대 이후에는 더욱 그러하다.

『시경』의 시대는 이미 성숙한 가부장제 사회에 해당한다. 사회적 권리와 지위의 승계는 혈연관계의 적장자가 했으므로 역시 남성이 중심이 된다. 그러므로 『시경』에 반영된 남녀의 만남과 결혼에서 남존여비의 관념이 분명하게 드러나는 것은 이상한 일이 아닙니다.

우선, 『시경』의 시대는 부권제父權制 사회였다. 중국 전통문화에서 남녀의 활동 범위는 분명하게 구분되어 정해져 있다. 여성은 안을, 남성은 밖을 주관했다. 『주역周易』 '가인家人' 괘에서는 "여자는 안에서 바른 위치가 있고, 남자는 밖에서 바른 위치가 있다女正位乎內, 男正位乎外"고 했고, 또 『예기』 「내칙內則」에서는 "남자는 안의 일을 말하지 않고, 여자는 밖의 일을 말하지 않는다男不言內, 女不言外"고 했다. 문화적 측면에서 보았을 때, 전통시기 중국의 여성들은 남성들 세계에서 하나의 부속품으로 종속될 수밖에 없었다. 『시경』의 시대에 남성 중심의 사회가 이미 형성되었는데, 종법宗法 · 예교禮敎가 봉건 사회의 중 · 후기에서만큼 엄격하지는 않았으나, 여성에게 독립적인 경제적 지위가 없었기 때문에 결혼한 다음 남성의 부속품이 되는 것은 이미 당시 사회의 보편적 현상이었다. 사회적 약자인 여성에게 결혼은 유일한 의지였고 출구였다. 이런 상황에서 부부 사이에 균열이 생기면 크게 타격을 입는 쪽은 주로 여성이었다. 남편에게 버림받으면 생활은 매우 비참했다. 「왕풍王風 · 중곡유퇴中谷有蓷」 편은 버림받은 여자의 원망을 담은 노래다.

산골짜기 익모초야, 말라 시들었구나   中谷有蓷, 暵其乾矣
남편과 헤어진 여자는, 그저 한숨이구나   有女仳離, 嘅其嘆矣
그저 한숨이구나,

사람을 잘못 만나 고생이구나	嘅其嘆矣, 遇人之艱難矣
산골짜기 익모초야, 말라 축 늘어졌구나	中谷有蓷, 暵其脩矣
남편과 헤어진 여자는, 긴 신음이구나	有女仳離, 條其歗矣
긴 신음이구나,	
사람을 잘못 만나 불행하구나	條其歗矣, 遇人之不淑矣
산골짜기 익모초야, 말라 짓물렀구나	中谷有蓷, 暵其濕矣
남편과 헤어진 여자는, 흐느껴 우는구나	有女仳離, 啜其泣矣
흐느껴 우는구나, 한탄한들 무슨 소용 있을까	啜其泣矣, 何嗟及矣

'몹쓸 남자에게 시집가다'라는 의미로 쓰는 '우인불숙遇人不淑'이라는 표현은 바로 위의 시에서 나왔다. "퇴蓷"는 익모초다. 산골짜기 햇빛에 '바싹 마른暵' 익모초를 써서 늙고 미색도 잃어버린 여자를 비유했다. 남자를 잘못 만나 버림받은 여자는 "개기탄의嘅其嘆矣", 한탄하고, "조기소의條其歗矣", 길게 신음하고, "철기읍의啜其泣矣", 흐느껴 운다. 여자의 깊은 통한은 그 고통의 깊이만큼이나 절절했을 지난 시절의 사랑을 역으로 보여주는 듯하다. 부권제 사회에서 버림받은 여자는 어떠한 반항조차 하지 못하고 오로지 혼자 탄식할 수밖에 없었다.

다음으로 종법·예교가 남녀의 결혼에 개입되기 시작했다. 남녀간의 소박하고 진실한 사랑이란 점점 사회 하층에 속하는 사람들에게만 해당되는 이야기가 되어갔다. 사회 상층부 사람들의 결혼에는 종법·예교의 영향력이 점점 커지고 있었는데, 이러한 변화 양상은 『시경』을 통해서도 확인할 수 있다. 주대周代를 보면 사회 하층부에 비하여 상층부의 연애와 결혼은 매우 자유롭지 못했다. 사회적 신분과 지위 때문에 매사에 예의를 따져야 했고, 특히 귀족 여성은 결혼할 때 마치 바둑알처럼 다른 사람의 뜻에 따라 거처가 결정되는 경우가 대부분이었다. 예를 들어 허목 부인許穆夫人을 보면, 그녀는 당시의 정세를 정확하게 파악하고 있었기 때문에 결혼 대상을 생각할 때 자신의 감정은 아예 접어두고 오직 나라의 안위만을 고려하여 실력자에게 시집가길 희망했다. 그녀는 춘추오패의 하나인 제나라 환공桓公에게 시집가기를 원했으나, 그녀의 의견은 받아들여지지 않았고 결국 부친의 뜻에 따라 작은 나라 제후 허목공許穆公에게 시집갔다.

결혼한 여성은 자신의 권익을 보호할 수 없었다. 『시경』에는 10여 수의 '버림받은 여자棄婦'와 관련한 시가 있는데, 예를 들어 「위풍·맹」 「패풍邶風·곡풍谷風」 「왕풍·중곡유퇴」 「진풍陳風·묘문廟門」 등이다. 이들 시의 내용 전개는 거의 비슷하여 하나의 정형화된 격식을 이룬다. 대체로 여자의 순정과 남자의 배반, 버림받은 여자의 탄식으로 이어진다. 모두 전통시기 중국 여성의 불행과 굴욕을 보여주고 있다. 일반적으로 말해서 남녀 간의 만남에서 남자에게서는 재능을 보고 여자에게서는 용모를 보는 것은 하나의 공식과 같이 되었다. 옛사람들은 천생연분이라고 두 사람의 결합을 축하할 때마다 예외 없이 '남자는 재능이 뛰어나고 여자는 용모가 빼어나다郎才女貌'고 말했다. 그러나 이러한 공식은 실로 불공평하다. 시간이 흐름에 따라 재능은 감퇴할 리 없을 뿐 아니라 오히려 갈수록 증진할 수 있지만 용모는 퇴색할 수밖에 없다. 결국 남녀 간의 격차는 갈수록 커지고, 그 격차를 참지 못하는 남자는 종종 핑계를 대서 성실하고 선량한 아내를 버리고 다른 미모를 찾게 된다. 『시경』에는 이로 인하여 탄식했던 많은 여인이 등장하는데, 그 가운데 대표적인 경우가 「위풍·맹」의 주인공이다. 처음 남편을 만났을 때, 남편의 적극적인 구애에 그를 받아들였다. 남편이 결혼을 서둘렀으나 여자는 경솔하게 행동하지 않고 좋은 '중매'를 통해서 격식에 따라 혼사를 진행할 것을 남편에게 권하여 중매를 청하고 점을 쳐서 길조를 얻은 다음에야 그에게 시집을 갔다. 그렇게 신중하고 엄격하게 혼례를 진행하여 결혼했고 결혼 후에 온갖 어려움을 견디며 성실하게 집안을 꾸려나갔는데, 결과는 남편의 사랑도, 친구들의 이해도, 생활의 즐거움도 얻지 못하고 오히려 남편의 학대를 겪어야 했다. 그녀의 비참한 생활에 대해 주위 사람들은 동정하기는커녕 오히려 손가락질하며 비웃어서 혼자 모든 것을 감내해야 했다. 생각해보면 이러한 비극은 결국 남존여비의 불평등한 혼인 제도에서 비롯된 것이다. 여자가 버림을 받았던 것은 근본적인 측면에서 말하자면 결국은 사회적 지위가 낮아서 비롯된 일이다. 남권 사회에서 여성은 권리를 박탈당하고 사회와 가정의 부속품으로 전락한다. 이렇게 본다면 버림받는 여성의 문제는 단순히 하나의 불행한 개인사로 치부될 수 없을 것이다. 이는 당시의 보편적인 사회 문제라 할 수 있고, 또한 당시 사회를 이해하는 데 있어 하나의 단서가 될 수 있다.

후한의 반소班昭는 중국 최초의 여성 역사가로서 일찍이 『한서漢書』의 한 부분을 맡아 썼다. 그녀는 70여 세에 『여계女誡』라는 책을 써냈다. 이 책은 원래는 반씨 집안 여자들을 가르치는 교과서 같은 것이었는데, 예상치 못하게 도성의 세도가들이 다투어 베껴 얼마 지나지 않아 전국으로 퍼져 유행하게 되었다. 이 책의 「비약卑弱」 편에서 반소는 『시경』을 인용하여 "사내아이를 낳으면 '농장'이라 하고, 계집아이를 낳으면 '농와'라 한다生男曰弄璋, 生女曰弄瓦"라고 하며 여성은 반드시 "늦게 자고 일찍 일어나 밤낮을 가리지 않고晚寢早作, 勿憚夙夜" 집안을 돌보아야 본분을 다할 수 있다고 했다. 「부부夫婦」 편에서는 남편은 하늘보다 높으므로 삼가 조심하여 받들어야 한다고 했고, 「전심專心」 편에서는 "정숙한 여자는 두 남자에게 시집을 가지 않는다貞女不嫁二夫"고 강조하며, 남편은 재취할 수 있어도 여자는 결코 재가할 수 없다고 했다. 또 「곡종曲從」 편에서는 여자는 시부모를 잘 모셔야 하고 어떤 어려움도 참고 견뎌야 하며 모든 것을 순종하고 인내해야 한다고 가르쳤다. 「부행婦行」 편에서는 여성의 사덕四德, 즉 네 가지 행위 표준인 마음씨德, 말씨言, 맵시容, 솜씨工의 규범을 제시했다. 이상과 같이 『여계』는 남존여비의 관념과 남편은 아내의 강령이라는 도리와 '삼종사덕三從四德'의 규범을 체계적으로 밝혔다. 이후 남존여비의 관념은 점점 더 사회 깊이 뿌리를 내리게 되고 사고방식이나 실제 생활 각 방면에 광범위하게 반영되어 여성들에게 무거운 압박과 고통을 지웠다. 『여계』는 역대 유학자와 봉건 통치자들이 매우 중시했고, 반소 또한 이로 인해 '여 성인女聖人'의 지위로 받들어졌다. 그리고 이후 2000여 년에 달하는 동안 중국 사회에 지대한 영향을 미쳤다.

시가에서 '버림받은 여자' 형상의 형성은 문학적 현상이기 이전에 사회적 현상이다. 전통시기 남성 중심의 사회에서 보편적으로 보이는 사회 현상이었다. 『시경』 속의 불행한 여자들로부터 위진남북조 민가 「공작동남비孔雀東南飛」에서의 유란지劉蘭芷, 다시 송대의 당완唐婉에 이르기까지 이들은 '버림받은 여자' 형상의 전형으로서 중국 고전문학에서 하나의 문화적 계보를 이루므로 주목할 만하다.

그리고 한 가지 더 덧붙이자면 가족 내의 종적인 엄격한 위계질서 또한 주요한 요소로 작용했다. 예컨대 부모와의 갈등 때문에 부모의 말을 거역할 수 없어서 원치 않게 아내를 버려야 하는 경우도 적지 않았다. 「공작동남비」에서 유란지의 남편 초중경焦仲卿이나, 당완과의 애절한 사랑으로 유명한 육유陸游의 경우가 대표적이다. 초중경은 모친의 명을 거역할 수도 없고 또 자신이 사랑하는 아내를 버릴 수도 없어 결국은 스스로 목을 매어 죽음으로써 모친에 대항했다. 하나의 기현상이라고도 할 수 있을 텐데, 여자는 원래 집안에서 발언권이 없는데, 일단 아들을 낳고 어머니가 되면 무시할 수 없는 강한 권력을 지니는 것을 종종 볼 수 있다. 『홍루몽』을 보아도 말의 영향력이 가장 큰 사람 가운데 하나가 가보옥의 노모다. 왜 이런 현상이 생기는 것일까? 이는 '효孝'의 작용이라 할 수 있을 것이다. 여자가 어머니가 되면 '효도' 체계에 편입된다. 자식이 부모의 말을 거역하는 것은 곧 불효를 의미했고, 불효는 전통사회에서 인품에 대한 가장 강력한 부정어였다. 그러니 어머니가 아들의 결혼을 마음대로 간섭해도 아들은 무조건 받아들일 수밖에 없었다. 육유는 그의 아내 당완을 지극히 사랑했으나, 어머니가 며느리를 마음에 들어 하지 않아 그녀를 버리고 평생 가슴앓이를 할 수밖에 없었다.

또 다른 측면에서 보자면, 전통시기 여성의 불행한 삶은 여성의 경제적 지위와 밀접한 관련이 있다. 선천적으로 체력이나 힘에서 남성에 열세인 여성은 경제적으로 줄곧 남성에 의지해야 했다. 이브가 아담의 늑골이었던 것처럼 전통시기 여성은 대부분 가족의 생산과 노동의 도구였다. 여자들은 자신의 일생의 행복을 남자에게 맡겨야 했는데 경제적 지위로 인해 그럴 수밖에 없었다. 한 여자가 자신의 일생을 한 남자에게 맡기면 행복은 그에게 달려 있다. 만약에 여자에게 독립된 경세적 지위가 있다면 사랑과 결혼에서 보다 독립적이고 자주적인 권리가 있을 것이고, 삶의 행복과 불행이 배신과 버림을 당하는지 아닌지의 여부에 따라 결정되지는 않을 것이다. 역사적으로 경제적 능력을 지녔던 여성은 거의 찾아보기 힘든데, 그렇다고 전무한 것은 아니다. 『사기』「화식열전貨食列傳」에 경제적 수완이 탁월했던 한 여자의 이야기를 전한다. 진대秦代 파촉巴蜀 지역에 청淸이라는 과부가 있었는데, 그 남편은 일찍이 수은 채광으로 대대로 부를 쌓은 집안이었다. 그녀가 시집가서 얼마 되지 않아 남편은 젊은 나이에 세상을 떠나고, 과부가 된 청은 세상의 시선을 의식하지 않고 남편이 남긴 사업을 이어받아 운영하여 상당한 성과를 올렸다. 이에 진시황은 그녀를 높이 평가하여 '정녀貞女'라 칭하고, '여회청대女懷淸臺'를 세워 주었다. 오늘날로 말하자면 그녀는 성공한 '여성사업가'다. 진시황이 표창한 여성은 그녀가 유일하다. 사마천은 그 일을 평가하여 "청은 시골 과부에 지나지 않았는데 제후에 버금가는 대우를 받으며 이름을 천하에 떨쳤으니 이는 어찌 재력 때문이 아니겠는가"[46]라고 했다. 이 이야기는 여자로서 인격의 자존과 독립을 지키는 데 있어 경제적인 독립·자주권이 중요하다는 것을 보여준다.

근대에 이르러 계몽사상과 민주주의 사상이 받아들여짐에 따라 남존여비의 사상적 족쇄가 점차적으로 깨졌다. 하지만 '농장' '농와'의 습속은 아직도 민간에 행해지고 있다. 어느 지방에서는 남자아이가 태어나면 '대희大喜'라 하고 여자아이가 나면 '소희小喜'라 한다고 한다. 루쉰 선생은 일찍이 이러한 '농장' '농와'가 상징하는 남존여비의 관념에 대해 폭로하고 비판한 바 있다. 오랫동안 고대 사회로부터 전해 온 '농장' '농와'의 습속은 근대 중국이 건립된 이후에야 바뀌어 이제 이 말은 낯설게 되었다.

---

46 "淸窮鄕寡婦, 禮抗萬乘, 名顯天下, 豈非以富邪?"

어찌 물고기가
황허의 잉어뿐이랴

: 물고기 :

수수께끼를 하나 내겠다. 이것은 명대 풍몽룡의 「황산미黃山謎」
에서 나온 말이다. "동물인데, 걸어가도 가고, 서 있어도 가고, 앉
아 있어도 가고, 누워 있어도 간다." 즉 이 동물은 가거나, 서 있거
나 앉거나 누워 잠을 자거나 간에 가고 있다고 한다. 도대체 어떤
동물이 이렇게 특이할까? 정답은 바로 물고기다.

『시경』에는 많은 선진 시기의 풍속이 기록되어 있다. 오래 전
풍속은 이미 사라지고 전해지지 않는 것이 많은데, 예컨대 상사
절上巳節의 경우 송대 이후 예교가 엄격해지면서 자유롭게 연인을
찾는 이 날의 풍속은 점점 행해지지 않게 되었다. 그래도 오늘날
까지 전해져 중국 민속 문화의 중요한 부분을 차지하는 풍속도

있다. 중국에서는 매년 음력설을 쇨 때마다 온 가족이 한자리에 모여 기쁨을 나누는데, 이때 반드시 준비해야 하는 요리 가운데 하나가 물고기다. 그런데 이 음식을 먹을 때는 아주 오래전부터 지켜온 관습이 있다. 바로 물고기를 다 먹지 않고 남겨둔다는 것이다. 이렇게 하는 것은 물고기의 상징적 의미 때문이다. 물고기의 독음인 '어魚'는 '남다, 넉넉하다'라는 의미를 지닌 '여餘'와 발음이 비슷하여 물고기는 '여유' 내지는 '풍요'를 나타냈다. 그러므로 물고기를 남기는 것은 '언제나 넉넉하고 여유 있기를年年有餘' 바라는 기원인 것이다. 또 새해를 축하하는 그림 가운데 일반 가정에서 가장 많이 붙이는 그림 중 하나가 통통한 아이가 잉어를 안고 있는 그림이다.

『시경』에서 '어魚'나 물고기 이름이 나온 것은 대략 30여 차례 되는데, 구체적으로 명칭을 말한 것만 해도 20여 종에 달한다. 지금도 그렇지만 당시에도 물고기 요리는 연회에 빠지지 않고 등장하는 요리 가운데 하나였다.「소아·남유가어南有嘉魚」에는 다음과 같은 구절이 있다.

남방에는 살진 고기가, 통발마다 펄쩍펄쩍　　南有嘉魚, 烝然罩罩
군자는 좋은 술로, 손님 맞아 시끌벅적　　君子有酒, 嘉賓式燕以樂

이 시는 귀족이 연회를 열어 빈객을 접대하는 내용을 읊었는데, 당시 연회에서 없어서는 안 되는 것이 물고기와 술이었다. 첫 구에서 "남유가어南有嘉魚"라 하여, 남방에 풍미가 좋은 물고기가 많이 있나고 말하고, 이어 "증연조조烝然罩罩"라 하여, 통발마다 물고기가 가득하다고 했다. 잡은 고기가 많으면 잔칫상은 필시 풍성할 것이고, 여기에 좋은 술을 더하니 손님들은 마음껏 즐길 수 있었다. 물고기는 부귀한 생활의 표지다. 부귀한 생활의 표지인 물고기가 예의와 연결되거나, '군자'의 신분과 연결되면 물고기의 품격도 더욱 격상된다.

물고기가 지니는 문화적 의미의 기원은 신석기시대까지 거슬러 올라간다. 신석기시대 초기의 채도彩陶에서 이미 물고기 문양이 등장하기 시작한다. 1950년대 시안 반포촌半坡村에서 지금으로부터 7000여 년 전의 것으로 추정되는 사람 얼굴을 한 물고기 문양의 채도가 출토되었다. 이는 물고기와 인간의 관계와 관련해서 지금까지 알려진 것 가운데 가장 이른 기록이다. 이 도기에는 사람 얼굴의 입 양쪽으로 변형된 물고기 문양이 새겨져 있는데, 물고기의 머리와 사람의 입 윤곽이 겹쳐져 있고, 여기에다 사람의 귀 양쪽에는 각각 한 마리씩 두 마리 물고기가 마주 보도록 새겨져, 사람과 물고기가 합체된 기이한 모습을 하고 있다. 또 일찍이 3000여 년 이전의 상대 갑골문에도 물고기 '어魚'의 상형문자가 보인다. 그리고 한자에서 '어魚'를 편방으로 하는 글자가 매우 많은데, 통계에 따르면 『설문해자』에는 132개가 있고, 청대 『강희자전康熙字典』에는 632개, 오늘날 '국제기호 글꼴'에는 모두 1075개의 '어魚' 편방 한자가 수록되어 있다. 상전벽해라 했듯, 세상은 많이 바뀌었으나, 중국인의 물고기에 대한 편애는 수천 년이 지나도록 변함이 없는 것 같다. 물고기는 문학 속에 항상 등장하는 소재일 뿐 아니라 민간 풍속에서도 언제나 상서로운 상징이었다. 기나긴 역사를 거쳐 오며 많은 역사적 인물이 물고기와 특별한 인연을 맺은 것을 찾아볼 수 있다. 공자의 아들이 출생했을 때, 노나라 군주는 잉어를 보내 축하했는데, 공자는 이에 아들의 이름을 잉어라는 뜻으로 '공리孔鯉'라 짓고 자를 '백어白魚'라 하여 기념했다. 맹자 또한 사람의 목숨과 예의, 두 가지 중 한 가지만을 택해야 한다면 "목숨을 버리고 의를 택하겠다捨生取義"라고 하며 덧붙여 "물고기와 곰발바닥과 같은 진미를 모두 갖출 수는 없다魚與熊掌不可兼得"고 탄식한 바 있다. 또 강태공의 일화는 "강태공의 곧은 낚시 바늘에도 원하는 자는 스스로 걸려든다姜太公釣魚, 願者上鉤"는 성어를 남겼다. 중국의 민간 풍습을 보면 새해를 축하하는 그림에는 늘 물고기가 들어가고, 손님을 대접할 때나 설을 쉴 때는 물고기를 먹으며 해마다 풍요롭기를 기원한다. 또 '물고기와 물처럼 정이 깊다魚水情深'는 비유로 화목한 관계를 나타내고, 『장자』의 '상유이말相濡以沫(샘이 마르자 물고기들이 침으로 서로를 적셔주다)' 고사는 곤경 속에서 서로를 의지하고 돕는다는 의미다. 또 잉어가 황허의 협곡 '용문龍門'을 뛰어 넘는다는 말로 급제하여 출세한다는 것을 비유한다. 이렇게 중국인은 물고기를 기르고, 먹고, 감상하고, 비유로 쓰면서 물고기에 풍부한 문화적 의미를 부여하여 독특한 물고기 문화를 형성했다.

중국에서 물고기를 기른 역사는 매우 오래되었다. 현존하는 가장 이른 기록은 상대 은허 유적에서 출토된 갑골문이다. 갑골문 하나에 "어장에서 물고기를 잡는다在圃魚"라고 새겨진 것을 보면 당시에 이미 어류의 자연양식이 행해졌음을 알 수 있다. 『시경』의 시대, 즉 서주·춘추 시기에 중국은 이미 농경사회로 접어들어 농업생산이 상당히 발전했으며, 동시에 물고기를 삽거나 기르는 방법에도 장족의 발전이 있었다. 「대아·영대靈臺」편은 주 문왕이 백성과 함께 즐거움을 나누는 것을 예찬한 노래인데, 그중 한 구절을 보면 "왕께서 영소에 이르시니, 아! 연못 가득 뛰는 물고기王在靈沼, 於牣魚躍"라고 읊었다. "영소靈沼"는 문왕이 물고기를 기르던 연못이다. 또 물고기는 풍미가 좋아 주대 사람들은 제사를 올릴 때 늘 물고기를 썼다. 「주송·잠潛」편에는 좋은 물고기를 조상과 신령께 바쳐 복을 기원한다는 내용이 있다.

> 에헤야! 칠수와 저수, 어장에는 물고기도 많구나 猗與漆沮, 潛有多魚
> 전어에 청새치에, 피라미, 자가사리, 메기, 잉어 有鱣有鮪, 鰷鱨鰋鯉
> 잡아다 제사를 올리며, 큰 복 내리십사 비나이다 以享以祀, 以介景福

첫 구절 "의여칠저猗與漆沮, 잠유다어潛有多魚"에서 칠수와 저수의 물고기를 기르는 어장에는 수많은 물고기가 가득하다 말하고, 이어서 전鱣, 유鮪, 조鰷, 상鱨, 언鰋, 이鯉 등 물고기를 들었는데, 모두 매우 귀한 물고기들이다. 다음 구 "이향이사以享以祀, 이개경복以介

賜福"에서 물고기를 길러 제사에 올려 주 왕실과 백성에 큰 복을 내리기를 기원한다 했다. 물고기를 기르는 일은 당시에 왕실뿐만 아니라 민간에서도 꽤 유행했던 것 같다. 춘추 시기 월나라 대부 범려范蠡는 월왕 구천勾踐을 도와 오나라에 승리한 뒤 물러나 서시西施를 데리고 태호太湖에 배를 띄우고 태호 물가에서 물고기를 기르며 전적으로 양어를 다룬 『양어경養魚經』을 썼다고 한다. 이는 중국 최초의 양어에 관한 저술이다. 책에서 "대나무를 심어 물고기를 기르면 천 배로 이롭다"는 주장을 펼쳤다고 전한다. 범려는 중국 역사상 손꼽히는 부호다. 일찍이 제나라에서 그를 재상으로 모시려 했으나 이를 사양하고 도陶 지방으로 가서 이름을 주朱로 바꾸고 장사를 하여 많은 재산을 모았는데 사람들은 그를 '도주공陶朱公'이라 불렀다. 물고기를 기른 것 또한 그가 재산을 모은 비법의 하나였다. 『양어경』은 오래전에 실전되었으나 북위 가사협賈思勰의 『제민요술齊民要述』에 인용이 되어 있는데, 이를 통해 범려가 물고기를 길러 치부하게 된 대략의 상황을 짐작해볼 수 있다.

「소아·어리魚麗」편은 귀족의 연회를 읊었는데, 물고기의 풍미와 술과 음식의 성대함을 찬미했다.

통발에 걸린 물고기, 자가사리에 모래무지. 군자에게 술이 있지, 맛 좋은 술 그득하게 　　　　　　魚麗于罶, 鱨鯊. 君子有酒, 旨且多

통발에 걸린 물고기, 방어에 가물치. 군자에게 술이 있지, 그득하게 맛 좋은 술이 　　　　　　魚麗于罶, 魴鱧. 君子有酒, 多且旨

통발에 걸린 물고기, 메기에 잉어. 군자에게 술이 있지, 맛 좋은 술
이 있시　　　　　　　　　　　　魚麗于罶, 鱨鯉. 君子有酒, 旨且有
음식이 그득하니, 어와 좋구나　　　　物其多矣, 維其嘉矣
음식이 맛 좋으니, 어와 함께 드세나　　物其旨矣, 維其偕矣
음식이 있으니, 어와 때마침 잘 됐구나　物其有矣, 維其時矣

　시에서 상鱨, 사鯊, 방魴, 례鱧, 언鰋, 이鯉 여섯 가지 고기를 말했
는데, 주연의 성대함과 빈객에 대한 빠짐없는 대접 등의 상황이
구체적으로 드러난다. 화자는 물고기와 술을 두 축으로 하여 묘
사할 뿐 연회의 전체 모습에 대해서는 언급하지 않았다. 다만 많
은 종류의 물고기와 좋은 술을 부각시켜 상차림이 얼마나 풍성한
지, 연회의 사람들이 얼마나 질탕하게 마시며 즐겼는지를 암시했
다. 『시경』의 시대에 물고기를 이렇게 먹을 수 있는 사람은 분명
일반 백성이 아닐 것이다. 설사 오늘날의 기준으로 보아도 자가사
리, 모래무지, 방어, 가물치, 메기, 잉어와 같은 것을 다 차려 놓고
먹는 사람은 많지 않다. 거기다가 좋은 술까지 더한다니 이는 일
반 백성이 누릴 수 있는 호사가 아니다.

　여기에서 한 가지 주목할 것은 "어려魚麗"의 '여麗' 자다. 이는 원
래 아름다울 '여麗'이나 여기서는 아름답다는 의미가 아니라 '이
난罹難(재난을 당하다)'이라고 할 때의 '이罹'의 의미로 쓰인 것이
다. 그러므로 "어려우류魚麗于罶"는 물고기가 '통발罶'에 걸려들었다
는 뜻이다. '유罶'라는 도구에서 착안하여 보병 대형을 크게 원형

으로 둘러싸며 진행하는 진법인 '어리진魚麗陣'이라는 전술이 만들어지기도 했다. 『좌전』 환공桓公 5년의 기록에 따르면, '어리진'은 춘추 시기 정나라 장공莊公이 고안해낸 새로운 진법으로 통발로 물고기를 잡듯이 적군을 사전에 배치한 포위망으로 유인하여 섬멸하는 방법이다. 장공은 이 어리진을 써서 천자인 주 환왕桓王을 무찔러 당시의 정국을 각국 제후들의 세력 다툼의 장으로 접어들게 했다. 이로써 중국은 춘추오패 시대의 막을 열게 된다.

물고기를 먹는다는 것은 생활 수준을 나타내는 하나의 상징이 되었는데, 다음 「진풍陳風·형문衡門」에서 그러한 상황을 볼 수 있다.

오막살이 집이라도, 편히 쉴 수 있다네	衡門之下, 可以棲遲
샘물도 졸졸 흘러, 먹기에 족하다네	泌之洋洋, 可以樂飢
어찌 물고기가, 꼭 황허의 방어뿐이랴	豈其食魚, 必河之魴
어찌 아내를 맞는데, 꼭 제나라 강씨뿐이랴	豈其取妻, 必齊之姜
어찌 물고기가, 꼭 황허의 잉어뿐이랴	豈其食魚, 必河之鯉
어찌 아내를 맞는데, 꼭 송나라 자씨뿐이랴	豈其取妻, 必宋之子

"형문衡門"은 하나의 횡목으로 된 간단한 상인방을 말한다. 첫 구절에서는 이렇게 나무 하나 가로지른 허술한 집이라도 머물 만하고, 졸졸 흐르는 샘물로도 배를 채울 수 있다고 말했다. 이 구절로부터 '형문서지衡門棲遲'라는 말은 물질적으로 풍요롭지는 않으나 정신적인 유유자적의 즐거움을 추구하는 것을 의미하는 성

어로 쓰이게 되었다. '비수료기泌水樂飢'(여기서 락樂은 료療로 읽는다) 또한 안빈낙도를 의미하는 전고가 되었다. 다음에서 나오는 제나라 강姜씨 딸이나 송나라 자子씨 딸은 춘추 시기 유명한 미인들이다. 방어魴와 잉어鯉를 '제강齊姜'과 '송자宋子'와 함께 거론한 것을 보면, 당시 사람들, 특히 춘추 시기 진나라, 즉 오늘날 허난성 화이양淮陽 일대 사람들은 황허상의 잉어와 방어를 가장 풍미가 좋은 귀한 음식으로 여겼음을 알 수 있다.

『시경』 시대에 물고기를 잡는 방법에 대해서는 전문 연구가들이 고증해낸 바에 따르면 작살이나 그물, 통발 등을 썼다고 한다. 『시경』에서 혼인 때 후행後行으로 가거나, 신랑이 신부를 맞아 오는 것을 노래한 시들을 보면 거듭 물고기를 언급한 것을 볼 수 있는데, 예를 들어 다음의 「소남·하피농의何彼襛矣」와 같은 시다.

어찌 저리 고울까? 산앵도나무 꽃은	何彼襛矣, 唐棣之華
얼마나 기품 있는가? 공주님의 수레는	曷不肅雝, 王姬之車
어찌 저리 고울까? 복사꽃 자두꽃 같구나	何彼襛矣, 華如桃李
평왕의 손녀이시고, 제후의 아드님이로다	平王之孫, 齊侯之子
고기를 낚으려면 어떻게 하지?	
실을 꼬아 줄을 삼네	其釣維何, 維絲伊緡
제후의 아드님이시고, 평왕의 손녀시라네	齊侯之子, 平王之孫

이 시는 농염하게 자태를 뽐내는 산앵도나무 꽃으로 감흥을 일

으키며 시집가는 수레 행렬의 성대함을 묘사했다. 또한 "갈불숙옹葛不肅雝, 왕희지거王姬之車"라 하여 길에서 구경하는 사람의 말을 인용하는 수법으로 그 장중함을 더욱 생동감 있게 전달하고 있다. 그리고 시선은 다시 수레에 타고 있는 신부에게로 옮겨 가서 "하피농의何彼襛矣, 화여도리華如桃李", 신부가 복사꽃, 자두꽃 같이 아름답다 찬탄한다. 그러고 나서 갑자기 낚시질 이야기가 나오고(기조유하其釣維何, 유사이민維絲伊緡), 마지막 구에서 신부의 고귀한 신분을 다시 확인한다. 이렇게 시집가는 행렬을 예찬하다가 갑자기 낚시질을 언급하는데 그러면 결혼과 물고기는 무슨 관계가 있을까? 낚시질을 말한 다음에 산부의 고귀한 신분을 다시 강조한 것은 또 무슨 의미일까? 이는 춘추 시기에 성행했던 풍속과 관련이 있는데, 이 시기에는 낚시질로 정감이나 성애, 구혼을 암시했다. 한대의 학자 정현鄭玄은 이 풍속에 대해 익히 알고 있었기에 위의 시를 풀이할 때 낚시질로 구혼을 비유한 숨겨진 의미를 명확하게 짚어냈다.

물고기는 풍미가 좋을 뿐 아니라 허기를 충족시킬 수도 있고, 또한 번식능력도 강하다. 이러한 점은 사람들의 정욕을 만족시키고 생육의 사회적 수요를 만족시키는 결혼과 일맥상통하는 면이 있다. 『시경』에서 물고기를 언급한 시는 대개 결혼이나 연애와 관련된 시다. 그물로 물고기를 잡는 것으로 사랑하는 여인을 얻는 것을 비유하고, 그물이 찢어지는 것으로 아내를 잃는 것을, 명주실로 된 낚싯줄로 남녀의 결합이 견고하다는 것을 비유했다. 현대에도 '어수지환魚水之歡'이라 하여 남녀가 서로 사랑하는 관계를 물고기가 물을 만난 즐거움에 비유한 것이 있다. 이러한 측면에서 생각해보면 이 시에 담긴 의미도 비교적 쉽게 이해된다. '낚싯줄緡'의 튼튼함으로 결혼 생활이 견고하고 화목하기를 비유하여 축복한 것이고, 또 신부의 고귀한 신분은 아주 크고 귀한 물고기를 낚는 것과 같이 기쁜 일이라는 의미를 담고 있다. 낚시질로 구혼을 비유하는 것은 후대 문학 작품에서도 자주 보인다. 한대 악부시樂府詩 중 「백두음白頭吟」은 사마상여의 부인 탁문군이 썼다고 전해지는데, 그녀가 이 시를 쓴 원인은 『서경잡기西京雜記』에 의하면 사마상여가 무릉인茂陵人의 아가씨를 첩으로 삼으려 하자 탁문군이 이 시를 써서 반대했다고 한다. 시에서 "죽간은 어찌 그리 하늘하늘, 물고기 꼬리는 어찌 그리 흔들흔들. 사내대장부란 의리가 중하지, 금전이 무슨 소용 있으리오竹竿何裊裊, 魚尾何簁簁. 男兒重意氣, 何用錢刀爲"라 하여 죽간의 하늘하늘함과 물고기 꼬리의 움직임으로 남녀의 구애를 비유했는데, 이러한 비유 수법은 바로 『시경』으로부터 온 것임을 알 수 있다. 물고기로 사랑을 나타내는 것은 물고기와 물의 관계가 서로 떼어놓을 수 없는 것이기 때문이리라. 우리는 결혼을 축하하는 대련에서 물고기와 물처럼 영원히 화합한다는 의미인 '어수천년합魚水千年合'이라는 글귀를 자주 볼 수 있다. 연인이나 부부 간의 서로 떨어질 수 없는 관계는 바로 물과 물고기의 관계와 같다. 오늘날에는 이 비유의 적용 범위를 넓혀서 꼭 연인이나 부부가 아니더라도 쌍방의 관계가 융합이 잘 이루어지면 물고기와 물의 관계, 즉 '어수관계魚水關係'라고 말한다.

또한 물고기는 생식능력이 특히 왕성하여 매년 산란하는 수가 많다. 그래서 사람들은 물고기로 자손의 번성을 기원하거나 물고기로 백성이 많은 번창한 사회를 기원했다. 시안 반포촌에서 출토된 사람 얼굴과 물고기가 결합된 문양의 토기는 7000여 년 전 고대인의 물고기 토템숭배를 반영한다. 물고기 토템숭배는 씨족의 번성을 위해 물고기와 같은 왕성한 생식능력을 가질 수 있기를 기원하는 마음에서 비롯된 것이다.

세계의 다른 고대 민족을 보면, 물고기를 주요 식량으로 삼는 민족은 대부분 물고기를 풍요와 다산의 상징으로 받아들이고 있다. 신석기 시대부터 중국의 원시 인류는 물고기를 돌에 새기고 토기에 문양으로 넣으며 풍요와 다산을 기원했다. 이후에는 문양의 내용이 더욱 풍부해져서 물고기 외에 씨가 많은 연꽃이나 아이를 함께 써서, 잉어가 연꽃 사이를 노니는 모습을 그린다든지, 아이가 물고기를 안고 있는 그림, 잉어가 산란하는 것과 같은 도안들을 만들어 혼례나 출산 등을 축하하는 데 썼다.

그러나 사회문화가 끊임없이 변함에 따라, 물고기로 사랑을 상징하는 의미는 점점 난해한 역사 문헌 뒤로 사라져서 거의 자취를 감추게 되었다. 다행히 원이둬 선생이 1945년에 「설어說魚」라는 논문을 발표함으로써 민요나 고대 문헌에서 물고기가 '배필'이나 '연인'을 상징하는 은어임을 다시 밝혀냈는데, 이는 학계의 광범위한 지지를 얻은 바 있다. 예를 들어 「위풍衛風·석인碩人」 편에서 장강莊姜이 시집갈 때의 기쁨을 묘사한 "전유발발鱣鮪發發"이란 구절은 진어와 정새시 같은 냄스러운 큰 물고기가 어망에 잡혀 팔딱이는 소리가 귓전에 울리는 것을 묘사한 것이다. 이는 두 사람의 천생연분의 결혼을 축하하고 축복하는 의미를 담고 있다. 물고기를 잡으려면 어구를 써야 하는데, 좋은 어구는 많은 물고기를 잡을 수 있지만 어구가 망가지면 잡은 고기를 놓친다. 『시경』에는 이 점에 착안하여 망가진 어구로 여자가 외도하는 것을 비유한 시가 있다. 「제풍齊風·폐구敝笱」를 보자.

어살에 구멍 난 통발,
방어 환어가 멋대로 드나드오   敝笱在梁, 其魚魴鰥
제나라 공주 시집가는데,
따르는 남자가 구름 같소   齊子歸止, 其從如雲

"제자齊子"는 제나라 공주다. 전통 시경학에서는 제 양공襄公의 여동생 문강文姜을 가리킨다고 보았다. 문강에 관해서는 전해지는 이야기가 매우 많은데 상세한 내용은 다음에 다시 말하기로 하고 여기서는 일단 제나라의 공주 혹은 제나라의 여자로 보겠다. "폐구敝笱"는 해진 통발을 말한다. 그런데 해진 통발과 시집가는 여자가 무슨 관계가 있는지, 또 '방어魴'와 '환어鰥'가 왔다 갔다 하는 것은 무엇을 의미하는지, 이 구절의 해석을 놓고 역대로 의견이 분분했다. 이에 대해 원이더는 해진 통발은 바람난 여자를 상징한다고 보았다. 그리고 자유로이 드나드는 물고기는 그녀가 만나는 남자들을 의미한다고 풀이했다. 여자가 바람이 나면 원래는 부끄러워하거나 감추려 드는데, 이 시에서는 "제자귀지齊子歸止, 기종여운其從如雲", 시집갈 때 따르는 남자가 구름 같다고 읊었다. 뒤에 따르는 많은 남자를 거느리고 위풍당당하게 드러내놓고 바람을 피우는 모습이니, 이 여자는 예의나 수치를 모른다 할 수 있다. 만약 여기서 해진 통발의 상징적 의미를 모른다면 이 시의 이면에 담긴 신랄한 풍자적 의미를 파악할 수 없을 것이다.

그물을 펼쳐 물고기를 잡으려 할 때 그물에는 무엇이든 걸려들 수 있다. 자기가 좋아하는 살 오른 큰 물고기를 잡을 수도 있고 싫어하는 것, 예컨대 두꺼비 같은 것이 걸려들 수도 있다. 남녀의 결혼도 이와 같아 군자와 숙녀의 금슬과 같은 결합이 있을 수도 있고 사람을 잘못 만나는 비극이 발생할 수도 있다. 「패풍邶風·신대新臺」 편은 잘못된 결혼을 풍자하여 마지막 장에서 다음과 같이 읊었다.

고기 그물을 쳤는데, 큰 두꺼비가 걸렸소   魚網之設, 鴻則離之
고운 님을 구했건만, 이 흉물이 걸렸소   燕婉之求, 得此戚施

"어망지설魚網之設, 홍즉이지鴻則離之", 물고기를 잡으려고 그물을 쳤는데, 생각지도 못하게 두꺼비가 걸려들었다고 한 첫 구절은 그 다음 구절 젊고 잘생긴 공자에게 시집가고자 했는데 결국 늙고 추한 사람과 결혼하게 되었다는 의미를 비유적으로 나타낸 것이다.

『맹자』에서 "식욕과 성욕은 사람의 타고난 본성"이라고 했다. 이 관점에서 『시경』의 물고기 이미지를 다시 보면 식욕과 성욕이라는 사람의 본성이 아주 절묘하게 물고기의 상징적 의미와 결합되어 있는 것을 알 수 있다. 아마도 그렇기 때문에 『시경』의 노래들이 물고기를 즐겨 취하여 불렀던 것은 아닐까.

물고기와 관련하여 또 다른 측면에서 낚시에 대해 잠깐 살펴보자. 「위풍衛風·죽간竹竿」 편의 첫 구절은 다음과 같다. "길고 긴 낚싯대로, 기수에서 낚시하네籊籊竹竿, 以釣于淇." 여기서 "적적籊籊"은 가늘고 긴 것을 말한다. "기淇"는 황허강 중류의 한 지류인 기수淇水다. 지금의 허난성 북부에 위치한다. 이 대목으로부터 춘추전국 시기에 사람들은 가늘고 긴 대나무를 이용하여 낚시를 했음을 알 수 있다. 낚시의 역사는 그 이전으로 거슬러 올라간다. 허난성 정저우鄭州 다허촌大河村 유적과 시안 반포촌 앙소문화仰韶文化 유적에서 모두 뼈로 만든 낚싯바늘이 발견되었는데, 지금으로부터 6000여 년 전의 것으로 추정되며, 이는 현재 발견된 낚싯바늘 가운데 가장 이른 것이다.

사람들은 물고기를 잡고, 먹고, 제사를 올리는 등 생산하고 생활하면서 물고기에 풍부하고 다채로운 문화적 의미를 부여했다. 물고기는 민간에서 상서로운 생물로 여겨졌는데 이는 '어魚'의 발음이 넉넉하다는 의미의 글자 '여餘'와 비슷하기 때문임은 앞서 말했다. 넉넉하고 안락한 생활을 바라는 마음을 물고기에 담은 것이다. 전통의 도안 가운데 '연년대길年年大吉' 도안에는 두 마리의 메기와 귤이 여럿 그려져 있는데, 메기를 뜻하는 '염鯰'의 발음이 '연年'과 비슷하고, '귤橘'의 발음은 또 '길吉'과 비슷하여 이로써 언제나 모든 일이 뜻하는 바대로 길하게 되라는 소망을 나타냈다. 또 '쌍어부귀雙魚富貴' 도안은 두 마리 잉어와 활짝 핀 모란을 조합하여 그리는데, 이들의 생기 왕성함이 행복과 번창을 가져오기를 기원한다. '쌍어희주雙魚戲珠' 도안은 두 마리 물고기와 구슬과 물보라로 이루어져 있는데, 구슬은 재물을 상징하고 물보라는 재복이 밀려드는 것을 비유한다. 이 도안은 주로 상업에 종사하는 사람들이 즐겨 찾는다. 이 그림을 상점에 걸어 장사가 잘되어 부를 쌓을 수 있기를 기원한다. '어약용문魚躍龍門' 도안은 잉어와 용문과 물보라가 조합되어 있다. 전설에 따르면 매년 봄 황허의 잉어가 물길을 거슬러 올라와 용문산 아래에서 노닐다 용문으로 뛰어 오르는데, 용문을 뛰어 넘은 잉어는 용이 되고 그렇지 못한 잉어는 그대로 물고기로 남는다고 한다. 이백은 「최시어에게贈崔侍御」라는 시에서 다음과 같이 읊었다. "황허의 석 자 잉어는, 본래 맹진에 살았다지. 이마를 부딪쳐 용이 되지 못하고, 돌아와 그냥 물고기로 살았다지黃河三尺鯉, 本在孟津居. 點額不成龍, 歸來伴凡魚." '평범한 물고기凡魚'가 용이 되려면 당연히 쉽지 않다. 잉어가 정말 물살이 세찬 용문산 협곡을 뛰어오를 수 있는지는 모르겠으나, 설사 그렇게 할 수 있다 해도 그 수는 얼마 되지 않을 것이다. 그 과정에서 '점액點額', 즉 이마를 부딪치는 재난을 만나면 신세

는 비참해진다. 과거제도가 자리 잡힌 이후 용문을 뛰어 넘는다
는 날로써 과거에 급제하여 출세하는 것을 비유했다. 또 낙방한
사람을 '점액이환點額而還'이라 했다.

상서로운 의미에서 물고기를 말할 때, 일반 물고기를 말하기도
하지만 특히 금붕어와 잉어를 들어 말할 때가 많다. '금옥만당金玉
滿堂'의 도안을 보면 몇 마리의 금붕어가 유유자적 노니는 것이
그려져 있다. 잉어의 문화적 함의는 더욱 풍부하다. 중국 민간 풍
습에서는 잉어를 '재신財神'으로 여긴다. 매년 신춘가절이 될 무렵
이면 어깨에 멜대를 지고 상자에는 작은 잉어를 담고서 새벽에
마을을 다니며 한 손에는 징을 들고, 한편으로 "재신이 왔어요財
神爺來了"라고 외치는 사람을 볼 수 있다. 그러면 집집마다 재빨리
문을 열어 반갑게 맞이하는데, 붉은 봉투에 약간의 사례금을 넣
어오는 사람에게는 잉어를 준다. 또 잉어를 타는 것은 도교에서
는 득도하여 신선이 되었다는 것을 의미한다. 그래서 도교에서는
한대 말엽 무렵부터 잉어를 성물聖物로 정했다. 잉어는 도교의 성
물이기 때문에 물고기의 수장이라 할 수 있고, 또 잉어를 뜻하는
'이鯉'는 이李씨인 당대 황실의 성과 발음이 같다. 이러한 이유로
당대 황실은 도교를 숭상하고 이씨를 신격화하면서 아울러 잉어
를 적극 보호하고 귀하게 여겼다. 그리고 국가 법률의 형식으로
잉어를 '국어國魚'로 받들었다. 이렇게 당대에 이르러 잉어는 가장
귀한 대접을 받게 되었다.

옛 전설에 따르면 물고기와 용은 서로 전환될 수 있다고 한다.

물고기는 용의 또 다른 형태로 용이 곤경에 있을 때 종종 물고기의 형상으로 변한다고 한다. 당대 전기소설傳奇小說에는 다음과 같은 이야기가 있다. 장난스럽고 놀기 좋아하는 용의 딸이 붉은 잉어로 변하여 물에 가서 놀다 어부에게 잡혔는데 나중에 한 서생이 우연히 그것을 놓아주었다. 이에 용의 딸은 그 서생에게 사랑의 감정이 생겼다. 인간과 신은 각기 가야할 길이 다르지만 결국 상제를 감동시켜 두 사람은 부부가 되었다. 이 이야기 속의 물고기와 용은 모두 사람들이 숭배하는 대상이다.

옛날에는 또 '어소魚素'라는 것이 있었다. 바로 비단에 편지를 써서 물고기 배 속에 넣어 전하는 것으로 이른바 '언전척소魚傳尺素'다. 이렇게 물고기로 전하는 편지를 '어서魚書'라고도 한다. 한대 채옹蔡邕의 「음마장성굴행飲馬長城窟行」에서는 다음과 같이 읊었다. "손님이 먼 데서 찾아와, 내게 잉어 한 쌍을 주었지요. 아이에게 잉어를 삶게 했는데, 그 속에 비단 편지가 있었지요客從遠方來, 遺我雙鯉魚, 呼兒烹鯉魚, 中有尺素書." 그래서 서신을 '어전魚箋'이라는 부르는 아름다운 명칭이 생겨났다.

물고기가 물에서 노니는 모습이 유유자적하여 옛사람들은 또 물고기로 자유의 추구를 표현하기도 했다. 『장자』 「추수秋水」 편에 이와 관련한 이야기가 있다.

장자와 혜시惠施가 호수濠水의 징검다리 위에서 거닐었다. 장자가 말했다. "피라미가 한가로이 노니니, 이것이 물고기들의 즐거움이겠지." 혜시가 말했다. "그대가 물고기가 아닐진대 어떻게 물고기의 즐거움을 아는가?" 장자가 말했다. "그대는 내가 아닐진대 어떻게 내가 물고기의 즐거움을 모른다는 것을 아는가?" 혜시가 말했다. "내가 그대가 아니므로 본래 그대를 모르니, 그대는 본래 고기가 아니므로 그대가 물고기의 즐거움을 모른다는 것은 확실한 일이지." 장자가 말했다. "청컨대 그 본래로 거슬러 올라가보자. 그대가 이르기를 '어떻게 물고기의 즐거움을 아는가' 운운한 것은 내가 그것을 안다는 것을 알고서 나에게 물은 셈이네. 나는 호수 위의 징검다리에서 알았다네."[47]

여기에서 장자의 변론술이 어떠한가는 일단 접어두고, 이 대화에서 나타나는 자유에 대한 갈망을 보고자 한다. 장자는 물고기의 자유로움을 부러워하며 그 자신도 삶의 자유를 추구했다. 그리고 실제로 그는 성실하게 자신의 원칙을 실천했다고 할 수 있다. 그의 몸은 아닐지 몰라도 마음만큼은 공명功名에 묶이지 않고 세속의 이해득실에 동요되지 않는 대자유에 도달했다고 할 수 있을 것이다. 물에서 즐겁게 노니는 물고기와 같이 말이다.

그리고 물고기와 관련하여 또 한 가지 거론할 점은 고대 은자隱者의 형상에 대해서다. 은자들은 대개 어부로 등장하는 경우가 많

---

47 莊子與惠子遊於濠梁之上. 莊子曰: "儵魚出遊從容, 是魚之樂也." 惠子曰: "子非魚, 安知魚之樂?" 莊子曰: "子非我, 安知我不知魚之樂?" 惠子曰: "我非子, 固不知子矣 ; 子固非魚也, 子之不知魚之樂, 全矣." 莊子曰: "請循其本. 子曰 '汝安知魚樂'云者, 旣已知吾知之而問我, 我知之濠上也."

다. 예를 들어 너무도 유명한 강태공의 경우, 주 문왕에게 발탁되기 전에 오랜 세월을 위수渭水가에서 곧은 낚싯바늘을 드리우고 어진 군주를 기다렸다. 중국 전통문화에서 어부는 은자의 상징이고, 고사高士의 또 다른 이름이며, 자유를 대표한다고 할 수 있다. 그들은 세상사를 꿰뚫고서 속세를 초연하게 바라본다. 중국의 대시인 굴원屈原도 어부와의 대화를 「어부漁父」 편에 남겨 전한다. 장자 역시 늘 낚시를 즐겼는데, 그는 고금 제일의 은자라 할 만하다.

청대 학자 유월兪樾은 수수께끼집인 『신편등미대관新編燈謎大觀』을 편집했는데, 그 가운데 하나가 『시경』에 나오는 물고기와 관련이 있다. 수수께끼는 '어미魚米'에 해당하는 『시경』의 한 구가 무엇인지 답하라는 것이다. 답은 「소아小雅·초지화苕之華」의 "선가이포鮮可以飽"다. '선鮮'은 '어선魚鮮' 즉 문제의 '魚'에 해당한다. 다음으로 '가이포可以飽'는 배부르게 할 수 있다는 의미이니 이는 문제의 쌀 '미米'에 해당한다. 『시경』의 물고기와 관련된 노래들은 물고기에 대한 중국인의 애호와 친밀감을 반영한다. 이렇게 물고기를 좋아하고, 감상하고, 귀하게 여기는 민속은 『시경』의 시대뿐만 아니라 오늘날까지 변함없이 이어지고 있다.

제3부

『시경』의 여인열전

수레를 몰고 나가 노닐어볼까, 시름을 달래나볼까

: 허목부인許穆夫人 :

지금부터 강의할 내용은 『시경詩經』의 여인들이다. 『시경』 305편에는 매력적인 인물이 많이 등장하는데 그 가운데 가장 생동감 있게, 감동으로 다가오는 존재는 여인들이다. 뽕나무 사이에, 물가에, 성벽 아래 등 어디에나 그들의 아름다운 그림자가 어려 있다. 『시경』에는 여러 유형의 여인이 등장하는데, 재녀才女도 있고, 숙녀도 있고, 여우같은 유형도 있고, 성격이 화끈한 유형도 있다. 우선 첫 번째로 여장부 유형의 여인에 대해 말해보자.

중국의 오랜 역사에서 수없이 많은 영웅호걸이 등장했으나 여자로서 그 반열에 이름이 올라간 경우는 거의 찾아보기 힘들다. 중국만 그런 것이 아니라 다른 나라도 마찬가지다. 역사적으로 아름다운 여인은 많았지만 이름 없는 꽃처럼 피었다 저서 아무도 그 이름을 알지 못하고, 역사 또한 몇몇의 경우를 제외하고는 그 자취를 기억하지 못한다. 하지만 『시경』에는 한 특별한 여인의 이야기가 전해지는데, 그녀의 이름은 『시경』뿐만 아니라 『좌전左傳』에서도 여러 차례 칭송된 바 있다. 그녀는 출중한 재능과 미모를 겸비했고 또 『시경』에 그녀가 썼다고 전해지는 시가 있어 중국 최초의 여성 작자라 일컬어지기도 한다. 그녀의 이름이 청사에 남겨질 수 있었던 것은 무엇보다 남자에 버금가는 호방한 기개 때문이다. 그래서 이름 앞에 늘 따라 붙는 수식어가 있는데 그것은 '중국 최초의 애국 여성 시인'이다. 그녀는 바로 허목부인許穆夫人이다.

『시경』에서 기록하고 있는 허목부인의 흔적을 따라 가보자. 허목부인이 썼다고 전해지는 「죽간竹竿」과 「천수泉水」 두 편을 보면 그녀는 "수레를 몰고 나가 노닐어볼까, 시름을 달래나볼까駕言出遊, 以寫我憂"라는 말을 중복하여 썼는데, 이 말을 할 때 그녀는 요즘 말로 이미 '숙녀熟女'에 접어든 시기였다. '숙녀熟女'란 무슨 의미인가? 이는 근래에 매우 유행하는 표현으로 성숙미를 지닌 여성을 가리키는 말이다. 청춘을 보내고 중년에 접어들어 비록 꽃다운 용모가 퇴색했을지는 모르나, 지적이고 우아하며, 독립적이고 자존감을 잃지 않으며, 풍부한 경험이 있고, 교양이 있으면서 순수한 감성을 잃지 않은 그런 성숙한 아름다움이 있는 것을 의미한다. 오늘날 중국 여성들은 아마도 통속적이지 않은 아름다움에 대한 선망에서 이 '숙녀熟女'라는 표현을 즐겨 쓰는 것 같다.

그러면 "수레를 몰고 나가 노닐어 볼까, 시름을 달래나 볼까"라고 한 숙녀의 슬픔과 근심은 어디에서 비롯된 것일까? 그녀의 소녀 시절로 거슬러 올라가 그 근원으로부터 생각해보자. 많은 『시경』 학자들은 『시경』의 「용풍鄘風·재치載馳」 편 외에, 작자 미상의 두 편의 시, 즉 「위풍衛風·죽간竹竿」과 「패풍邶風·천수泉水」 또한 허목부인이 쓴 것이라고 본다. 그렇다면 이 세 편의 시를 통해서 허목부인의 삶의 편린을 볼 수 있을까?

우선 「죽간」을 보자면 허목부인의 출신은 복잡하다. 그녀의 큰이모 문강文姜과 어머니 선강宣姜은 제나라 공주인데, 둘 다 용모와 재능이 출중했다. 문강은 자신의 이복오빠인 제나라 양공襄公과 부정한 관계를 유지해오다, 남편인 노 환공桓公이 이를 알고 책임을 묻자, 결국 환공이 제 양공에게 살해당하는 일까지 발생하게 한 주인공이다. 하지만 나중에 그녀는 아들을 도와 국정을 살폈는데, 정치·군사적인 측면에서 뛰어난 재능을 발휘했다. 그야말로 범상치 않은 그녀의 일생은 뭐라 평가하기가 힘든데, 이에 대해서는 뒤에서 논하겠다. 허목부인의 어머니는 유명한 미녀 선강이다. 대중 매체가 없었던 그런 폐쇄적인 시대에도 선강의 아름다움에 대해서는 전 제후국에 모르는 이가 없을 정도였으니, 그녀의 미색이 얼마다 출중했을지 충분히 짐작이 간다. 그 미색에 빠져 시아버지는 그녀가 시집오는 도중에 그녀를 가로채 자신의 신부로 삼았는데, 이 때문에 왕실에 피바람이 몰아치고 위衛나라 정국은 요동쳤다. 『시경』에는 이 일에 관해 상세하게 다룬 시가 전한다. 선강에 관한 상세한 이야기 역시 여기서는 일단 접어두겠다. 미모와 재능으로 유명한 이들 자매에 관한 기록은『시경』외에『좌전』에서도 보인다. 만약 유전적인 측면에서 본다면 허목부인 역시 빼어난 미인이었을 것이고, 또 출신 신분에 근거해 추측할 때 그녀는 동시대의 다른 여자들에 비해 교육받을 기회라든지 누릴 수 있는 것이 많았을 것이다. 그러므로 그녀의 소녀 시절은 아무런 근심 걱정 없는 그야말로 빛나는 시절이었을 것으로 짐작할 수 있다. 허목부인은 위衛나라 수도 조가朝歌에서 글을 익히고, 기수淇水에 배를 띄우고 유람하며, 푸른 들녘을 자유로이 노닐며 자랐을 것이다. 그녀는 자신의 소녀 시절을 되돌아보며「죽간」을 지었는데, 행복했던 유년기의 단상을 엿볼 수 있다.

길고 긴 죽간으로, 기수에서 낚시를 했지요	籊籊竹竿, 以釣于淇
어떻게 그립지 않으리오, 멀어서 갈 수가 없지요	豈不爾思, 遠莫致之
천원은 왼편에 흐르고, 기수는 오른편에 흐르고	泉源在左, 淇水在右
여자는 시집을 가면,	
부모형제와 멀리 떨어지나니	女子有行, 遠兄弟父母
기수는 오른편에 흐르고, 천원은 왼편에 흐르고	淇水在右, 泉源在左
방긋 웃는 고운 이, 잘랑잘랑 패옥 소리	巧笑之瑳, 佩玉之儺
기수는 넘실넘실,	
전나무 노에 소나무 배 떠 있을까	淇水滺滺, 檜楫松舟

수레를 몰고 나가 노닐어볼까,

시름을 달래나볼까   駕言出遊, 以寫我憂

위나라 기수 물가는 풍광이 수려하여 위나라 사람들이 늘 나들이 가는 곳이다. 위나라 사람들은 기수와 함께 성장했다고도 할 수 있는데, 그래서 그들은 멀리 타향에서 고향을 그리워할 때 자연히 기수를 떠올리게 된다. 고향과 가족과 친구들과 기수는 언제나 하나로 어우러져 이들의 향수를 자극한다. 「죽간」은 바로 이러한 감정의 바탕에서 불린 것이다.

첫 구의 "적적죽간籊籊竹竿"은 가늘고 긴 대나무를 말한다. 가늘고도 긴 대나무는 무엇에 쓰는 것일까? 다음 구에서 그에 대한 설명을 한다. "이조우기以釣于淇" 즉 기수에서 작은 배를 띄우고 가늘고 긴 대나무 낚시를 드리워 물결에 맡기며 물고기를 기다리는 모습을 그려볼 수 있다. 이러한 유유자적한 생활은 누구나 한번쯤은 꿈꿔본 적이 있을 것이다. 하지만 살아가다보면 여러 가지 일에 연루되거나 어려움을 겪거나 많은 이별을 겪을 수밖에 없는데, 그럴 때마다 유년의 아름다운 시간들을 더욱 잊기 어려운 법이다. 「죽간」에서 개인적으로 가장 좋아하는 구절은 그 다음에 이어지는 "기불이사豈不爾思, 원막치지遠莫致之"다. 잠시도 그대를 잊은 적이 없는데, 다만 길이 멀어서 만나기 어렵다는 의미다. 『시경』은 워낙 오래 전의 것이라 어려운 글자가 많고 표현도 예스럽지만 의미를 새겨보면 오늘날 가요처럼 이해하기 쉽고 입에 붙는 것을 느낄 수 있을 것이다.

「죽간」의 주제에 대해, 일반적으로는 멀리 시집간 위나라 신부가 고향을 그리워하는 마음을 읊은 것이라고 본다. 시에서도 "여자유행女子有行, 원형제부모遠兄弟父母"라고 분명하게 말했다. 그런데 여기서 위나라 신부가 구체적으로 누구인지, 이 문제는 그간 많은 이의 호기심을 자극했다. 어떤 학자는 아주 대담한 추측을 하기도 하는데, 대표적으로 청말 위원魏源의 견해를 주목할 만하다. 그는 『시고미詩古微』에서 「죽간」은 허목부인이 쓴 것으로, 그녀가 어린 시절 기수 가에서 노닐던 일을 회상하며 적은 시이며 조국에 대한 그녀의 깊은 사랑을 표현했다고 보았다. 나 역시 이 견해에 전적으로 동감한다. 마지막 구절에서 "가언출유駕言出遊, 이사아우以寫我憂"라 했는데, 여유롭고 경쾌하게 수레를 몰고 나가 노닌다고 한 가운데, 무언지 모를 슬픔이 배어나온다. "산에 비가 내리려는지 바람이 누각에 가득하다山雨欲來風滿樓"(허혼許渾, 「함양성동루咸陽城東樓」)고 한 어느 시의 한 구절과 마찬가지로 평화로운 일상 가운데 변화의 조짐이 이미 시작되고 있는 듯하다.

당시 위나라는 끊임없는 내란으로 국운이 날로 기울고 있었다. 허목부인이 위나라를 떠나 시집갈 때 이미 비바람이 시작되었다 할 수 있다. 국운이 성하든 쇠하든 허목부인과 같은 귀족 여인들은 사랑을 선택할 자유가 없었다. 그들의 결혼은 정치적 거래였다. 용모가 뛰어나든 재능이 출중하든 상관없이 자신을 하나의 교역품으로 취급하는 남자들에게 운명을 맡겨야 했고, 금슬琴瑟

과 같은 관계를 바라는 것은 한낱 꿈에 불과했다

이미 거래의 대상이 된 이상, 거래를 통해 최대한의 이익을 가져올 수 있어야 할 것이다. 『열녀전』「인지仁智」 편에 따르면 허목부인은 배우자를 선택할 때 다른 여인들에 비해 주관이 있었다고 하는데, 그녀는 당시 실정에 부합하지 않는 자유로운 사랑을 추구하지 않고, 개인적 감정에 연연해하지 않으며, 다만 나라를 위한다는 일념으로 자신의 혼사가 나라에 도움이 될 수 있도록 주도적으로 상대를 고려했다고 한다. 그녀는 이후 춘추오패의 하나가 된 제 환공에게 시집가고 싶어 했는데, 강대한 제나라와 혼인관계를 맺는다면 위나라가 어려움을 겪을 때 도움을 청할 수 있으리라는 생각에서였다. 그러나 부친이 동의하지 않아 그녀는 결국 약소국인 허許나라 목공穆公에게 시집을 가게 되었다. 춘추시대에 허나라는 열강들 틈에서 변변히 내세울 것 하나 없는 작은 나라였다. 그나마 이후 역사에서 허나라가 언급되는 것도 허목부인과 관련해서일 뿐이다. 당시 여자들은 대개 이름이 없었다. 결혼한 다음에는 남편의 성을 따라 부르는 것이 전부였다. 세간에 전해지는 허목부인이라는 이름 또한 그런 경우다. 그녀의 빛나던 유년시절은 결혼과 함께 마감되었다. 그녀가 목공에게 시집간 지 10년 후 위나라는 결국 북방의 오랑캐에게 멸망당했다. 허목부인의 예지와 안목에 감탄하지 않을 수 없다.

결혼 이후 그녀의 생활은 어떠했을까. 다음의 시를 통해 생각해보자.

허목부인의 남편인 목공에 대해서는 역사적 기록이 많지 않은데, 그는 평범한 사람이었던 것 같다. 그녀의 결혼 생활은 다만 좀 적막할 뿐 전반적으로 평안하고 자유로웠던 것으로 보인다. 경치가 수려한 물가에서 자주 배를 띄우고 낚시하며 노닐었던 것 같다. 그러나 아무리 한가하게 즐긴다 해도 나라를 그리워하지 않은 적이 없었다. 그녀는 고국에 대한 절절한 그리움을 노래에 담아 불렀는데, 그 노래는 「패풍·천수泉水」편이다.

콸콸 흐르는 저 샘물도, 기수로 흘러드는데	毖彼泉水, 亦流于淇
그리운 위나라, 언제인들 생각지 않으리오	有懷于衛, 靡日不思
예쁜 내 자매들과 상의해볼까	孌彼諸姬, 聊與之謀
떠나와 제수에서 묵고,	
예수에서 이별주를 마셨지	出宿于泲, 飮餞于禰
여자는 시집을 가면,	
부모형제와 멀리 떨어지나니	女子有行, 遠父母兄弟
고모들께 여쭈어볼까, 큰 언니에게도	問我諸姑, 遂及伯姊
떠나와 간 땅에서 묵고,	
언 땅에서 이별주를 마셨지	出宿于干, 飮餞于言
기름 치고 굴대하고, 수레를 되돌려 달려가면	載脂載舝, 還車言邁
곧장 위나라에 다다를 텐데,	
아니 될 것도 없으련만	遄臻于衛, 不瑕有害
비천을 생각하니, 긴 한숨이요	我思肥泉, 玆之永歎

수와 조를 생각하니 내 시름은 끝이 없다　　思須與漕 我心悠悠

수레를 몰고 나가 노닐어 볼까,

시름을 달래나볼까　　　　　　　　駕言出遊, 以寫我憂

첫 구절 "비피천수悲彼泉水, 역류우기亦流于淇"에서 이미 고향을 그리는 간절한 마음을 읽을 수 있다. 막 솟아나는 샘물은 흘러서 고향의 기수로 저렇게 자유로이 가는데, 자신도 샘물처럼 갈 수 있으면 얼마나 좋을까 하는 바람이 담겨 있다. "유회우위有懷于衛, 미일불사靡日不思", 고향 위나라를 그리워하지 않은 적이 없건만 샘물이 아닌지라, 특히 여인의 몸인지라, 아무런 구속 없이 샘물처럼 흘러 고향으로 가는 것은 상상할 수도 없다. 「천수」와 「죽간」은 모두 허목부인이 결혼한 후에 고향이 그립지만 갈 수 없는 답답한 심정을 노래했는데, 이 두 편에서 드러나는 정감에는 확연한 온도차가 느껴진다. 「죽간」에서는 고향의 정경과 사람들 그리고 예전 낚시를 드리웠던 장소를 그리워하는 데 그치지만, 「천수」에서는 보다 직접적이고 구체적으로 생각하고 계획하는 모습을 보여, 감정이나 행동의 심도가 훨씬 더 깊고 무겁다. "연피제희孌彼諸姬, 요여지모聊與之謀", 시집올 때 따라온 자신과 같은 희姬씨의 질제姪娣들과 어떻게 고향으로 돌아갈지, 고국을 위해 무언가 일을 할 수 있을지 의논하고, "재지재할載脂載舝", 수레에 기름을 치고 굴대를 손보아 하루 속히 돌아가자고 말한다. 그녀가 고국을 생각하는 절절한 마음이 어떠했는지는 이 구에 고스란히 응축되어 있다.

위나라에는 결국 일이 나고 말았다. 기원전 600년, 위나라는 북방 민족 적狄에게 도성이 함락되었다. 당시 위나라 군주인 의공懿公은 중국 역사에서 가장 무능한 군주의 한 사람으로 꼽히는 사람이다. 의공은 재위하는 동안 국사는 전혀 돌보지 않고 애완동물을 기르는 것에 온 마음을 쏟았다. 그가 푹 빠져 있었던 애완동물은 바로 선학仙鶴이었다. 그는 학을 장군으로 책봉하고 사대부보다도 후한 혜택을 누리게 했다. 순시를 나갈 때도 수레의 옆자리에 학이 앉을 수 있도록 했다. 그리고 학을 돌보기 위해 백성에게 따로 세금을 걷었다. 이러한 모든 행위는 강한 원성을 샀고, 국력은 나날이 쇠락했다. 북방의 적은 이러한 기회를 틈타 기원전 660년 말에 위나라를 침공하여 순식간에 도성을 포위했다. 의공은 백성을 징발하여 저항하도록 했으나 아무도 그를 위해 싸우려 들지 않고, "당신의 학 장군에게나 대항하라 하시오"라고 했다. 위나라는 결국 망하고 의공 또한 죽음을 맞이했다. 난민들은 황허를 건너 조읍漕邑(지금의 허난성 화滑현)으로 도망가서 허목부인의 오빠인 대공戴公을 옹립했다. 하지만 안타깝게도 대공은 군주로 옹립된 지 얼마 되지 않아 사망했다. 위나라는 다시 허목부인의 오빠인 문공文公을 세웠는데, 위나라의 정세는 여전히 위태로운 상황이었다.

마지막으로 세 번째 노래 「용풍鄘風·재치載馳」편을 보자. 세 편 가운데 가장 뛰어난 시로 위기에서 나라를 구하고자 하는 애국

지사의 면모가 두드러진다.

　허목부인은 위나라가 망했다는 소식을 접한 후 애통함을 금치 못하며 남편에게 도움을 청했으나, 목공은 그 화가 허나라에 미칠까 두려워 군사를 내주지 않았다. 그는 아무런 도움을 주지 않았을 뿐 아니라 오히려 온갖 방법을 다 동원하여 부인이 위나라로 돌아가는 것을 저지했다. 이는 허목부인이 남편을 고를 때 우려했던 바가 그대로 나타난 것이다. 허목부인은 분했으나 그래도 뜻을 굽히지 않고 말을 달려 조읍으로 달려가고자 했다. 허나라 대신들은 다투어 그녀를 막아서며 원망했다. 목공의 주도 하에 허목부인의 발을 묶어두려는 한차례 소란이 일어났다. 허목부인은 자신을 막아서는 대신들에 대해 결국 분통을 터뜨리며 매섭게 질책했는데, 이러한 상황을 읊은 노래가 「재치」 편이다.

달리고 달려서, 돌아가 위후를 뵈오리다	載馳載驅, 歸唁衛侯
멀고 먼 길 말을 달려, 조읍으로 가리다	驅馬悠悠, 言至于漕
대부들은 산 넘고 물 건너 달려오니,	
내 마음 무겁구나	大夫跋涉, 我心則憂
나를 옳지 않다 해도, 돌이킬 수 없네	旣不我嘉, 不能旋反
나를 곱지 않게 봐도, 내 생각 버릴 수 없네	視爾不臧, 我思不遠
나를 옳지 않다 해도, 돌이킬 수 없네	旣不我嘉, 不能旋濟
나를 곱지 않게 봐도, 내 생각 그만둘 수 없네	視爾不臧, 我思不閟
저 언덕에 올라서, 패모貝母라도 캐볼까	陟彼阿丘, 言采其蝱

여인네란 걱정만 많다지만,

나름대로 이유가 있는 바   女子善懷, 亦各有行

허인들은 나를 탓하니,

얼마나 유치하고 미친 짓인가   許人尤之, 衆稺且狂

들판에 이르니, 보리가 무성하다   我行其野, 芃芃其麥

대국에 호소한들,

누구를 의지하고 누군들 도와줄까   控于大邦, 誰因誰極

대부여 군자여, 나를 탓하지 마오   大夫君子, 無我有尤

그대들 생각은, 내 생각에 미치지 못하오   百爾所思, 不如我所之

시는 4장으로 나뉜다. 1장은 고국의 패망과 형제의 부고를 접하고 속히 달려가 조문하려 했으나, 조읍에 도달하려 할 때 허나라 대부들이 달려와 저지하여 가지 못하는 원망의 마음을 그렸다. 첫머리에서 바로 "재치재구載馳載驅", 말에 채찍을 가하며 달려간다 하여 당시 형세의 긴박함을 느낄 수 있게 한다. 2장에서는 "기불아가旣不我嘉, 불능선반不能旋反" "기불아가旣不我嘉, 불능선제不能旋濟"라 하며 허목부인은 자신의 태도를 분명하게 표현했다. 대부들이 그녀가 본국으로 돌아가는 것을 반대하며 저지하자 더 이상 상대하지 않고 뜻을 굽히지 않기로 결심한다. 시에서 "시이불장視爾不臧, 아사불원我思不遠" "시이불장視爾不臧, 아사불비我思不閟" 두 대목은 모두 그러한 뜻을 밝힌 것이다. 3장에서는 어려움에 처한 나라를 돕고 죽은 자를 위로하는 것은 그야말로 인지상정으로 허나라 대부들의 행동이 얼마나 도리에 어긋나는 것인지를 통렬하게 비판했다. 마지막 장 "아행기야我行其野, 봉봉기맥芃芃其麥"을 보자. 허목부인의 수레는 교외로 접어드는데, 들판에는 마침 보리가 무성하게 자라나 있다. 그녀는 애통한 마음을 금치 못하고 장차 어찌해야 할지 생각하다 오직 강대국에 도움을 요청하는 방도밖에 없다는 생각에 이른다.

부인은 위나라에 도착한 다음 우선 구호물자로 위나라의 난민을 구제하고 이어서 위나라 군신들과 나라를 되찾을 방도를 상의했다. 얼마 지나지 않아 그들은 새로 4000여 명의 백성을 모아 민생을 돌보고 군대를 정비했다. 아울러 부인은 제나라에 구원을 요청했다. 이는 그녀의 정치적 능력 역시 범상치 않았음을 알 수 있게 해준다.

『시경』305편의 시는 대부분 작자를 알지 못한다. 연대가 오래되었을 뿐 아니라, 편집 과정에서 여러 단계의 정리와 가공을 거쳤기 때문이다. 그런데 「용풍·재치」편의 경우는 예외적으로 작자가 허목부인이라는 분명한 근거가 있다. 『좌전』민공閔公 2년에 이와 관련한 분명한 역사 기록이 전해지기 때문이다. 그 내용은 다음과 같다.

위나라 유민은 남녀 730여 명밖에 없었고, 여기에 공共과 등滕 지역의 백성을 더하여 모두 5000여 명이었다. 이들은 대공戴公을 군주로 옹립하고 조漕 지역에 머물렀다. 허목부인은 이에 「재치」를

지었다.[48]

이로 볼 때 허목부인이 「재치」 편을 썼다는 점은 의심할 여지
가 없다. 위의 시는 전편이 영웅적인 기개로 충만하여 아녀자의
'분내'라고는 전혀 느껴지지 않는다. 『좌전』에 따르면 이 시는 점
점 제후국들 사이에 널리 퍼져 나가 위나라 문공도 여동생이 "큰
나라에 구원을 청하자控于大邦"고 한 것을 받아들여 제나라에 도
움을 청했다고 한다. 시의 내용 그리고 나라를 구하고자 취했던
과감한 행동, 이 모두는 허목부인의 지혜와 용감함을 여지없이 보
여준다.

부인의 노력이 헛되지 않았는지 제나라는 결정적인 순간에 위
나라에 도움의 손길을 내밀었다. 제나라는 부인이 일찍이 시집가
기를 바라던 나라다. 그녀가 정세를 읽는 안목이 있었음은 여기에
서도 증명이 된다. 『좌전』에는 제나라가 도움을 준 구체적인 내용
에 대해서도 기록했다. "제나라 환공은 공자 무휴無虧에게 300대
의 수레와 3000명의 병사를 이끌고 가서 조 지역을 지키게 했다.
아울러 위나라 대공에게 말과 제례복 다섯 벌, 소·양·돼지·닭·개
각 300마리와 궁실을 짓는 데 필요한 목재를 보냈다."[49] 제나라가
돕자 송나라와 허나라 등 소국들도 군대를 보내 위나라가 적을

48 衛之遺民男女七百有三十人, 益之以共·滕之民爲五千人, 立戴公以廬于曹. 許穆夫人賦
     「載馳」.
49 齊侯使公子無虧帥車三百乘·甲士三千人以戍曹. 歸公乘馬, 祭服五稱, 牛·羊·豕·鷄·狗
     皆三百與門材.

물리치고 잃어버린 영토를 회복하게 도왔다. 이로부터 위나라는 전환기를 맞았다. 2년 후 위나라는 초구楚丘에 도읍을 다시 세우고 제후국에서의 옛 지위를 회복했으며 이후 400여 년의 역사를 지속할 수 있었다. 역사는 허목부인을 저버리지 않았다.

「재치」 편은 대략 위나라 문공 원년, 즉 기원전 659년 봄에서 여름으로 접어드는 때 지어졌다. 이 시는 당시에 널리 전파되어 이후 시를 채집하는 관리의 손을 거쳐 『시경』에 수록되었다. 이로써 허목부인은 중국 최초의 여류시인이 되었다.

이상에서 허목부인의 평범하지 않은 삶을 대략 짚어보았다. 만약 허목부인에게 여성으로서 사회적 역할과 가정의 역할을 어떻게 처리할지를 묻는다면 뭐라고 답할까? 아마도 답변을 회피할 것 같다. 허목부인에게 결혼이란 분명 유감스러운 일이었고 언급을 원치 않을 거라는 생각이 든다.

역사라는 무대는 늘 특정한 사람의 빛나는 순간만을 기록하고 막이 내린 다음의 상황은 보여주지 않는다. 허목부인의 뛰어난 정치적 조치와 성과 이후, 그녀의 생활이 어떠했는지에 대해 역사는 어떠한 소식도 전하지 않는다.

우리는 여걸이라 하면 으레 그렇듯 성녀聖女로 보는데, 영웅이라 하더라도 역시 한 명의 여인이다. 야사에서는 허목부인과 제환공의 은밀한 관계가 자주 언급되는데, 허목부인이 애초에 환공과의 결혼을 원했고, 또 환공이 위나라를 도와준 것 등을 연결지어 생각해보면 그럴 가능성도 없지는 않은 것 같다. 하지만 이와 관련하여 정사에서는 명확한 기록이 없어 단정 지어 말할 수 없다.

월극越劇 『홍루몽紅樓夢』의 '대옥이 글을 불사르다戴玉焚稿'라는 대목을 보면 "내 일생토록 시서詩書를 규중의 동반으로 삼고, 필묵筆墨과 골육친을 맺었으니"라고 읊고 있다. 아마 허목부인도 이와 같지 않았을까? 그녀의 마음을 아는 사람 없어 필묵에 기대어 마음을 토로하지 않았을까? 「죽간」과 「천수」의 작자가 허목부인인지 아닌지는 시경학에서 줄곧 논쟁이 되어왔던 문제다. 하지만 생각해보면 위나라 사람들의 마음속에 나라를 구한 영웅으로 존경 받는 사람으로서, 그리고 문재文才로 이름 높았던 여인으로서, 어떻게 「재치」 한 편만을 세상에 전했겠는가? 위나라 사람들이 그녀를 섬겼던 만큼 분명 그녀의 노래도 애송했을 것이다.

『시경』의 「국풍」에는 여인을 노래한 시가 적지 않고, 여인의 손에서 이루어진 시도 적지 않다. 하지만 그 가운데 확실한 작자의 성명을 알 수 있는 시는 「재치」가 유일하다. 일반적으로 중국 최초의 시인을 말할 때 굴원屈原을 꼽는데, 만약 시작詩作이 이루어진 시기만을 놓고 본다면 허목부인의 「재치」는 굴원의 「이소離騷」보다 300여 년을 앞선다. 그렇다면 중국 최초의 시인은 굴원이 아니라 허목부인이라 해야 하지 않을까.

유향은 『열녀전』을 편찬하면서 허목부인을 위해서도 한 자리를 마련하여 전기를 쓰고 "자애로우며 멀리 내다보는 안목이 있다慈惠而遠識"고 극찬했다. 허목부인의 오빠인 위나라 문공은 현군이었다. 그는 위나라가 멸망의 위기에 놓여 있을 때 왕위에 올라 나라를 다시 정상적인 궤도에 올려놓았다. 문공이 재위하는 동안 위나라의 국력은 이전보다 훨씬 강대해졌고, 나중에는 부근의 형邢나라까지 병합했다. 위나라는 기원전 209년 주대周代 봉건국 가운데 가장 마지막으로 진秦에 멸망했다. 약소국인 위나라가 춘추 전국 열강들의 분쟁 속에서 마지막까지 살아남을 수 있었다는 것이 놀랍다. 일찍이 도성이 함락되어 멸망의 위기에 놓였던 당시에 만약 허목부인의 활약이 없었다면 위나라는 아마도 다른 역사의 길을 걸었을 것이다.

꽃으로 비유한다면 그녀는 목면화木棉花다. 목면화의 붉고 큰 꽃처럼 아름다울 뿐 아니라 굳건한 나무의 자태처럼 강인하고 용감하다. 오늘날까지도 허목부인은 그녀의 고향 땅에서 추앙을 받고 있다. 허난성 치淇현에는 그녀를 기리기 위한 낚시터를 여러 곳에 보존하고 있다.

고운 님을 구했건만,
이 흉물이 걸렸소

: 선강宣姜 :

『시경』 속 흥미로운 여인들을 이야기하는 것은 내게 정말 즐거운 일이다. 『시경』의 시가 태어나던 당시는 여성에게 사회적 제약으로 작용하는 예교 체계가 아직 규모를 갖추지 못해서인지 몰라도 『시경』의 여인들은 상대적으로 자유분방하게 연애하고 자신들의 마음을 과감하게 털어놓는다. 오늘날 영화나 드라마에서 '시간여행'이라는 장치를 자주 다루는데, 만약 정말 시공을 자유로이 넘나들 수 있다면 한번 되돌아가서 보고 싶은 시대는 당대唐代와 춘추 시대다. 이 시기의 문학 속에 등장하는 여성들은 사랑과 결혼에 있어 다른 시기에 비해 개방적이고 자유롭고 자주적으로 보이기 때문이다. 앞 장에서는 허목부인許穆夫人의 영웅적인 삶을 다루었는데, 이제 그녀의 어머니에 대해 이야기하지 않을 수 없다. 그녀의 어머니는 허목 부인과 달리 뚜렷한 주관이 있는 것도 아니고, 역사적으로 언급할 만한 개인적 성취가 있는 것도 아니다. 하지만 그녀의 미모는 달기姐己나 포사褒姒와 이름을 나란히 할 만한 '경국지색傾國之色'으로 그녀의 추문만큼이나 당시에 모르는 이가 없을 정도로 유명했다. 『시경』의 시 가운데 그녀에 대해 읊은 시가 있는데, 그녀의 사생활이 어떠했는지를 구체적으로 말해준다. 「용풍鄘風·장유자牆有茨」 편을 보자.

담장을 덮은 남가새, 쓸어버릴 수 없지요	牆有茨, 不可埽也
궁중에서 오고 간 말, 말할 수 없지요	中冓之言, 不可道也
말로 하자면, 말이 추해지지요	所可道也, 言之醜也
담장을 덮은 남가새, 없애버릴 수 없지요	牆有茨, 不可襄也
궁중에서 오고 간 말, 상세히 말할 수 없지요	中冓之言, 不可詳也
상세히 하자면, 말이 길어지지요	所可詳也, 言之長也
담장을 덮은 남가새, 묶어버릴 수 없지요	牆有茨, 不可束也
궁중에서 오고 간 말, 떠벌릴 수 없지요	中冓之言, 不可讀也
떠벌리자면, 말이 욕되지요	所可讀也, 言之辱也

"자茨"는 가시가 있는 초목식물로 오늘날 말하는 '남가새(질려 蒺藜)'다. 남가새는 생명력이 강해서 노변에 자라나기도 하고 담장에 자라기도 한다. 남가새가 일단 자라나면 없애기가 힘들다. 쓸

어내려 하거나(소埽), 없애려 하거나(양襄), 묶어버리려 하면(속束) 손을 찔리기 십상이다. 위의 시는 담장에 자라난 남가새를 먼저 언급하며 이 시의 화제인 왕실의 추문을 이끌어낸다. 여기서 "장牆", 즉 담장은 위용을 자랑하는 궁궐의 담장을 암시한다. 그리고 그 비밀스러운 주인공은 바로 허목부인의 어머니 선강宣姜이다.

이 시를 노래한 위衛나라 사람들은 담장의 남가새를 없앨 수 없듯이 궁중의 불미스러운 일도 말할 수 없는데, 말하자니 길어지고 입에 담고 싶지도 않은 내용이라 위나라 사람으로서 모욕적이지 않을 수 없다고 말하고 있다.

그러면 도대체 무슨 비밀일까?

위나라 왕실에 관한 이야기는 사실 말 꺼내기가 꺼려질 정도로 무수히 많이 전해진다. 그 가운데서 다른 이야기는 생략할 수 있으나 선강의 이야기만은 빼놓을 수 없다. 아마 그녀 스스로도 자신이 이렇게까지 유명해질 줄은 상상도 못했겠지만 그녀는 위나라의 역사를 다시 쓰게 한 사람으로, 운명은 그녀를 셰익스피어의 필력으로도 이루 다 묘사해낼 수 없을 역사의 무대로 이끌었다. 모든 일은 그녀가 15세가 되던 해에 시작되었다. 첫 발을 잘못디뎌 계속 잘못된 길로 가게 되는데, 잘못된 첫 걸음은 꽃가마를 타고 시집 가는 데서 시작한다.

춘추 초기, 제나라 공주 선강은 막 사랑에 눈뜨기 시작할 15세의 나이였다. 출가할 나이가 되었기에 혼담 제의가 끊임없이 들어왔는데, 그해 여름 위나라 선공宣公 또한 아들인 태자 급伋을 위해 제나라에 혼담을 제의하는 사신을 파견했다.

위나라 선공은 한마디로 음흉하고 파렴치한 위인이었다. 『좌전』환공桓公 16년의 기록에 따르면, 선공은 위나라 군주가 되기 전에 서모인 이강夷姜과 사통하여 아들을 낳았는데, 그가 바로 태자 급이다. 급이 결혼해야 할 나이에 이르자 좋은 대상을 물색하다가 물망에 오른 사람이 바로 제나라 희공僖公의 딸 선강이었다. 위나라 태자 급은 당시 16, 17세 정도의 나이였는데, 그의 품위와 준수한 외모는 이미 제후국들 사이에서 이름이 높았다. 선강의 부친 희공은 선남선녀의 결합이라며 기쁘게 받아들여 흔쾌히 혼담 제의에 응했다. 그러나 그녀의 운명은 한 사람으로 인해 뒤바뀐다. 그녀의 삶에 있어서 첫 번째 굴곡이라 할 수 있겠다.

태자의 혼담 문제로 파견되었던 사신은 본국으로 돌아가서 바로 선공에게 보고했는데, 제나라 공주의 미모는 그야말로 꽃처럼 곱고, 고금에 보기 드문 절색이라고 했다. 선공은 장차 아들의 신부가 될 사람의 미모가 그토록 빼어나다는 말을 듣고는 부정한 마음이 발동하는 것을 누르지 못했다. 결국 선공은 사신과 모의하여 놀라운 계획을 감행하게 된다. 결혼할 기대에 부풀어 있던 태자가 송宋나라에 사신으로 파견된 틈을 타서 기수淇水 변에 행궁行宮을 지어 '신대新臺'라 하고, 사신에게 신부를 맞으러 가는 태자의 깃발을 세운 행렬을 이끌고 제나라로 향하게 했다.

아름답게 단장한 선강은 기쁨에 들떠 신랑의 행렬을 따라 제나라를 떠났다. 그리고 위나라에 도착하여 신대에서 아무 것도 모른 채 태자가 아닌 선공과 혼례를 올렸다. 선강을 데려온 사신이 어떻게 선강과 그 수행인들을 감쪽같이 속일 수 있었는지는 역사에 기록되어 있지 않다. 역사에는 다만 선강이 결혼한 다음에야 신랑이 소문으로 전해 듣던 준수한 태자 급이 아니라 선공이라는 것을 알게 되었다고 전한다. 당시 위나라 사람들은 선공의 이와 같은 황당한 행태에 어이없어 하며 그를 풍자하는 노래를 지어 불렀는데, 바로 「패풍邶風 · 신대新臺」 편이다.

새로 지은 누대는 산뜻하고, 강물은 일렁일렁　　新臺有泚, 河水瀰瀰

고운님을 구했건만, 죽지도 않는 두꺼비라니　　燕婉之求, 籧篨不鮮

새로 지은 누대는 높이 솟고, 강물은 출렁출렁　　新臺有洒, 河水浼浼

고운님을 구했건만, 죽지도 않는 두꺼비라니　　燕婉之求, 籧篨不殄

고기 그물을 쳤는데, 큰 두꺼비가 걸렸소　　　　魚網之設, 鴻則離之

고운님을 구했건만, 이 흉물이 걸렸소　　　　　燕婉之求, 得此戚施

결혼 전 선강의 마음이 어떠했을지, 또 태자 급은 어떤 사람이었을지는 위 시의 "연완지구燕婉之求"라는 말에 모두 담겨 있다. 이 말에서 우리는 동경하는 사람과의 결혼을 기쁜 마음으로 기다렸을 선강의 설렘을 상상할 수 있다. 당시 '국제적'으로 첫 손에 꼽히던 절세미인의 짝으로 손색이 없는 것으로 보아서 태자 급 또한 매우 준수한 사람이었음을 짐작할 수 있다. 그의 외모가 어떠했는지는 알 수 없지만 뒤에 이어지는 이야기로 보아 태자는 적어도 여인들이 충분히 반할만 한 훌륭한 인품을 지닌 사람임을 어렵지 않게 추측할 수 있다. "거저蘧篨"는 두꺼비를 가리킨다. 추악한 선공을 비유한 말이다. "어망지설魚網之設", 즉 어망을 설치한다는 표현은 『시경』에서는 구혼의 의미로 자주 쓰이는 비유다. 고기 그물을 펼쳐 크고 아름다운 잉어를 낚을 줄 알았는데 그물을 끌어 올리니 두꺼비만 걸려들었을 때 실망하는 것과 같이 결혼하고 보니 바라던 사람이 아니었을 때 그 심정이 어떠했을지는 충분히 상상이 간다. "척시戚施"는 선공에 대한 선강의 마음을 묘사한 말이다. 이 말을 문자로 정확하게 번역할 필요가 있을까 하는 생각이 들기도 하는데, 오늘날 표현으로 굳이 옮기자면 '색마' '부랑자' '변태' 정도가 되지 않을까. 위나라 사람들은 두꺼비로 선공의 추악하고 음흉한 외모를 묘사했는데, 다른 『시경』 번역본에서는 선공을 곱사등이 늙은이로 묘사한 것이라고 보기도 한다.[50] 사실 옛날에는 일찍 결혼했기 때문에 태자 급이 결혼할 나이에 이르렀을 때 선공의 나이는 많다고 해봐야 마흔을 넘지 않았으니 선공이 그렇게 심하게 늙었다고 보기 힘들고, 또 두꺼비니, 곱사등이니 할 정도로 그렇게까지 추한 외모를 가졌다고 보기 어렵다. 시에서 두꺼비로 그를 비유한 것은 그의 품행이 너무나도 추악했기 때문일 것이다. 다음으로 "강물이 일렁일렁河水瀰瀰""강물이 출

---

50 『모전毛傳』에서는 '거저蘧篨'를 "엎드리지 못하는 자不能俯者"라고 하고 '척시戚施'를 "위로 쳐다볼 수 없는 자不能仰者"라고 풀이했다. 이에 근거하여 이후 많은 주석서는 '거저蘧篨'와 '척시戚施'를 모두 엎드리지 못하고 위로 보지도 못하는 병을 앓는 일종의 등꼽추를 뜻하는 말로 풀이했다.

렁출렁河水洗洗"흐른다 했는데, 이는 선강의 쏟아지는 눈물을 암시하는 것으로 볼 수 있다. 당시 위나라 사람들의 눈에 선강은 아름다운 공주이면서 안타까운 피해자였던 것 같다. 위의 시는 선공을 신랄하게 비판하는 동시에 선강의 불행에 대해 무한한 동정을 표현하고 있다.

　태자가 본국으로 돌아와 자신과 결혼할 사람이 어이없게도 '작은어머니'가 되어 있는 상황을 알았을 때 받은 충격은 어떠했을까. 선강의 부친 제나라 희공은 이 소식을 접하고서 처음에는 당연히 분노했을 것이다. 하지만 그도 어쩔 수 없는 정치인이라 정치적 득실을 계산했을 때 딸이 예상보다 빨리 후비가 되었으니 제나라로서는 오히려 이득이 되는 일이었으므로 결국 이 일을 받아들일 수밖에 없었을 것이다. 이 상황에 대해 태자는 어떤 반응을 보였는지 역사에는 아무런 언급이 없다. 『사기』의 기록을 보면 그는 그의 부친이 새로이 정한 혼처를 받아들여 결혼했던 것 같다. 고대 중국에서는 살인하더라도 사형을 면할 수 있는 길이 두 가지 있었는데, 하나는 아버지를 죽인 원한을 갚는 경우이고, 또 하나는 아내를 강탈한 원한을 갚은 경우다. 그런데 태자 급과 같은 경우에는 어떻게 해야 할까? 이후 태자의 행동으로 보았을 때, 그는 자식으로서의 도리를 다했던 것 같다. 그는 그의 부친에게 맞서는 행동을 하지 않았다. 사실 염치를 모르는 뻔뻔한 선공과 어떻게 보면 나약하기 짝이 없는 태자 사이에서 상처를 가장 깊게 받았을 사람은 선강이었을 텐데, 당시 선강의 반응이 어떠했는지, 이에 대해서도 기록은 없다. 역대 유학자들은 그녀를 '음탕한 여자淫婦'로 규정지었다. 유학자들은 그녀가 그러한 상황에서 자결하지 않은 것에 대해 맹렬하게 비난했다. 여자가 정절을 지키지 못했을 때는 오로지 죽음만이 명예를 더럽히지 않는 길이라고 생각했기 때문이다. 선강이 어떠한 참기 어려운 고통을 겪었든, 인륜 교화라는 입장에서 한 여인의 개인적인 고통은 눈에 들어오지 않았을 것이다.

이상에서 보듯 결혼과 함께 극적인 삶의 변화를 겪은 선강은 이도 모자라 10여 년 후에 다시 더욱 극적인 국면을 맞이한다. 다음에서 그녀의 두 번째 잘못된 행보를 따라 가보자.

시간이 흘러 결혼할 때의 당황스러움과 치욕도 점점 옅어져 가고, 그녀는 그저 현실을 받아들이고 살아갔다. 선강은 혼인한 지 오래지 않아 태자 급의 두 동생을 낳았다. 큰 아이는 수壽라 했고 작은 아이는 삭朔이라 했다. 수는 인성이 온후하여 어려서부터 태자와 관계가 좋았는데, 삭은 교활한 면이 있고 심술이 많았다. 뛰어난 용모에 아들까지 무리 없이 생산하니 선강이 총애를 받은 것은 당연한 일이다. 하지만 누군가 뜻을 얻으면 누군가는 잃는 법이다. 선강의 등장으로 총애를 잃은 이는 일찍이 선공의 서모로 들어왔다가 선공과 사통하는 바람에 후비로 세워진 이강이다. 누구나 늙으면 미색이 퇴색하기 마련이고, 옥구슬도 누렇게 변하면 가치를 잃는다. 만약 일반 백성인 경우라면 흔히 말하는 젊어서는 부부이고 늙어서는 동료가 되는 식으로 남편의 동반자로서 살아가겠지만, 왕실이나 귀족 집안에서라면 젊어 아무리 총애를 받았다 하더라도 그때의 아름다운 모습은 쉽게 잊히기 마련이다. 이강의 결말에서 대해서는 『좌전』에 명확하게 기록되어 있다. 그 녀는 결국 목을 매고 자살했다. 이강은 왜 죽음을 택할 수밖에 없었을까? 사실 아들인 태자 급 때문에라도 살아야 할 이유는 충분했다. 그런데 그녀가 죽음을 택할 수밖에 없었던 것은 태자 또한 눈 밖에 나서 그 목숨조차 보장하기 힘든 상황이었기 때문 일 것으로 보인다.

선강의 큰아들인 수는 그래도 품성이 온후하여 큰형인 급을 존경하고 따랐지만 작은 아들 삭은 호시탐탐 태자의 자리를 노리 고 있었다. 삭은 결국 선강 앞에서 태자 급이 부친이 선강을 강탈 한 원한을 잊지 못하고 모반을 꾀하고 있으며 자신과 수를 죽이 려 한다고 말했다. 아들의 이런 말을 듣고서 아무렇지도 않을 어 머니는 없을 것이다. 선강은 대경실색하여 바로 이 사실을 선공에 게 알렸다. 그녀는 그와 같은 정보의 출처를 보다 면밀히 분석하 여 대처했어야 했는데 그러지 못했다. 이 일은 이후 엄청난 풍파 를 몰고 왔다.

선공은 내시를 이강에게 보내 아들을 어떻게 가르친 것이냐고 질책했다. 이강은 억울함과 한스러움을 이기지 못하고 그날 밤 결 국 스스로 목숨을 끊는 길을 택하고 만다. 『사기』 「위강숙세가衛 康叔世家」에는 "선공은 태자의 신부를 빼앗을 때부터 태자를 미워 하여 그를 폐하고 싶어 했다"[51]라고 적고 있다. 그런 상황에서 선갓과 살이 두박은 아들에 대한 주우를 더하게 했다. 『사기』에는 또 기록하기를 "그리하여 태자 급을 제나라로 가게 한 다음 도적을 사주하여 국경에서 매복하다가 그를 죽이도록 했다"[52]고 했다. 이에 대한 『좌전』 환공 16년의 기록은 좀 더 구체적이다. 선공은 태자를 "제나라에 가게 한 다음 국경의 신莘이라는 곳에서 도적을 기다리게 하여 그를 죽이고자 했다"[53]고 적고 있다. 신은 위나라 변경의 한 지역으로 제나라로 갈 때 반드시 지나가야 하는 곳이다. 그런데 도적들은 누가 태자인지 알 수 없을 것이므로 태자를 알아볼 수 있도록 하기 위해 선공은 미리 특별한 표지까지 준비했다 하니 그의 치밀하고 잔인한 면모가 여지없이 드러난다. 선공은 태자에게 사절의 표시로 흰 물소의 꼬리털로 장식된 깃발(백모白旄)을 친히 건네고, 또 변경의 도적들에게 그 깃발을 든 자를 죽이라고 명했다 한다. 선공이 깃발을 건네자 태자는 아무런 내색 없이 받아드는데, 그는 부친이 깃발을 내린 것이 자신에 대한 관심이나 자신을 중시해서가 아니라 자신을 처단할 마음을 굳힌 의미라는 것을 이미 알고 있었다. 태자의 그 다음 행동으로 보면 그가 부친의 의도를 이미 간파하고 있었음을 알 수 있다.

선강은 일이 이러한 지경에 이르리라 전혀 예상치 못했다. 그녀는 누군가 죽기를 바란 적도 없고 더욱이 일찍이 자신과 결혼하

---

51 "宣公自以其奪太子妻也, 心惡太子, 欲廢之."
52 "乃使太子伋於齊而令盜遮界上殺之."
53 "使諸齊, 使盜待諸莘, 將殺之."

기로 했었던 태자가 죽는 것은 더욱 원치 않는 일이었다. 당시 이 음모를 알고 태자를 보호하고자 한 사람이 있었는데, 바로 선강의 큰아들 수였다. 그가 생각해낸 방법은 이른바 "자두나무가 복숭아나무 대신 말라 죽는李代桃僵" 방법이었다. 그러나 태자를 보호하고자 했던 수의 계획은 태자뿐 아니라 수 자신까지도 죽이는 비참한 결과로 이어졌다. 여러 정황으로 보건대 수는 그래도 사리분별을 할 수 있는 사람이었다. 그는 태자에 대한 부친의 계획을 알고는 바로 태자에게 그 일을 알렸는데, 태자는 그 말을 듣고서도 당황하는 기색 없이 차분하게 "부친의 명을 저버리고서도 어찌 자식이라 할 수 있겠는가? 만약 세상에 부친이 없는 나라가 있다면 나도 생각해보겠다"[54]고 하며 사신으로 가는 것을 고집했다 한다. 그는 부친의 음모를 알고서도 부친과 맞서느니 차라리 자신을 희생해서라도 충효의 도를 다하고자 했던 것이다. 태자의 행동에 감동한 동생 수는 형을 보호하기 위해 전별 연회에서 그를 만취하게 만든 다음 깃발을 훔쳐서 자신이 대신 국경으로 향했다. 길에서 매복하고 있던 도적은 오직 흰 털 장식의 깃발만을 보고 태자인줄 알고 수를 습격했다.

비극은 여기에서 끝나지 않았다. 태자 급은 술에서 깨어난 다음 깃발이 없어지고 동생의 모습도 보이지 않자 동생이 자신을 대신하여 떠났음을 알아차리고 서둘러 뒤쫓아 갔다. 그가 현장에

---

54 "棄父之命, 惡用子矣. 有無父之國則可也."(『좌전』 환공 16년)

도착했을 때 수는 이미 피습 당하여 쓰러져 있었다. 『좌전』에는 태자가 오열하며 옆에 있던 도적을 향해 "내가 당신들이 원하던 사람이오. 내 동생이 무슨 죄가 있단 말이오. 나를 죽이시오"[55]라고 소리쳤다고 적고 있다. 그리고 신분을 노출한 그 역시 바로 죽임을 당했다.

선강은 이 소식을 듣고 충격에 혼절했다. 이 모든 상황은 마치 희극의 한 장면 같지만 모두 정사에 기록된 사실이다. 위나라 사람들은 이들의 비극에 가슴 아파하며 이들의 이야기를 노래로 남겨 기념했는데, 「패풍·이자승주二子乘舟」 편이다.

두 아들은 배를 타고, 두둥실 멀리 가네	二子乘舟, 汎汎其景
이들을 생각하면, 불안한 마음 철렁 하네	願言思子, 中心養養
두 아들은 배를 타고, 두둥실 떠나가네	二子乘舟, 汎汎其逝
이들을 생각하면, 잘못도 없이 다치지나 않을지	願言思子, 不瑕有害

이 시는 배에 올라 먼 길을 가는 두 사람을 바라보며 이들의 안위를 걱정하는 마음을 묘사하고 있다. 물에서 표류하는 배라는 이미지를 써서 배에 오른 두 사람은 그저 물길을 따라 흘러갈 뿐 주어진 운명을 거스를 수 없다는 것을 비유했다. 많은 주석가는 이 시를 위나라의 역사와 연관 지어 풀이하여, 여기 등장하는

---

55 "我之求也, 此何罪? 請殺我乎."

두 사람을 태자 급과 선강의 큰아들 수를 가리키는 것으로 본다. 「패풍」에 수록된 시들은 위나라의 노래이므로 충분히 그럴 가능성이 있다.

이 사건에서 가장 충격을 받은 사람은 아마 선공일 것이다. 부모 된 자로서 후안무치하게 아들의 신부를 차지하고 그것도 모자라 아들을 죽이려 했지만, 결국 눈앞에서 두 아들이 죽었으니 말이다. 선공은 두 아들이 죽고 난 후 1년이 못 되어 유명을 달리했다. 선공이 죽고 선강의 둘째 아들 삭이 즉위했는데, 그가 바로 혜공惠公이다. 그러나 위나라 귀족들은 그를 받아들일 수 없었는데, 두 형을 죽음으로 내몬 장본인이 바로 혜공이기 때문이다. 귀족들의 불만은 혜공 즉위 4년 후의 정변으로 이어졌다. 귀족들은 혜공의 출국을 틈타 태자 급의 친동생 검모黔牟를 군주로 옹립했다. 이에 놀란 혜공은 귀국하지 못하고 외조부의 나라인 제나라로 도망쳤다. 이후 제나라는 군대를 출동시켜 혜공의 복귀를 도왔는데, 이 과정에서 제나라는 위나라와 우호관계를 유지하기 위해 웃지 못할 방법을 생각해냈다. 위나라의 두 번의 정변의 단초가 되었다고 할 선강은 이러한 상황에 이르러 죽고 싶은 심정이었을 것이나, 그녀의 운명은 다시 위나라 귀족들의 손으로 넘어가 또 한 번의 큰 굴곡을 경험해야 했다.

당시 제나라 군주는 선강의 오빠인 양공襄公이었는데, 제나라와 위나라 공동의 이익을 위해 한 가지 묘안을 생각해냈다. 그것은 바로 죽은 태자 급의 또 다른 동생인 소백召伯과 선강을 혼인

시켜 그의 형과 선강이 이루지 못한 인연을 이루게 함으로써 죽은 이의 영혼을 달래고 양국의 우호관계를 공고하게 하자는 것이었다. 그러나 위나라 사람들은 이제 선강을 재앙의 원천으로 여겨 그녀를 증오했고, 소백도 예외가 아니었다. 소백은 부친과 형을 봐서 이 제안을 거절했으나, 위나라 귀족들은 제나라를 거스를 수 없다며 모두 양공의 제안을 지지했다. 『좌전』민공閔公 2년에는 "허락하지 않자 강제로 결혼시켰다"[56]고 적고 있다. 어떠한 강제적인 방법을 썼는지에 대해서는 구체적인 언급이 없다. 소백과 선강은 결혼 후 잇달아 다섯 자녀를 보았는데, 제자齊子, 위대공衛戴公, 위문공衛文公, 송환부인宋桓夫人, 허목부인이다. 이렇게 여러 자녀를 얻은 것을 보면 강제적으로 결혼했다 해도 결혼 생활이 꼭 강압에 못 이겨 유지되었던 것은 아닌 듯하다.

어쨌든 여기에 이르러 선강의 신분은 아주 복잡하게 얽힌다. 그녀는 태자 급의 정혼자이기도 하고 선공의 미망인이기도 하고 소백 부인이기도 하다. 그녀의 자녀들도 형제이면서 숙질이 되기도 한다. 예컨대 혜공과 허목부인의 관계를 보면 허목부인에게 혜공은 아버지가 다른 오빠이면서 동시에 숙부가 된다. 이 일은 당시에 어린아이들도 알고 있을 정도로 유명했던 것 같다. 위의 「장유자」를 봐도 "말할 수 없지요不可道也" "상세히 말할 수 없지요不可詳也"라고 하면서도 대놓고 풍자하며 폭로하고 있다. 당시 사람들이

---

56 "不可, 強之."

이 시를 부르며 얼마나 입방아를 찧었을지 그 모습을 어렵지 않
게 상상할 수 있을 것이다.

이제 선강이라는 인물에 대한 역사적 평가는 어떠한지, 또 우
리는 그녀를 어떻게 평가할 것인지 한번 생각해보자.

『시경』에서 선강을 읊은 것이라고 여겨지는 시편은 위에서 예
를 든 시 외에도 「용풍鄘風」의 「군자해로君子偕老」「순지분분鶉之奔
奔」 등이 있다. 「군자해로」 편은 다음과 같이 선강을 묘사했다.

군자와 해로하리,
얹은머리 비녀에 여섯 구슬 장식　　　　　　　　君子偕老, 副笄六珈
아리따운 자태는, 산 같고 바다 같고,
예복 성장이 고와라　　　　　　　委委佗佗, 如山如河, 象服是宜
그대가 정숙하지 못하니, 이를 어찌할거나　　　　子之不淑, 云如之何

처음에는 선강의 아름다움에 대해 감탄을 아끼지 않는다. 그녀
의 머리에 꽂은 진귀한 옥장식의 비녀와 화려하기 그지없는 예복
이 그녀의 아름다운 용모와 어우러져 그 모습이 산과 같고 바다
와 같다고 한다. 그러나 곧이어 그토록 아름다운 모습과 대조적
으로 품행이 좋지 않다고 바로 지적하는데, 앞에서의 모든 찬사
는 이 구절로 인해 그녀의 표리부동한 '추함'을 오히려 더욱 부각
시킨다. 더 이상 찬사가 아니라 신랄한 풍자로 전환된다.

"분란의 근원은 선강에게 있다亂由姜起." 이는 유향이 『열녀전』

에서 선강에게 내린 평가다. 그는 위나라의 혼란은 모두 선강에게서 비롯된 것이라고 보았다. 무슨 좋지 않은 일만 있으면 모두 여자 탓으로 돌리는 식이다. 부친의 첩과 사통하고, 또 그렇게 얻은 아들의 신부를 뺏고, 게다가 아들을 죽게 한 선공에 대해서는 간단히 언급만 하고 지나쳤다. 춘추 시기 남자들이 가장 결혼하기를 바라던 이상형은 제나라 강姜씨 성의 여자라 할 수 있는데, 이는 제나라가 당시 강국이기 때문이기도 했지만 그보다 더 중요한 이유는 제나라 여자들이 아름답기로 유명한데다가 성격이 대범하고 자주적이라는 데 있었다. 선공이 일찍이 사랑했던 태자 급의 모친인 이강 역시 제나라 출신이다. 그런데 미녀를 취했으면 잘 대해줘야 하는데, 이강은 선공을 위해 모든 것을 바쳤지만 선공은 그녀를 죽음으로 몰았을 뿐 아니라 그녀의 아들까지 음해했다. 이치로 보자면 역사가들이 질책해야 하고 그 악행을 밝혀야 할 인물은 선공일 것이다. 그런데 『시경』의 「장유자」 「신대」 「군자해로」 「이자승주」 등의 시를 보면 모두 오히려 선강을 비난하고 나섰다. 마치 선강이 타고난 음탕한 여자인 것처럼, 조금도 동정할 가치가 없는 것처럼 말한다. 하지만 만약 선강이 순조롭게 태자 급과 혼인했다면 이러한 일들이 일어났을까?

선강에 대해 개인적으로는 매우 동정하는 입장이다. 선강은 그녀의 딸 허목부인과 다르다. 그녀는 단지 당시의 보통 여자들처럼 남편을 보필하고 자식을 돌봐야 한다는 여자의 삶밖에 몰랐을 것이다. 그러나 그녀의 삶은 끊임없이 남자들 손에서 바둑알처럼 옮겨져야 했다. 그녀의 일생은 바람 따라 표박하는 부평초와 같이 뿌리 없이 다른 사람의 손에 맡겨져 이리저리 옮겨졌다. 위나라 도성에서 가장 아름다웠던 이 여인의 삶은 무수하게 '웃음거리'로서 이야기 속에, 시 속에 각색되어 들어갔고, 사람들의 입방아에 오르내리게 되었다. 그녀는 정말 속없는 사람이었던 것 같다. 그러니까 세상 모든 사람의 지탄을 받고서도 살아갈 수 있었을 것이다. 그녀는 포기한 듯 자신의 삶을 맡겨지는 대로 살았지만 자녀들은 하나같이 재목이었다. 모두 일곱 자식을 두었는데, 앞에서 이미 말했지만 공자 수는 인품이 반듯했고, 허목부인은 위나라가 위기에 처했을 때 용감하게 나서서 나라를 구하는 데 큰 역할을 했을 뿐 아니라 길이 전해지는 시 작품을 남겼다. 또 아들 대공은 위나라가 멸망하기 직전에 위나라 유민들에 의해 군주로 옹립되었는데, 비록 재위한 지 얼마 되지 않아 사망했으나 백성의 신임으로 보면 역시 덕을 갖춘 인물임을 짐작해볼 수 있다. 그리고 아들 문공은 위나라의 중흥을 이끌어 위나라를 제후 반열에 다시 세운 유능한 군주였다. 『좌전』에 송환부인의 언행에 대해서는 기록이 없으나 송나라 환공桓公은 위나라가 망한 후 바로 위나라를 구하기 위한 행동을 취했는데, 그러한 반응을 보면 송환부인이 중간에서 역할을 했다고 볼 수 있다. 일곱 자녀 가운데 제자는 일찍 죽었고 삭은 품행에 문제가 많았으나, 이 두 사람 외 나머지는 모두 덕을 갖추었다 할 수 있을 것이다.

선강은 음탕한 여자로 낙인이 찍혔으나 사실상 그녀는 남성 중심 사회에서 장기판에 놓인 말에 불과했다. 어쩌면 생각 없이 자신을 내맡기는 것이 가장 좋은 생존의 법칙이었을지 모른다. 선강의 죽음에 대해서는 기록이 남아 있지 않다. 특별한 기록이 없는 것으로 보아 평온하지 않은 일생이었지만 죽음은 평온하게 맞이한 듯하다.

만약 화초에 비유한다면 그녀는 토사자라 할 수 있다. 그녀는 좋은 남자에게 시집가서 의지하며 평온하게 일생을 보내는 것만이 유일한 바람이었던 것 같다. 옆에 의지할 큰 나무가 없더라도 토사자는 주변의 어느 식물이든 거기에 의지하여 강한 생명력으로 살아간다. 삶이 바닥에 이르렀다고 생각될 때는 어쩌면 선강처럼 바보인 척, 아니면 정말 바보스럽게 살아가는 것이 고통을 덜수 있는 방법인지도 모른다.

살며시 웃는 보조개가 어여뻐라,
고운 눈매가 선명해라

: 장강莊姜 :

『시경』의 여인들은 사랑에 대해 후대의 여성들보다 자유로운 성향을 보여준다. 그런데 그러한 시대에도 일생 동안 사랑 없이 나라의 이익과 여인의 존엄을 우선으로 하며 단정하게 수절한 여인이 있었다. 그녀는 바로 『시경』에서 여러 차례 노래한 비운의 신부 장강莊姜이다.

『시경』에 등장하는 미인들의 아름다움은 대부분 허구성이 가미된 것으로 그 아름다움에 대한 묘사는 한 겹의 면사포를 두른 듯 모호하여 구체적으로 어떻게 아름다운지 알 수 없는 경우가 많다. 그런데 그 가운데 한 여인에 대해서는 뚜렷한 선과 색으로 상세하게 아름다움을 아낌없이 묘사했는데, 마치 한 폭의 유화를 보는 듯해, 동양화풍의 다른 미인도 사이에서 특히 눈길을 끈다. 존귀한 신분에 절대 미모를 지닌 데다 훌륭한 성성을 갖춘 그야 말로 완벽한 아름다움을 구현한 존재, 바로 방금 언급한 장강은 「위풍衛風·석인碩人」 편에서 그 모습을 확인해볼 수 있다.

크고 고우신 분 풍만하기도 하지, 비단 옷에 경의褧衣[57]를 차리셨
네. 제후齊侯의 따님이시고, 위후衛侯의 처 되시며, 동궁東宮의 누이
요, 형후邢侯의 처제요, 담공譚公이 형부가 되시네.
손은 부드러운 떠싹과 같고, 살결은 엉긴 기름과 같고, 목은 하늘
소 유충과 같으며, 치아는 박씨와 같다네. 매미 이마에, 나비 눈썹
에, 살며시 웃는 보조개가 어여뻐라, 고운 눈매가 선명해라.
크고 고우신 분 훤칠하기도 하지, 도성 근교에 이르러 묵으셨네.
수레 끄는 네 필 말 늠름하고, 붉은 빛 재갈도 화려해라. 꿩 깃 장
식 수레에 발을 드리우고 궁으로 드시오니, 대부여 어서 물러나
임금님 고단하게 하지 마시라.
넓고도 넓은 황하는 넘실넘실, 북으로 콸콸 흐르네. 그물에 부딪는
물살은 철썩철썩, 전어 청새치 팔딱이네. 길 따라 갈대꽃 우거져 하
늘대네. 차려입은 자매들 곱디 고와라, 따르는 무사들 썩썩하여라.
碩人其頎, 衣錦褧衣. 齊侯之子, 衛侯之妻, 東宮之妹, 邢侯之姨, 譚公
維私.

---

57 경의褧衣는 안감을 대지 않은 홑옷인데, 옷 위에 덧입는다.

手如柔荑. 膚如凝脂. 領如蝤蠐. 齒如瓠犀. 螓首蛾眉. 巧笑倩兮. 美目盼兮.

碩人敖敖, 說于農郊. 四牡有驕, 朱幩鑣鑣, 翟茀以朝. 大夫夙退, 無使君勞.

河水洋洋, 北流活活. 施罛濊濊, 鱣鮪發發, 葭菼揭揭, 庶姜孽孽, 庶士有朅.

　중국의 역대 문인들이 무수히 많은 아름다운 신부를 묘사했지만 어느 누구도 장강에 견줄 수는 없을 것 같다. 또 『시경』은 역사적으로 신성한 경전으로 받들어진 특별한 시집으로서 학자들에게 끊임없이 낭송되어왔다는 점을 상기해보면 위 시의 주인공 장강은 중국 역사상 가장 신성한 신부이자 가장 아름다운 신부의 전형으로 여겨졌다고 감히 말할 수 있을 것이다.

　시의 첫머리는 "석인기기碩人其頎"로 시작하는데, 시집가는 행렬 속 장강의 '풍만한頎' 체구의 건강미 넘치는 첫인상을 적은 말이다. 『시경』에는 '클 석碩'자로 선남선녀의 아름다움을 묘사한 것이 적지 않다. 「당풍唐風·초료椒聊」에서는 부인을 찬미하여 "크고도 돈후하시니碩大且篤"라고 했고, 「진풍陳風·택파澤陂」에서는 "아름다운 한 사람, 헌칠한 키에 곱슬머리有美一人, 碩大且卷"라 하여 여성 화자가 사모하는 남자의 훤칠하게 큰 키와 준수한 용모, 풍성한 곱슬머리를 예찬했다. 「소아小雅·백화白華」에서는 "목 놓아 불러도 가슴 아프고, 오직 고운 님 생각 뿐嘯歌傷懷, 念彼碩人"이라 하여 노래로 사모하는 마음을 표현할 때 사모하는 상대 역시 "석인碩人"이다. 여기서 고대 그리스·로마 시대의 여신상을 연상해볼 수 있다. 여신들은 하나같이 크고 풍만한 육체를 자랑한다. 인류의 초기 역사에서는 이렇게 동양이든 서양이든 여성의 풍만한 아름다움을 좋아했다. 이는 건강과 생육에 대한 숭배 의식과 관련이 있을 것이다.

이후 중국 사회가 남성 중심의 사회로 전환되면서 심미적 취향에도 매우 큰 변화가 일어났다. "초왕이 가는 허리를 좋아했다楚王好細腰"는 이야기는 모두 잘 알고 있을 것이다. 『전국책』 권14의 기록을 보면 초 영왕靈王은 허리가 가는 미녀를 좋아했다고 한다. 최고 통치자인 군왕의 애호는 바로 사회 전반으로 파급되어 당시 초나라에서는 버들가지 같이 하늘하늘한 유형의 미인을 추구하는 풍조가 일시에 퍼졌데, 심지어는 연로한 조정 대신들까지도 영왕의 환심을 사기 위해 체중 감량의 노고를 마다하지 않았다고 한다. 당나라 이상은의 시「몽택夢澤」에서는 절묘한 필치로 이 이야기에 살을 붙여 더욱 매력적으로 풀어놓았다.

몽택58으로 슬픈 바람이 흰 띠풀59을 흔듦은 　　　夢澤悲風動白茅

초왕이 도성 궁녀들을 모두 장사지내서이리라 　　　楚王葬盡滿城嬌

58　운몽택雲夢澤을 말한다. 후난성과 후베이성 사이에 있는데, 둘레만 천리다. 창장강 북쪽을 운택雲澤이라 하고, 창장강 남쪽을 몽택夢澤이라 한다.

59　못 가에 자라는 띠풀로 초 왕조를 상징한다. 제사 지낼 때 예물을 싸는 데 썼다. 주 왕조 때 초나라는 매년 띠풀을 조공으로 바쳤다 한다.

얼마나 노래하며 춤출 수 있을지 모르는데도　　　未知歌舞能多少

가는 허리를 위해 수라간에서는

공연히 음식을 줄였다네　　　　　　　　　　虛減宮廚爲細腰

　궁녀들이 "가는 허리細腰"를 위해 절식했으므로 황궁 안의 요리
사도 대폭 감원해야 했고, "온 성 안滿城"의 여인들이 절식으로 인
해 죽어 모두 장사를 치를 정도였다. 그 유행은 한대漢代에 이르기
까지 식지 않고 이어졌다. 전통시기 중국의 4대 미인으로 꼽히는
전한 성제成帝 때의 조비연趙飛燕은 바로 앙상하리만큼 가녀린 미
인의 전형이다. 조비연의 작고 간드러진 모습은 걸어갈 때 특히
매혹적이었다 하는데 마치 버들가지가 바람에 날리듯, 제비가 춤
추듯 했다 한다. 거기다 가무까지 빼어났다. 조비연은 궁에 들어
오고 얼마 지나지 않아 황후로 발탁되어 10여 년에 이르는 동안
성제의 총애를 한 몸에 받았다. 다시 후대로 가서 보면 허리를 묶
고 전족을 하는 풍조가 유행하며 유약한 아름다움을 추구하는
시대가 있었다. 그 결과 물에 꽃이 비치듯, 연한 버드나무 가지가
바람에 기대는 듯한 병약한 모습을 지닌 『홍루몽』의 임대옥林戴玉
이 등장하여 사람들의 마음속 가장 아름다운 여인이 되었다. 또
가보옥賈寶玉은 설보차薛寶釵를 풍만한 미인 양귀비楊貴妃에 비유하
여 설보차의 심기를 불편하게 한 적이 있는데, 이를 보면 설보차
역시 풍만하다고 말해지는 것을 싫어했음을 알 수 있다. 오늘날
에 이르기까지 사람들은 여전히 임대옥의 유약한 아름다움을 즐

겨 말한다. 이러한 취향은 『시경』 시대의 건강한 아름다움을 추구하는 것과 현격하게 대조를 이루어 흥미롭다.

『시경』에서 '석碩'을 아름답다고 한 것은 당시엔 생육 문제가 중요한 가치 척도가 되었음을 반영한다. '석인'의 크고 건장한 몸은 일단 생존하는 데 우세하다. 그러한 미인들은 각종 육체노동을 감당할 수 있을 뿐 아니라 더욱 중요한 것은 생산·번식에 유리하다. 만물을 번성하게 하고 생육하는 가운데 미래의 역량과 생명이 보장되므로 생육은 무엇보다 우선되는 가치였다. 「당풍唐風·초료椒聊」 편은 바로 왕성한 생육을 보이는 어머니를 예찬한 시다. 그 첫 장에서는 다음과 같이 노래했다.

산초나무 열매가, 줄줄이 열어서
됫박에 가득하고 　　　　　　　　　　椒聊之實, 蕃衍盈升
그분께서는, 건장하시어 비할 데 없으시고 　彼其之子, 碩大無朋
산초나무야, 가지가 길게 뻗었구나 　　　　椒聊且, 遠條且

'석인'은 고대 남성들이 추구하던 가장 이상적인 결혼 상대였다. '석인'의 건강한 아름다움은 후대 문학 작품에서의 섬세하고 병약한 미인의 형상과 뚜렷한 대조를 이루어 햇살과 같은 싱그러움을 느끼게 한다.

그럼 다시 장강의 이야기로 돌아가서 '석인'으로 칭송되었던 장강은 어느 집안의 규수였는지 살펴보자. 그녀는 바로 제齊나라 장공#公의 따님이고, 이제 곧 위衛나라 장공莊公의 처가 될 사람이며, 제나라 태자의 여동생이자 형후邢侯와 담공譚公의 처제다. 이 다섯 구는 나열의 방식으로 신부 장강의 고귀하고 혁혁한 신분을 강조하고 있다. 장강은 실로 명문가의 규수다. 이러한 존귀한 신분에 더해 온갖 아름다움을 갖췄다. 시에서는 다음과 같이 구체적으로 묘사했다. "수여유제手如柔荑, 부여응지膚如凝脂, 영여추제領如蝤蠐, 치여호서齒如瓠犀, 진수아미螓首蛾眉, 교소천혜巧笑倩兮, 미목반혜美目盼兮."

"유제柔荑"는 흰 띠풀의 부드러운 싹을 말하는데, 그 싹은 야들야들 투명하게 윤기가 흐르는 것이 살짝 잡기만 해도 물이 나올 듯 말할 수 없이 섬세하고 부드럽다. 여기에 더해 은은한 향기까지 있어 가볍게 머금으면 입술에 잔향이 남는다. 띠풀의 비유는 절묘하고 생생하게 그녀의 고운 손을 표현하고 있다.

"응지凝脂"는 응고된 돼지기름으로 하얗게 윤기가 흐른다. 이것을 들어 그녀의 피부와 같다고 말하고 있다. 백거이의 「장한가長恨歌」에서도 양귀비의 피부를 묘사할 때 바로 「석인」의 전고를 써서 "온천수 매끄럽게 투명한 살결을 씻어 내린다溫泉水滑洗凝脂"라고 했다. 그리고 후대에 이르러 '응지'와 같이 희고 윤기 있는 피부를 가졌느냐의 여부는 미인을 판가름하는 하나의 중요한 기준이 되었다.

"추제蝤蠐"는 하늘소의 유충이다. 우윳빛을 띠고 길고 풍만한 육감이 있다. 목이 '추제' 같다는 것은 목이 희고 풍만하면서 긴,

성적인 매력이 충만한 것을 말한다.

시에서는 또한 장강의 치아를 묘사하여 "호서瓠犀" 같다 했는데, 박씨를 말한다. 즉 박씨 같이 투명하고 희고 깨끗하며 정교하고 가지런하다는 것이다. 붉은 입술이 살짝 열리며 곱게 웃을 때 드러나는 희고 가지런한 치아는 실로 그녀의 아름다움을 더한다.

"진수螓首"에서 '진螓'은 매미과의 작은 곤충이다. 그 머리 부분이 도톰하고 반듯하므로 이것으로 도톰하고 반듯한 이마를 비유했다. "아미蛾眉"에서 '아蛾'는 나비인데, 나비의 가늘고 길며 반원 모양의 촉수를 말한다. 이로써 장강의 길고 부드럽게 굴곡을 그리는 눈썹을 비유했다.

마지막으로 "교소천혜巧笑倩兮, 미목반혜美目盼兮"는 가장 생동감 있게 아름다움을 전달하는 명구다. 청대 유명한 학자 방옥윤方玉潤은 『시경원시詩經原始』에서 이 구절을 평하여 "천고에 미인을 찬송한 것으로 이 두 구를 넘어서는 것은 없다. 절창이다千古頌美人者 無出此二語, 絶唱也"라고 한 바 있다. 장강이 웃음 지으면 양 볼에 패는 볼우물은 꽃 같고 검은 눈동자 선명한 눈매가 더욱 곱다고 말하고 있다.

이상에서 보건대 장강으로부터 추론할 수 있는 『시경』 시대의 미인의 기준은 다음과 같다.

1. 흰칠하고 건장한 몸
2. 섬세하고 긴 손가락

3. 희고 윤택한 피부

4. 반듯하고 도톰한 이마

5. 가늘고 길게 호를 그리는 눈썹

6. 투명하고 희고 깨끗하고 가지런한 치아

7. 보조개

8. 흑백이 선명한 눈매

 당시에 사진 기술이 있는 것도 아니고 장강의 화상이 전해지는 것도 아니지만 위의 시는 우리에게 장강의 '사진'을 남겨주었다. 많은 문인이 이 시를 '미인도'라 칭송했듯, 마치 세밀화와 같은 섬세한 묘사는 천 년의 세월이 흘러도 직접 눈으로 보는 것과 같은 생생함을 전해준다.

 이렇게 신부의 존귀함과 아름다움을 전면적으로 부각시킨 다음 시는 이어서 혼례 행렬의 규모를 묘사했다. 동태적으로 묘사한 행렬의 성대한 장면은 "하수양양河水洋洋", 넓고 넓은 황허의 물이 넘실대고, "가담걸걸葭菼揭揭", 갈대꽃이 무성하게 핀 아름다운 풍경 속에서 펼쳐진다. 시에서는 위나라에서 이들을 어떻게 맞아들였는지에 대해서는 언급하지 않고 다만 신하들이 일찍 서둘러 퇴궐하여 "무사군로無使君勞", 즉 혼례를 치른 장공이 잘 쉴 수 있도록 배려한다고 했다. 이 구절 뒤에 이어지는 "전유발발鱣鮪發發", 전어와 청새치가 어망에 잡혀 팔딱인다는 구절의 암시적 의미와 연결 지어 생각해본다면 이는 장공 부부의 신혼생활의 화목을 추복하는 의미를 담고 있으니 실로 완벽한 결혼 축가라 할 수 있다. 1978년에 후베이 우한武漢 지역에서 한대의 청동거울이 발견되었는데, 거울 둘레에 원형으로 「석인」의 시구가 새겨져 있었다. 거울의 소유주는 분명 한대의 기혼 여성이었을 것이다. 나아가 좀 더 대담하게 추측해본다면 이 거울은 아마도 시집갈 때 가져간 혼수였을 것이다. 신부에 대한 찬사와 축복의 뜻을 전하는 의미에서 「석인」의 노래가 한대에 널리 불리지 않았을까 생각해볼 수 있다.

장강과 같이 존귀하고 아름다운 여인이 많은 사람의 축복 속에서 이와 같이 성대한 혼례를 치르니, 만약 소설에서라면 그 결미는 분명 백년해로하는 행복한 결말로 맺어져야 할 것이다. 그러나 역사적 사실은 이러한 예상을 완전히 벗어난다. 장강은 중국 역사상 가장 아름다운 신부이지만 결혼 생활에서는 가장 고통스러운 여인이었다.

「석인」은 『시경』 305편 가운데 여성을 가장 아름답게 묘사하고 있으나 또 한편으로는 가장 무정하게 바라보는 시라 할 수 있다. 위나라 사람들은 장강이 시집가는 아름다운 모습과 성대함에 감탄하며 이 시를 지어 그녀를 찬미했는데, 그러나 그녀를 바라보는 눈은 방관자로서의 냉정한 시선이다. 물론 냉정함이 있었기에 비로소 이와 같은 명석한 묘사가 있었겠으나, 그러나 방관자로서의 이성적 냉정함은 당사자로서의 감정적 연민이 결핍되기 마련이다. 장강의 아름다움은 그저 성대한 혼례의 장식과 같아 보인다. 어떻게 보면 아름다운 포장 속 깊은 곳에 감추어진 비애가 있는 듯하다. 그 원인은 어디에 있을까? 『좌전』의 관련 기록은 이에 대한 단서를 제공해준다. 은공隱公 3년에는 다음과 같은 기록이 있다.

위나라 장공은 제나라 태자의 누이를 아내로 맞았는데 장강이라 한다. 아름다웠으나 자식이 없었다. 위나라 사람들이 그녀를 위하여 「석인」의 노래를 지었다.[60]

장강은 아름답되 자식이 없으나, 어질고 현숙하여 위나라 사람들은 그녀를 위해 「석인」을 지어 그녀의 아름다움을 찬미함과 동시에 그 품성을 감탄했다. 이에 대해 『시경』의 권위적인 해설서인 『모시서毛詩序』는 더욱 구체적으로 "「석인」은 장강을 가엽게 여기는 시다. 장공이 애첩에게 미혹되어 첩이 교만하게 함부로 하게 두었는데, 장강은 현숙하여 응대하지 않았다. 끝내 자식이 없어 나라 사람들이 그녀를 가엽게 여기고 걱정했다"[61]고 설명했다. 『모시서』에서는 이 시를 장강의 불행을 동정하여 위나라 사람들이 지은 것이라 보았는데, 그 이유는 장공에게는 결혼하기 전부터 마음에 둔 여인, 즉 애첩이 있었기 때문이라고 했다.

장공의 신분과 지위로 보건대 그 시대에 몇몇의 첩실을 두는

---

60 "衛莊公娶於齊東宮得臣之妹, 曰莊姜, 美而無子, 衛人所爲賦「碩人」也."
61 "「碩人」, 閔莊姜也. 莊公, 惑於嬖妾, 使驕上僭, 莊姜賢而不答, 終以無子, 國人閔而憂之."

것은 합리적이고 합법적이다. 『모시서』의 해설 가운데 미혹될 '혹惑'을 쓴 표현은 매우 적절해 보인다. 남녀 간의 사랑에는 무슨 이유나 원인이 없다. 다만 서로에게 깊이 미혹될 뿐이다. 장공은 첩에게 푹 빠졌고, 두 사람 간의 무한한 사랑은 아들이라는 결실을 얻었다. 그래서 장공의 총애에 힘입은 첩은 왕후인 장강을 존중하지 않을 뿐 아니라 심지어 나중에는 그 아들과 함께 위나라에 갖은 분란을 일으켰다. 이러한 여러 가지 정황으로 보건대 장강과 장공의 결혼은 애초부터 맞지 않는 결합이었다. 그러나 장강은 변함없이 관대하고 어질게, 원망하지 않고 질책하지 않으며 나라의 안위를 고려하는 입장에서 '국모'로서의 풍모를 보여주었다. 장공은 애첩만을 가까이 했기에 장강에게는 끝내 후사가 없었다. 위나라 사람들은 장강의 처지를 깊이 동정하며 그녀를 걱정했다. 장공의 애첩이 도대체 얼마나 매혹적이기에 그토록 아름답고 고귀하고 현숙한 장강을 한순간에 암담하게 빛을 잃고 가치를 잃도록 만들 수 있었는지 개인적으로 무척 궁금하기도 하다.

사랑이 없는 결혼은 사실 화려한 비단이불처럼 침상에 두고 다른 사람에게 보여주기 좋을 뿐이다. 장강이 성대하게 혼례를 치른 후 진상을 알게 되었을 때의 심정이 어떠했겠는가. 장강은 장공을 받아들였으되, 그녀의 신분과 품성으로 보건대 장공에게 잘 보이려 굽실거렸을 리는 만무하니 결국 그녀는 한평생 독수공방으로 자식을 얻지 못했고 이러한 그녀의 상황에 위나라 사람들은 모두 그녀 대신 분노했다. "현숙하여 응대하지 않았다. 끝내 자식이 없어 나라 사람들이 그녀를 가엽게 여기고 걱정했다"고 한 이 몇 마디 설명에는 한 여인의 일생의 설움과 고독과 눈물이 담겨 있다. 사랑을 받아본 적이 없는 여인은 아무리 아름답고 아무리 훌륭하다 한들 그저 한 다발 조화처럼 생기도 없고 향기도 없다. 흰 띠풀과 같은 섬섬옥수는 그저 황혼의 고독을 붙들고 있을 수밖에 없었다. 박씨 같은 고운 치아로 얼마나 많은 적막을 씹었을까. 또렷한 눈망울의 고운 눈매는 꽃 같은 얼굴이 하루하루 시드는 것을 지켜보며 두려움에 사로잡히지는 않았을까. 장강과 같은 절대 미인이 잘못 맺어진 결혼으로 결국 버림받은 여인으로 전락하다니 안타깝기 그지없다.

결국 장강의 아름다움은 나비의 표본과 같은 아름다움이요, 밀랍인형과 같은 아름다움일 뿐으로 속된 표현으로 '먹을 수 있는 색과 향秀色可餐'은 아닌 것이다. 그녀의 어진 성품은 세상 사람들의 사랑과 존경을 받았고, 시인들의 노래가 되었으나 그녀를 한 여인으로 바라봐주는 남자가 한 사람도 없었다. 그녀는 그저 기호화 된 미인일 뿐이었다.

춘추 시기 여성들은 사회적 지위는 높지 않았으나 사랑에 있어서는 상대적으로 자유로움이 있었다. 장강의 비극은 바로 그녀의 신분이 반드시 짊어져야 하는 정치적 혼인으로서의 중대한 책임에서 비롯된다. 그러므로 그녀는 어떠한 선택도 할 수 없었다. 무수한 남성들의 흠모의 대상이었던 장강이 방탕한 장공에게 시집갈 수밖에 없었던 것은 위나라가 장강의 모국의 방위막이 되어줄 수 있었기 때문이다. 설사 장강이 감정적으로 고통스러운 선택의 기로에 놓여 있었다 하더라도 그녀는 나라의 이익을 방관하고서 마음대로 거리낌 없이 혼외정사를 저지르는 짓을 하지 않았다. 장강은 모든 남성의 선망의 대상이었으나 결연히 정숙하게, 그러나 적막하게 일생을 보내는 길을 선택했다.

선진先秦 시기에 여성으로서 청사에 이름을 남기기란 매우 어려운 일이다. 『시경』에서 이름이 거론된 여성 가운데 『좌전』에서 거듭 찬미하고 있는 사람은 허목부인과 장강 두 사람 뿐이다. 『시경』과 『좌전』은 이후 십삼경十三經에 속하는 유가 경전으로 역대 중국인이 필독해야 하는 교과서가 되었다. 그에 따라 장강 또한 경전에서 영원한 청춘으로서, 영원히 아름다움을 지닌 신부로서 박제화되었다.

장강의 시대에 결혼의 실패는 인생의 실패를 의미했다. 그녀의 결혼 생활은 어떠했을지, 그녀는 어떻게 자신의 삶을 규정했을지, 이러한 점들은 우리의 궁금증을 자극한다. 「패풍·연연燕燕」은 장강 이후의 이야기를 쓴 것이라 전해진다.

제비가 날아간다, 날개를 엇갈리며. 그녀가 돌아가는 길, 들녘 멀리 전송하는데. 아득히 바라보나 보이질 않네. 눈물이 빗물처럼 흐르네.
제비가 날아간다, 위아래로 오르내리며. 그녀가 돌아가는 길, 멀리까지 전송하는데. 아득히 바라보나 보이질 않네. 우두커니 눈물만 흐르네.

제비가 날아간다, 위아래로 지저귀며. 그녀가 돌아가는 길, 남쪽 멀리 전송하는데. 아득히 바라보나 보이지 않네. 이리도 마음 아픈데. 의지가 되었던 둘째, 착하고 속 깊은 마음씨. 온화하고 상냥하고, 다소곳한 몸가짐. 선군을 생각하며, 내게 힘이 되어주었는데.

燕燕于飛, 差池其羽. 之子于歸, 遠送于野. 瞻望弗及, 泣涕如雨.

燕燕于飛, 頡之頏之. 之子于歸, 遠于將之. 瞻望弗及, 佇立以泣.

燕燕于飛, 下上其音. 之子于歸, 遠送于南. 瞻望弗及, 實勞我心.

仲氏任只, 其心塞淵. 終溫且惠, 淑愼其身. 先君之思, 以勗寡人.

"연연燕燕"이라고 중첩하여 말했는데, 중첩은 당시 사람들이 즐겨 쓰던 표현 방식이다. 중첩하여 말함으로써 제비에 대한 반가움을 한층 더하여 나타냈다. "해마다 이때면 제비가 돌아온다" 했듯, 우리 집 회랑에 제비가 둥지를 틀었는데, 매년 봄이 가까워오면 나는 회랑의 창을 열어두고 제비 가족이 돌아오기를 기다린다. 그들이 돌아오면 그 분주하고 경쾌한 그림자는 내 서재에 또 하나의 즐거움을 선사한다.

제비는 철새로 계절의 변화에 따라 이동한다. 쌍쌍이 다니길 잘 해서 옛사람들이 특히 애호했고, 시에도 자주 등장한다. 봄을 애석해 하고 가을을 슬퍼할 때나, 이별의 슬픔을 노래할 때나, 그리움을 토로하거나, 시절의 아픔을 말할 때 등등 제비는 다채로운 이미지로 나온다. 『시경』 역시 예외가 아니다. "연연"은 제비가 쌍쌍이 날아가는 것을 말한다. "연연"으로 시작하는 첫머리는 반갑고도 친밀한 정감을 자아낸다. 제비는 아무리 멀리 날아간다 해도 놀라운 기억력으로 고향으로 다시 돌아올 수 있다. 통신이 발달하지 않았던 시대에 사람들은 가족에게 소식을 전하고자 하는 마음을 늘 제비에게 의탁하곤 했다. 제비가 고향으로 돌아온 다음 첫 번째 하는 '대사大事'는 바로 암수 한 쌍이 함께 자신들의 둥지를 짓는 것이다. 그러므로 "연연우비燕燕于飛"의 제비는 언제나 금琴과 슬瑟이 어우러지는 듯 화목한 사랑을 상징하는 것으로 쓰였다. 예부터 사람들은 제비가 자신의 집에 둥지를 틀고 새끼를 낳아 기르는 것을 기쁘게 받아들이며 복이라 여겼다. 1·2·3장의 첫머리에서는 모두 제비가 나는 모습을 묘사했다. "차지기우差池其羽"의 "차지差池"는 서로 엇갈리게 교차한다는 뜻이다. 제비가 아래위로 쌍쌍이 날며 날개가 앞서거니 뒤서거니 엇갈리는 모양이다. 그러다 "힐지항지頡之頏之", 때로는 땅에 가까이 붙어 날기도 하고, 또 어느새 하늘 높이 날아오르기도 하고, 그러다가 또 "하상기음下上其音", 오르락내리락 지지배배 합창을 한다. 그야말로 기쁜 봄날의 정경이다. 그런데 그러한 봄날 멀리 떠나보내야 하니 정말 아쉬움에 발길이 떨어지지 않는다. 그래서 자기도 모르게 "원송우야遠送于野" "원송우남遠送于南", 멀리 도성 남쪽의 교외까지 따라 나왔다. 그 모습이 사라질 때까지, "첨망불급瞻望弗及", 발끝을 세우고 보이지 않을 때까지 바라보다가 어느새 "읍체여우泣涕如雨", 눈물이 주르륵 비처럼 흐른다. 이제 다시는 보지 못할 것이기에 혼자 "저립이읍佇立以泣", 우두커니 서서 울고 있는데, 씽씽이 나는 제비도 화창한 봄날도 그저 가혹하기만 하다.

이렇게 혼자 남겨진 무한한 슬픔에 "실로 마음 괴롭다實勞我心." 그러다 마지막 장에서는 곧바로 어기를 전환하여 예전 두 사람이 함께 했던 시절을 돌이켜본다. "중씨임지仲氏任只, 기심색연其心塞淵. 종온차혜終溫且惠, 숙신기신淑愼其身." 멀리 떠나간 그녀는 그토록 신실한 성품과 그토록 진실한 마음을 지녔고, 온화하고 조신하며, 마음 씀씀이가 그리도 세심했는데, 예전의 그러한 정분을 생각하니 눈물이 나는 것을 어찌할 수 없다.

「연연」편은 중국 문학에서 가장 이른 시기의 송별시라 할 수 있다. 그래서 학자들은 이 시를 '송별시의 시조始祖'라고 본다. 그러나 이 시에서 송별하는 사람과 떠나는 사람이 구체적으로 누구인지에 대해서는 역대로 설이 분분하다.

이 논쟁은 "지자우귀之子于歸"구에서 비롯된다. 이 구절은 『시경』에서 여러 차례 등장하는데 의미는 '그 아가씨 시집을 간다'이다. 그런데 '귀歸'에는 또 다른 의미로 쫓겨나 친정으로 돌아간다는 '대귀大歸'의 의미도 있다. 만약에 '귀'가 '시집가다'라는 의미라면 이 시의 의미를 비교적 이해하기 쉽다. 마음에 둔 아가씨가 먼 곳으로 시집가는 것을 보고 고통스러운 심정을 쓴 시라고 볼 수 있을 것이다. 여기서 또 한 가지 걸리는 것이 있다. 정인을 송별하면서 왜 "선군지사先君之思, 이욱과인以勖寡人"이라고 말했을까. '과인寡人'이라 한 것을 보면 전송하는 남자가 군주인가? 이해를 돕기 위해서 우선 '과인'에 대해 살펴보자. 모두 알고 있다시피 '과인'은 일반적으로 황제가 스스로를 일컫는 말이다. 하지만 진대秦代 이전에 이 표현은 군주만 전용하는 것이 아니라 누구나 쓰는 표현이었다. 그러면 여기서 전송하는 사람은 누구일까? 시경학에서 제기된 한 가지 풀이를 소개하자면 군주가 자신의 둘째 여동생을 시집보내며 쓴 시라고 한다. "중씨仲氏"는 옛날 백伯·중仲·숙叔·계季의 항렬 순서에서 둘째다. 그러므로 둘째 여동생이라 볼 수 있다. 그런데 누이가 시집가는데 오빠가 이토록 슬픔에 잠긴다는 것이 어딘가 맞지 않는 느낌이다. 그래서 개인적으로는 『모시서』에서 장강이 장공의 첩실 대규戴嬀를 위해 이 시를 썼다는 풀이가 더 믿음이 간다.62

장강은 독수공방의 적막함뿐만 아니라 말 못할 수많은 일로 혼자 눈물을 삼켜야 하는 고통에 마음이 부서졌을 것이다. 장공은 결혼 전에 이미 마음에 둔 여자가 있었고, 결혼한 다음에도 다시 진陳나라의 여규厲嬀를 첩실로 들였다. 그들 사이에서 아들이 있었는데 이름이 효백孝伯이었다. 효백은 어린 나이에 요절했다. 또 여규가 시집올 때 함께 온 동족 자매 대규 역시 장공과의 사이에 아들 완完을 두었다.

린위탕林語堂은 하루라도 편안하고 싶지 않으면 손님을 청하면 되고, 일생 편안하고 싶지 않으면 첩을 들이면 된다고 말한 바 있

---

62 『모전毛傳』 「연연」 편은 위나라 장강이 첩을 전송하는 노래다燕燕, 衛莊姜, 送歸妾也.

다. 일반적으로 조강지처와 첩실 사이는 관계가 긴장되기 마련인데, 장강은 성품이 어질어서 대규와 정치적으로나 인간적으로 친밀한 관계를 유지하고 있었고 대규의 아들을 자신의 친자식처럼 돌봐주었다. 전통적인 관점에 근거하면 장강이 기르는 자식이 장공의 후계자가 되어야 하는 것이 마땅하다. 장공이 사망한 후 공자 완이 장공의 뒤를 이어 즉위했다. 그가 환공桓公이다. 그러나 환공이 즉위한 지 얼마 지나지 않아 장공이 생전에 가장 아끼던 첩실 소생 주우州吁가 정변을 일으켜 자리를 찬탈하고 환공을 시해했다. 그리고 대규는 위나라에서 더 이상 발붙일 수 없어 친정 진나라로 쫓겨 가서 다시는 돌아올 수 없게 되었다. 대규의 아들은 장강이 키운 것이나 마찬가지였으므로 장강 역시 그의 죽음에 비통해했다. 그래서 눈물로 대규를 전송한 것이다. 이렇게 본다면 "선군지사先君之思, 이욱과인以勖寡人"이라 한 것은 장강이 자신이 키운 환공을 생각하며 한 말이라 할 수 있다.

그 후 장강과 대규는 다시 만나지 못했다. 시의 표현은 소박하나 주우의 찬탈과 시해에 대한 분노와 아들을 잃고 친정으로 쫓겨간 대규의 비통한 심정을 감동적으로 그리고 있다.

꽃다운 나이에 언니를 따라 시집온 대규는 이제 궁중의 화려한 옷을 벗고 평범한 복장으로 출궁하는데, 게다가 온갖 정성으로 기른 아들마저 먼저 보내야 했으니 그 심정이 어떠했을지 짐작해볼 수 있다. 또 장강의 곤란한 처지는 그녀와 다르지 않았는데, 장강은 그녀를 위해 아무런 힘을 쓸 수 없었고 그저 대규를 접손하 수 있을 뿐이었다 대규의 인생은 그렇게 결말지어졌고 장강은 자기 인생의 결말 역시 예견한 듯하다.

불행한 결혼 생활을 했던 장강은 오직 시가에 자신의 마음을 실었던 것 같다. 송대 주희朱熹의 고증에 따르면 『시경』에서 위의 「연연」과 함께 「종풍終風」 「백주柏舟」 「녹의綠衣」 「일월日月」 다섯 수가 장강의 손에서 나온 것이라 한다. 사실 이러한 주장은 역사적으로 확인할 수 없어 지금은 한 견해로서 남겨두고 볼 수 있을 뿐이다. 그러니 중국의 첫 번째 여성 작자를 꼽는다면 여전히 허목부인이라 할 수 있다.

만약 꽃으로 장강을 비유한다면 연꽃이라 할 수 있을 것이다. 환경이 어떠하든 그녀는 시종일관 단정하고 정숙하게 일생을 보냈다. 이는 진흙에서 꽃을 피우는 연꽃과 같다. 역대 『시경』 해설자들은 모두 장강의 불행은 장공의 사랑을 얻지 못해서라고 말하는데, 나는 그녀도 장공을 사랑하지 않았다고 이해하고자 한다. 장공은 품격도 없고 능력도 없는 사람이었다. 장공의 됨됨이에 대해서는 『좌전』과 『사기』에 매우 상세하게 적혀 있다.

아가씨와 함께 수레를 탄다네, 무궁화처럼 고운 얼굴

: **문강**文姜 :

흔히 하는 말로 "여자의 마음은 바다 밑의 바늘과 같다女人心, 海底針"고 하는데, 그만큼 여자의 마음을 헤아리기란 어려운 일이다. 여기서는 한 다재다능한 여인에 대해 이야기하려 한다. 그녀는 바로 허목부인의 이모인 문강文姜이다. 그 전에 먼저 아름다운 나무부터 이야기해야 한다. 왜냐하면 『시경』에서 문강을 그 나무에 비유했기 때문이다.

공자는 『시경』을 읽으면 새와 짐승, 초목의 이름을 많이 알게 된다고 했다. 반대로 새와 짐승, 초목의 이름을 많이 알면 『시경』을 이해하는 데 도움이 된다. 2002년 저장성의 한 학술회의에 갔다가 회의를 마친 다음 여행 차 펑화奉化의 산에 들른 적이 있었다 밝긴 가는대로 가다가 산 중턱 쪽에 이르렀을 때 10여 그루의 아름다운 나무가 쭉 늘어서 있는 것을 보았는데, 줄기가 곧게 난 끝에 아주 크고 탐스럽게 연한 보랏빛 꽃이 피어 꽃잎이 날리고 있었다. 한참을 보다가 나도 모르게 이 꽃은 우아한 숙녀 같다는 말이 나왔는데, 옆에 계신 선생님이 듣고는 바로 『시경』에서 말한 '순화舜華'라고 하셨다. 나는 헤이룽장성 사람이라 그때까지 무궁화를 실제로 본 적이 없었다. 그렇게 처음 무궁화를 목격한 감동은 아직도 생생하다. 어떻게 보면 이렇게 늦게 만난 것도 괜찮은 것 같다. 만약 주변에서 흔히 볼 수 있었으면 대수롭지 않게 여겼을 수도 있을 테니 말이다. 무궁화의 아름다움을 직접 목격하고 『시경』에서 무궁화처럼 아름답다고 한 여인을 만나니 더욱 생생하게 느낄 수 있다. 그럼 이제 「정풍鄭風·유녀동거有女同車」 편을 읽어보자.

아가씨와 함께 수레를 탄다네,
무궁화처럼 고운 얼굴   有女同車, 顔如舜華
사뿐사뿐 가벼운 움직임에, 패옥 소리 고와라   將翱將翔, 佩玉瓊琚
어여쁜 강씨댁 큰아가씨,
정말 어여쁘고 아리따워라   彼美孟姜, 洵美且都
아가씨와 함께 간다네, 무궁화처럼 고운 얼굴   有女同行, 顔如舜英
사뿐사뿐 가벼운 움직임에, 패옥 소리 잘강잘강   將翱將翔, 佩玉將將
어여쁜 강씨댁 큰아가씨,

어느 초여름 날 크고 화려한 수레가 느긋하게 큰길을 가는데 수레 위에는 맹강孟姜 아씨와 그의 정인이 타고 있다.

이 시의 여주인공은 바로 맹강이다. 이 '맹강孟姜'이라는 이름을 보면 모두들 만리장성을 울음으로 무너뜨렸다는 맹강녀孟姜女63를 먼저 떠올릴 것이다. 물론 그 맹강녀가 아니다. 맹강녀 이야기는 진시황 때의 만리장성 축성과 관련된 전설에 나오므로 훨씬 뒤의 일이다. 위 시에서 '맹강孟姜'의 '강姜'은 성씨이고, '맹孟'은 형제간의 서열을 나타내는 백伯·중仲·숙叔·계季 혹은 맹孟·중仲·숙叔·계季의 하나다. '맹'은 곧 맏이를 말하므로 위 시의 여주인공은 강씨댁 큰아가씨다. 시에서는 왜 유독 자주 강씨댁을 들어 말할까? 왜 왕씨댁이나 이씨댁이라 하지 않고 강씨댁 아가씨라 할까? 여기에는 나름대로의 정치적 배경이 있다. 주周 왕조는 희姬씨 성이다. 주 왕실은 처음에 분봉할 때 대부분 같은 성씨의 제후들에게 나누어 분봉했다. 다른 성씨의 제후는 많지 않았는데, 그 가운데 가장 중요한 나라가 제나라였다. 제나라의 첫 번째 군주는 주나라의 성립과 안정에 혁혁한 공헌을 한 강태공 여상呂尙이다. 이후 주나라 무왕은 강태공을 '사상부師尙父'라 존칭했고, 무왕 이

63　맹강녀猛姜女는 만리장성 축성에 징발된 남편 범기량范杞粱을 찾아갔다가 남편이 죽었다는 말을 듣고 성곽 아래서 통곡했는데 10여 일 만에 성곽이 무너지며 남편의 유골을 찾을 수 있었다 한다.

주周에도 강태공은 선왕姜□과 강왕姜王을 보좌했다. '강姜'은 제나라
의 성씨다. 옛사람들은 일찍부터 "남녀가 성이 같으면 후사가 번
성하지 않는다"[64]는 것을 알았다. 이는 인류의 생식 측면에서 말
한 것인데, 만약 같은 성의 혈연관계에 있는 사람과 결혼하면 태
어난 아이가 건강하지 못하다고 한다. 그러므로 중국에서는 예부
터 동성 간에 통혼하지 못하도록 하는 규범이 있었다. 그런데 동
성 간에 통혼하지 않더라도 왕족의 고귀한 혈통은 반드시 지켜나
가야 했다. 그래서 당시 대국이었던 제나라는 주 왕실의 가장 주
요한 통혼 대상이 된 것이다. 주 무왕의 왕후도 강태공의 딸 읍강
邑姜이고, 이후 주 왕실의 왕후를 보면 대부분이 제나라 강씨다.
그러므로 당시 상류사회의 귀족들은 강씨와 결혼하는 것을 영광
으로 여겼다. 「진풍陳風·형문衡門」에서 "어찌 아내를 얻는데, 꼭 제
나라 강씨여야 하리豈其娶妻, 必齊之姜"라고 한 구절은 바로 당시 사
회 풍조를 반영한 것이다. 속담에 "사랑하는 사람의 눈에는 모든
게 다 서시처럼 아름답게 보인다情人眼裏出西施"고 했듯 위의 시에
서 남자의 눈에 맹강은 어떻게 해도 아름답기만 하다. "피미맹강
彼美孟姜, 순미차도洵美且都"에서 '순洵'은 『시경』에서 상용하는 표현
으로 '확실히' '정말로'의 의미다. '도都'는 '아름답다'는 뜻이다. 남
자가 잘 생긴 것에 대해서도 '도都'라 한다. 예를 들어 「정풍·산유
부소山有扶蘇」에서 "산에는 부소나무, 늪에는 연꽃이 있는데, 미남

---

64 『좌전』희공僖公 23년. "男女同姓, 其生不蕃."

은 보이지 않고, 웬 미친 녀석이라니|山有扶蘇, 隰有荷華. 不見子都, 乃見狂且"라고 했다. 그러므로 위 구절은 강씨댁 큰아가씨는 정말 너무 아름답다는 의미다.

첫 구 "유녀동거有女同車"에서 이미 남자의 격동하는 마음을 읽을 수 있다. 아름다운 강씨댁 큰아가씨와 함께 수레에 올랐으니 흥분되고 기쁠 것이다. "화華"는 고대의 '화花'자다. 선진 시기에 꽃을 말할 때는 모두 이 '화華'를 썼다. "안여순화顏如舜華", 무궁화처럼 고운 아가씨가 바로 옆에 탔으니 꽃송이의 아름다움, 고요함, 향기로움을 모두 그대로 느낄 수 있었을 것이다. "장고장상將翱將翔"이라 한 것은 맹강이 걸을 때면 새처럼 가볍고 경쾌하다는 의미다. 이는 조식曹植이 「낙신부洛神賦」에서 낙수洛水의 여신과 같이 그 자태가 "유연하기는 노니는 용과 같고, 날렵하기는 놀란 기러기와 같다宛若遊龍, 翩若驚鴻"라 묘사한 것과 같다. "패옥경거佩玉瓊琚", 이제 시선은 패옥으로 옮아간다. 옥은 고대 중국 문화에서 신성한 지위를 차지한다. 옥은 군자의 상징이다. 『시경』을 보면 남자를 칭송하여 "그리운 그대는, 온화하기가 옥과 같고言念君子, 溫其如玉"(「진풍秦風·소융小戎」)라고 한 시도 있고, 여자를 칭송하여 "옥과 같은 아가씨有女如玉"(「소남·야유사균野有死麇」)라고 한 시도 있다. 위 시에서 "패옥경거" 구는 아가씨의 신분이 고귀하다는 것을 나타낼 뿐 아니라 그녀의 외모와 내면이 모두 아름답다는 것을 칭송한 말이다. "장고장상將翱將翔, 패옥장장佩玉將將", 그녀의 몸이 가벼이 움직일 때마다 허리에 찬 옥 장식은 잘그랑잘그랑 경괘한 소리를 낸다. "피끼맹강彼美孟姜, 더으 붉말德音不忘" 그리고, 그녀는 모습이 아름다울 뿐 아니라 마음씨도 곱다는 것을 칭송하고 있다.

여성의 아름다움은 어느 정도는 남성의 눈과 마음으로부터 길러진 것이다. 작자는 무한한 열정으로 그녀의 고요한 자태와 행동거지와 내면의 품성에 이르기까지 완벽한 미인의 형상을 그려냈는데, 그녀에 대한 애모의 정을 느낄 수 있다.

무궁화의 특징은 아침에 피었다가 저녁에 지는 것이다. 그래서 백거이는 "무궁화 가지엔 하루 지난 꽃이 없구나槿枝無宿花"(「권주기원구勸酒寄元九」)라고 했고, 이상은 또한 "바람 이슬 쓸쓸히 가을이 만연한데, 가여워라, 아침에 피었다가 저녁에 떨어지니風露凄凄秋景繁, 可憐榮落在朝昏)"(「근화槿花」)라고 탄식했다. 문인들의 마음속에 무궁화는 이렇게 상실의 아름다움을 지닌 꽃이다. 무궁화 꽃이 피는 기간은 석 달 가까이 된다. 꽃은 흰색, 분홍색, 붉은색, 보라색 등 여러 가지 색을 띤다. 비록 꽃이 하루밖에 못가지만 매일 많은 꽃이 피어나서 꽃이 피는 석 달은 꽃송이가 가득해 매우 아름답다. 이른바 '순화舜華'라 한 것은 무궁화가 아침에 피어 저녁에 지는 '순간'의 아름다움을 지닌다는 의미다. 그럼 두 사람의 사랑의 기쁨 또한 '순화'와 같이 아침에 피어 저녁에 진다는 것일까? '순화'라는 말이 그러한 위기를 암시하는 것은 아닐까?

시를 보면 수레에 함께 탄 아가씨를 얼마나 아끼는지 그 정이 언표에 충분히 배어난다. 혹자는 이 시를 역사적으로 유명한 사

랑 이야기와 함께 묶어 이 시에서 무궁화와 같이 아름다운 아가
씨는 제나라 공주 문강을 가리키는 것이라고 한다. 시에서 묘사
하고 문강은 당시 아직 아린 소녀였다. 아마도 그 시절이 문강의
일생에서 가장 찬란하고 아름다운 시절이었을 것이다. 또한 그녀
의 인생에 전환점이 시작되는 시기이기도 하다.

문강은 허목부인의 이모인데, 그녀 역시 미모와 재능을 겸비한
것으로 이름 높았다. 제나라 공주 문강은 막 성년이 되었을 때 재
능과 미모, 품성을 갖추어 모두의 선망의 대상이 되었다. 전하는
바에 따르면 문강이 정나라 공자 홀忽과 정혼한 후에 정나라 사
람들이 이들의 결혼을 미리 축하하여 위의 「유여동거」를 지어 불
렀다고 한다. 노래로 문강을 찬미하고 미래의 왕후에 대한 기대의
마음을 담은 것이다. 그런데 정나라 태자는 누구의 말을 들었는
지 몰라도 갑자기 파혼을 선언했는데, 그의 해명인즉 "제나라는
대국이어서 자신과 짝이 맞지 않는다"는 것이었다.

이후 산융山戎이 제나라를 침입했을 때 제나라는 정나라에 도
움을 청했고, 태자 홀은 군대를 이끌고 제나라를 도와 산융을 물
리쳤다. 문강의 부친인 제 희공僖公은 이전 혼사를 다시 제기하며
문강을 그와 결혼시키고자 했으나 홀은 이번에도 사양하여 "예전
에 감히 제나라 공주와의 결혼을 받들지 못했는데, 지금 부친의
명으로 제나라의 어려움에 힘을 보태기는 했으나, 만약 이로써 제
나라 공주를 맞아들인다면 정나라가 군대를 동원하여 결혼하게
되었다 할 것이 아니겠습니까? 정나라 백성이 어떻게 생각하겠습

니까?" 하며 그냥 돌아간다.

한 마디 말이 나라를 무너뜨릴 수도 있고 안정시킬 수도 있다. 때로는 한 마디 말이 한 사람의 일생을 무너뜨릴 수도 있다.

신분을 보나 재능과 미모를 보나 모든 면에서 모자랄 것 없는 문강이었지만, 결혼 문제에 있어서는 자존심에 큰 타격을 입고 울적함에 오랜 시간을 눈물로 보냈다. 마음의 고통은 병이 되고 그녀의 아름다운 모습도 날로 초췌해져갔다. 그녀의 고통과 답답함을 이해해준 사람은 가까운 혈육밖에 없었다. 문강의 많은 이복 형제자매들은 그녀의 고통을 덜어주려 그녀와 많은 시간을 보냈는데, 워낙 어려서부터 함께 자라온 터라 서로의 우애는 더할 수 없이 좋았다. 그런데 그중에서도 여동생을 특히 살뜰하게 돌봐주던 오빠와의 사이에 순수한 형제간의 우애를 넘어선 사랑이 싹트게 되었다.

춘추 시기에는 남녀 간의 교제에 있어 개방적인 면이 많았으나 남매간의 사랑에 대해서는 입에 담지 못할 일이라고 생각했다. 나중에 희공이 두 사람의 관계를 눈치 채고 격노하며 철저히 갈라놓을 방도를 모색했는데, 마침 이웃 노나라 환공桓公이 막 즉위하여 제나라와 같은 대국과 관계를 맺을 수 있기를 바라며 구혼했다. 희공은 바로 응하여 문강을 그에게 시집보냈다.

시간이 흘러 어느덧 18년이 지났다. 문강의 부친 희공은 이미 세상을 떠났고 그녀의 오빠 또한 제나라 군주가 되었는데, 바로 양공襄公이다. 우연한 기회에 문강과 노 환공은 제나라를 방문하게 되었다. 제나라와 노나라는 거리로 보면 가깝다 할 수는 없지만 그렇다고 그리 먼 것도 아닌데, 문강이 일국의 왕후의 지위에 있어 거행이 쉽지 않았다 하더라도 18년 동안 한 번도 친정에 가지 않았다는 것은 일반 상식으로는 이해하기 어려운 일이다. 사실 그 이유는 매우 간단하다. 우선 희공이 살아 있을 때는 남매의 정이 혹여 다시 살아날까 우려하여 문강이 제나라 도성 임치臨淄에 오는 것을 거듭 막았다. 희공이 세상을 떠난 후에는 노 환공도 이미 문강 남매의 감정이 범상치 않은 것을 알고 있었기에 의식적으로 그들이 다시 만날 수 있는 기회를 만들지 않았다. 그렇게 18년의 시간이 흐른 것이다. 18년 동안 문강에게는 이미 아이가 둘 있었고 나이도 서른이 훌쩍 넘어갔다. 이쯤 되면 아무리 예전에 애틋했다 하나 마음을 접는 것이 일반적이다.

문강과 노 환공은 제나라 수도 임치에 도착했는데, 문강은 입궐하여 문안을 드린다 하고 궁으로 들어가 양공과 재회의 기쁨을 나누었다. 그리고 며칠을 계속 궁에 머무르며 숙소로 돌아가지 않았다. 문강과 오빠가 다시 만난 일은 바로 노 환공의 귀에 들어갔다. 환공은 크게 노하여 남매간의 사통을 공론화하고자 했다. 양공은 추문이 밖으로 퍼져갈까 두려워 어쩔 수 없이 임치성 교외 우산牛山에 전별연을 마련했다. 노 환공은 제나라에서 상황이 더 이상 악화되는 것을 원치 않았기에 수행인을 딸려 문강을 먼저 귀국하도록 하고 본인은 마지못해 연회로 향했다.

당시 제 양공은 이미 마음속으로 노 환공의 암살을 결심했고,

이를 알 리 없는 환공은 울분을 달래고자 술을 마시고 만취했다. 양공은 자신의 심복인 팽생影生에게 은밀하게 분부하여 환공을 부축하여 수레에 오를 때 그를 처리하라고 했다. 팽생은 환공을 안고서 수레에 오르며 드러나지 않게 그의 늑골을 부러뜨렸다. 이렇게 환공은 꼼짝없이 취중에 목숨을 잃었다. 임치성 밖 10여 리 되는 지점에서는 양공이 보낸 수레가 문강 일행을 붙잡았다. 팽생은 매우 황급한 듯한 말투로 문강에게 노 환공이 과음으로 간을 상했는지 수레를 타고 흔들리며 오는 중에 갑자기 사망했다고 보고했다. 얼마 지나지 않아 양공의 수레도 도착하여 매우 비통한 척하며 매부의 장례를 정중히 치르겠다고 했다. 그리고 노나라에는 환공이 과음으로 간을 상하여 수레를 타고 오는 도중에 갑자기 절명했다고 알렸다. 노나라 사람들이 바보가 아닌 이상 그 말을 그대로 받아들일 리 없었다. 모두 분명 음모가 있었을 것이라 생각했다. 마땅히 진상을 밝혀 제나라에 죄를 물어야 했지만 노나라로서는 물증이 없는데다 또 제나라와 같은 강대국을 상대로 함부로 군사를 일으켰다가는 결국 계란으로 바위치기와 같은 격이 될 것이 뻔했다. 그리고 나라에는 하루라도 군주가 없어서는 안 되었기에 대신들은 우선 문강의 아들을 군주로 세울 수밖에 없었는데 그가 장공莊公이다. 노나라는 즉시 제나라로 운구를 맞을 사람을 파견하고 또 한편으로는 암암리에 사건의 진상을 조사하도록 했다.

조사 결과 환공이 시해됐다는 사실이 밝혀지자, 양공은 모든 죄를 팽생에게 뒤집어씌웠다. 양공의 설명인 즉 "공자 팽생이 환공을 호위하여 제나라로 가는 도중 호위를 잘못해 죽음에 이르게 했다"는 것이다. 그리고 즉시 명하여 팽생을 처결하도록 했다. 모든 죄를 덮어쓰게 된 팽생은 울분을 참지 못하고 노나라 사신들 앞에서 양공 남매의 부정한 관계를 폭로하며 죽어 원귀가 되어서라도 양공에게 원한을 꼭 갚으리라 소리쳤다. 일이 이 지경에 이르자 소문은 제나라 임치로부터 제나라 전국, 그리고 천하 제후국 사이로 급속히 퍼져나갔다. 제나라 사람들이 부른 노래인 「제풍齊風」 가운데 「남산南山」 「재구載驅」 「의차猗嗟」 등이 있는데 모두 제나라 양공과 문강의 일을 풍자한 시다. 「남산」의 한 단락을 보자.

노나라 가는 길 넓게 뚫린 길,
제나라 공주가 시집을 간다오   魯道有蕩, 齊子庸止
이미 시집을 갔다오, 어찌 다시 따르시오   既曰庸止, 曷又從止
삼을 심으려면 어떻게 하나,
가로 세로 이랑을 일구어야지   蓺麻如之何, 衡從其畝
아내를 얻으려면 어떻게 하나.
반드시 부모님께 아뢰어야지   取妻如之何, 必告父母
이미 아뢰었다오, 어찌 다시 그러시오   既曰告止, 曷又鞠止
장작을 패세나 어떻게 말인가,
도끼가 없으면 팰 수가 없지   析薪如之何, 匪斧不克

아내를 얻으려면 어떻게 말인가

중매가 없으면 얻을 수 없지 　　　　　取妻如之何, 匪媒不得

이미 얻었다오, 어찌 끝까지 그러시오 　　　既曰得止, 曷又極止

「제풍」은 제나라 지역의 민가다. 제나라 사람들은 이렇게 노래로써 제 양공 남매의 문란함을 풍자했다. 결혼에는 마땅한 예법이 있어 부모님의 분부도 있어야 하고 중매인을 통하는 절차도 따라야 하는데, 모든 예법 절차를 무시하고 입에 담지 못할 불륜을 저지른 것에 대해 제나라 사람들은 수치스러워했다.

양공과 문강이 한창 은밀한 만남을 즐기고 있을 때 노 장공은 수치스러움을 견디지 못해 급히 사신을 파견하여 모친 문강을 모셔오라 했다. 상식적으로 생각해볼 때 남편이 변고를 당했고, 그 아들이 즉위했으면 당연히 아들을 도와 나라 안팎의 일을 수습하는 데 힘써야 할 텐데, 문강은 양공을 떠나지 못해 곁에 머물다가, 아들이 보낸 사신 일행이 당도하자 마지못해 수레에 올랐다. 수레가 제나라와 노나라의 경계인 작禚 지역에 가까워지자 문강은 수레를 세울 것을 명했다. 그녀는 더 이상 나아가려 하지 않고 그 자리에 머물겠다고 고집을 부렸다. 문강의 뜻이 완강하니 아들인 장공도 어쩔 수 없어 문강이 머문 축구祝丘 근처에 궁을 짓고 그곳에 머물도록 했다. 양공은 문강이 작에 머문다는 소식을 접하고 그 역시 작 근처의 부阜 지역에 별궁을 짓도록 했다. 이렇게 양쪽으로 마주선 두 궁을 두고, 문강은 때로는 축구에서 때로

는 국경을 넘어 제나라 부로 가서 머물렀는데, 양공 역시 말할 것
도 없이 수렵의 명목으로 이곳에 와 누이와의 밀회를 즐겼다.

총명한 여인도 사랑에 빠지면 바보가 되는지, 환공이 변고를
당하고 왕후로서 영구를 지키며 복상해야 할 터인데, 그녀는 모
든 것을 물리고 화려한 단장과 화사한 얼굴로 국경에 머물러 있
었다. 이제 자신의 사랑을 막을 모든 장애가 없어지자 그녀는 18
년 동안 잃었던 사랑을 보상받으려는 듯했다. 문강의 이러한 행동
에 온 나라의 비난이 들끓었는데, 다음의「제풍·폐구敝笱」편에서
그 정서를 읽을 수 있다.

어살에 뚫어진 통발,
멋대로 드나드는 방어와 환어　　　　　敝笱在梁, 其魚魴鰥
제나라 공주 시집가는데,
따르는 자가 구름 같네　　　　　　　　齊子歸止, 其從如雲
어살에 뚫어진 통발,
멋대로 드나드는 방어와 연어　　　　　敝笱在梁, 其魚魴鱮
제나라 공주 시집가는데,
따르는 자가 비 오듯 하네　　　　　　　齊子歸止, 其從如雨
어살에 뚫어진 통발,
멋대로 드나드는 온갖 물고기　　　　　敝笱在梁, 其魚唯唯
제나라 공주 시집가는데,
따르는 자가 강물 같네　　　　　　　　齊子歸止, 其從如水

"제자齊子"는 제나라 왕실 공주를 가리킨다. "폐구敝笱"는 해진 통발을 말한다. 이 시에 대해서 역대로 여러 가지 의문이 제기되었다. 해진 통발과 제나라 왕실 공주와는 무슨 관계가 있는지, "기어방환其魚魴鰥" "기어방서其魚魴鱮" "기어유유其魚唯唯"라고 했는데, 방어나 환어, 연어, 온갖 물고기가 들락거리는 것은 또 제나라 왕실 공주와 무슨 관계가 있는지 등에 대해 여러 해설이 제기되었다. 그 가운데 원이둬의 풀이는 명쾌하게 그 내재적 관련성을 설명해준다. 그는 "폐구敝笱"가 문란한 여자를 상징하고, 거기에 자유롭게 드나드는 물고기는 남자를 상징한다고 보았다.[65] 일반적으로 외도를 하면 그것을 숨기려 들기 마련인데, 위 시에서 제나라 공주는 따르는 사람이 구름처럼 셀 수 없이 많다고 했다.("제지귀지齊子歸止, 기종여운其從如雲.") 그녀는 당당하게 거리낌 없이 외도하니 예법이나 염치를 모르는 정도가 극에 달했다. 이 이야기의 주인공이 문강이 아니라면 누구이겠는가?

그들의 연정을 하늘도 용납할 수 없었는지, 양공은 제나라에 반란이 일어났을 때 피살되었다. 양공이 죽고 제나라는 잠깐 혼란에 빠졌다가 이후 포숙아鮑叔牙가 모시던 공자 소백小白과 관중管仲이 모시던 공자 규糾의 격렬한 투쟁을 거친 후 공자 소백이 제나라 군주로 즉위했다. 소백은 적극적으로 인재를 구하고 자신과 적대 관계에 있던 관중을 받아들여 재상으로 삼아 정치·경제 각

---

65 이과 관련한 내용은 「세어說魚」(『원이둬 전집聞一多全集』 3권)를 참고할 수 있다.

방면에서 개혁을 단행하여 제나라를 부흥의 길로 이끌었다. 그가 바로 춘추 시기 이름 높은 패주 제 환공이다. 이제 문강 남매의 불륜도 일단락 지어지고 문강은 마침내 노나라로 돌아갔다. 당시 그녀의 나이는 이미 마흔을 넘어섰다. 그런데 이후 문강은 환골탈태한 듯 전혀 새로운 사람처럼 예전의 사사로운 감정을 모두 내려놓고 노련하고 유능한 여장부로 변모했다.

노나라에 돌아온 후 문강은 전심전력으로 아들 장공을 도와 국정에 임했다. 그녀는 세심한 배려와 뛰어난 수완으로 장공이 대권을 장악할 수 있도록 하고 제후국 간의 외교적 관계를 원활히 할 수 있도록 도왔다. 뿐만 아니라 뛰어난 군사 책략가로서의 면모를 발휘하여 토끼처럼 유약했던 노나라를 경제·군사 대국으로 발돋움하는 데 큰 역할을 했는데, 이에 힘입어 노나라 군대는 인근 제후국과의 군사 분쟁에서 거듭 승전보를 올렸고 노나라의 국제적 위상도 크게 제고되었다. 게다가 장공이 '장작지전長勺之戰'66에서 춘추오패의 첫 번째로 꼽히는 제 환공이 이끄는 제나라 군대를 격파하는 데 일익을 담당했다. 그녀가 세상을 떠났을 때 노나라는 그녀를 위해 더없이 정중하게 국상을 거행했고, 백성은 그녀의 업적을 칭송하고 애도했다.

---

66 기원전 684년 제 환공이 노나라를 공격하여 장작長勺(지금의 산둥성 라이우萊蕪 동북 지역)에서 교전했다. 제나라 군대의 공격에 노나라는 군대를 움직이지 않고 굳건히 방어하며 기회를 엿보았다. 제나라가 여러 차례 공격했으나 모두 효과를 거두지 못하자 제나라 군대는 지치고 사기가 떨어졌고, 그 틈을 타서 노나라 군대는 일제히 공격을 감행하여 마침내 승리를 거두었다.

이상에서 보건대 문강은 단지 문란하고 방탕한 여인이었던 것만은 아니다. 그녀는 총명하고 강인한 여장부였다. 다만 사랑에 눈이 멀어 이성을 잃고 방탕한 생활을 하는 가운데 너무도 많은 추문이 나고 잔인한 모살이 일어났다. 사실 문강이 사랑한 양공은 신의나 덕망도 없고 탐욕적이고 이기적인 사람이었다. 그와 문강의 일들을 통해 보면 양공의 사람됨을 충분히 알 수 있다. 그리고 정치적 재간도 문강에 미치지 못했다. 이들의 사랑을 보고 문득 문강은 진정하게 사랑했다기보다는 사랑 자체를 사랑했던 것은 아닐까 하는 생각이 들었다. 그녀는 사랑이라는 감정을 추구했을 뿐이었던 것 같다. 이러한 사랑이 진정 가치 있는 사랑이라고 할 수는 없을 것이다.

다시 10여 년이 흘러 제나라의 국력은 갈수록 강대해지고 사람들도 제 환공의 패업을 다투어 칭송했다. 제 양공과 문강 사이의 민망한 옛일은 점점 잊혀져갔다. 하지만 정鄭나라 사람들은 문강에 대해 깊은 인상을 받았던 것 같다. 여러 사서에서 기술한 바대로 춘추 시대에 정나라는 사랑과 연애에 가장 개방적인 지역이어서인지 정나라 사람들은 문강의 사랑을 전혀 음란하고 수치스러운 일이라 여기지 않았다. 오히려 정나라 태자 홀이 문강과 같은 재원과의 결혼을 거절한 것을 중대한 실책이라 생각했다. 위의 「유녀동거」 편을 보면 문강의 아름다움을 무궁화 같다고 묘사한 것 외에 그녀의 현숙함을 칭송하고 있다. 시경학에서 「유녀동거」 편은 문강에 대한 아름다운 기억을 말한 것으로 여겨진다. 당시 문강은 아직 젊었고 사람들에게 무궁화 같이 완벽한 아름다움을 지녔다고 여겨졌다.

춘추 시기엔 여러 나라에서 미인이 배출되었는데, 그중에서도 제나라는 아주 특별하다. 제나라에서 선강宣姜과 문강 자매가 나란히 나왔으니 말이다. 이들은 『시경』에서도 자주 언급된다. 「제풍」을 비롯하여 「정풍」 「위풍」 「패풍」 「용풍」에 모두 이들과 관련한 노래가 있다. 당시로 말하자면 이들 자매는 국제적인 유명인사라 할 수 있을 것이다. 춘추 시대에는 여성들에게 이름이 없었다. 선강과 문강이라 할 때의 '강姜'은 어머니 성씨다. 그리고 앞에는 일반적으로 결혼한 남편의 호칭 가운데 가장 존귀한 글자를 붙인다. 선강의 '선宣'은 그녀의 첫 번째 남편 위衛 선공宣公에서 온 것이다. 그런데 문강은 노 환공의 호칭을 따서 '환강'이라 하지 않고 왜 문강이라 했을까? 문강의 '문文'은 어떻게 된 것일까? 전하는 바에 따르면 문강의 호칭은 그녀가 고금에 정통하고 문채가 뛰어나다는 의미에서 '문文'이라 했다고 한다. 문강은 교외로 나가 노닐기를 좋아했다고 하는데, 『시경』에서의 묘사를 보면 그녀는 자주 많은 사람을 대동하고 화려한 수레를 타고 거리낌 없이 자유롭게 유람을 즐겼던 것 같다.

문강의 명성이 그토록 높았던 것은 『시경』에 그녀를 노래한 시가 실려 있기 때문이기도 하겠지만 무엇보다 남매간 근친상간의 일 때문이다. 사실 근친 간의 결혼은 초기 인류 사회에서는 상당히 보편적이었다. 그리스 신화에도 이와 관련한 이야기가 많은 편

™요 ㄲ기ㄷ는 것읕 ㅂ면 앝 ㅅ 있다 유가儒家가 중시한 '인륜人倫'
은 군신君臣, 부자父子, 부부夫婦, 형제兄弟, 붕우朋友, 사제師弟 등 관
계를 포함한다. 중국의 전통사회에서는 근친상간이라 볼 수 있는
범위를 상당히 넓게 설정했다. 계부모와 그 자녀, 형제자매지간,
숙부·숙모·고모부·이모부와 조카·생질, 그리고 사제지간에도 혼
인관계를 제한했다. 근친상간은 남녀의 교제가 비교적 자유로웠
던 춘추 시기에 이미 받아들여지지 않았다.

　문강의 경우를 통해서 보면 유가사상을 바탕으로 한 사회적
윤리 관념이 아직 확립되기 이전에는 근친 간의 결혼이 비록 보
편적으로 받아들여지지는 않았으나 전혀 불가한 것은 아니었던
것 같다. 중국 고대사에서 특정 범위의 근친 간 결혼은 광범위하
게 행해졌는데, 예를 들어 과거 수천 년에 걸쳐 유행했던 고종·외
종·이종사촌 간의 결혼이 그에 해당한다. 송대 시인 육유陸游의
첫째 부인 당완唐婉이 바로 그의 사촌누이이고, 『홍루몽』에서 가
보옥과 임대옥 또한 고종사촌간이다. 문강의 행위는 당시에 비록
공인될 수 있는 것은 아니었으나 그래도 암묵적으로 받아들여질
수는 있었던 것 같다. 그렇지 않다면 문강은 애초에 부정한 여자
로 낙인 찍혀 저빌을 면하지 못했을 것이다. 문강은 본래 미모만
큼이나 재능을 겸비한 사람이었다. 특히 그녀의 삶의 후반기에는
정치와 군사에 있어 노나라를 강성하게 하는 데 큰 공헌을 하여
거의 정치적 영수라 할 수 있을 정도였다.

　『시경』에서는 자주 꽃으로 미인을 비유했는데, 문강과 같이 많

은 삶의 굴곡을 겪고 찬사와 비난을 한 몸에 받았던 여인에 대해서 「유녀동거」에서는 무궁화에 비유했다. 무궁화는 숙녀요, 재녀요, 미녀인 그녀를 의미하면서 또한 공경과 감복의 마음을 담고 있는 듯하다. 문강과 「유녀동거」 편의 관련성은 『좌전』과 같은 사서에 명확한 기록이 없기에 현안으로 남겨둘 수 있을 뿐이다. 2600여 년이 지난 지금 우리가 이 시에서 볼 수 있는 것은, 한 쌍의 남녀가 함께 수레를 타고 가는데, 남자는 여자의 아름다움에 설레는 마음을 감출 수 없어 그녀에 대한 사랑을 노래로 불렀다는 사실 뿐이다.

그대는 질탕히도,
완구 위에서 노는데

: 하희夏姬 :

지금까지 나는 『시경』 속 여성이 역사적 영웅이든, 추문을 남겼든 각각의 입장을 존중하며 이야기를 이끌어왔다. 그런데 『시경』에는 또 매우 특별한 여인이 있는데, 그녀에 대해서는 그러한 태도를 견지하기가 쉽지 않다. 그녀의 행동거지는 일반적 상식을 완전히 벗어난다. 전통의 도덕적 시각으로는 그녀의 삶을 말하기 어렵다. 그녀의 특이한 인생에 대해서는 『시경』뿐만 아니라 『좌전』 『사기』와 같은 정사에서도 기록하고 있는데, 바로 중국 역사상 첫 번째 '음탕한 여인淫婦'이라 일컬어지는 하희夏姬다.

하희는 경국지색이라 할 만한 미인이었다. 그녀의 미모가 어떠했는지 역사에 구체적으로 기록된 바는 없으나, 정사나 야사의 기록을 보면 중국 역사상 기녀처럼 남성들을 매혹시킨 여성은 다시 나오기 힘들 정도로 매력적이라는 것은 분명하다. 그녀는 여희驪姬나 서시西施와 같이 미모가 빼어날 뿐 아니라 달기妲己나 포사褒姒와 같이 요염하다. 일찍이 진晉 영공靈公 등 세 군주와 불미스러운 남녀관계를 맺었기에 사람들은 그녀를 일컬어 "삼대왕후三代王后"라 했다. 또한 일곱 차례 결혼했기에 역사에서는 그녀를 "칠위부인七爲夫人"이라고 기록했다. 또한 아홉 남자가 그녀로 인해 죽었기에 "구위과부九爲寡婦"라 일컫기도 했다. 어쨌든 아무런 원망 없이 그녀를 맹목적으로 사랑하는 남자가 줄을 이었으니 그야말로 치명적인 매력을 가졌다 하지 않을 수 없다.

하희는 정나라 목공穆公의 딸이다. 정나라는 은상殷商 왕조의 후예로, 그 풍습은 제사를 중시하고 음주가무를 좋아하고 남녀 연애에 있어 비교적 자유로운 성향을 보이는 등 원래부터 감성과 개성을 드러내는 경향이 강했다. 이러한 환경에서 자란 하희는 미모에다가 동시대의 여성들에 비하여 자유분방한 천성을 더했다. 하희는 어려서부터 거침없이 행동하는 여자였고 자라서는 결혼하기 전에 이미 사랑에 눈을 떴다고 전한다. 그녀의 부친은 그녀 때문에 노심초사하다가 딸이 혼인 연령이 되자마자 재빨리 그녀를 진陳나라 사마司馬 하어숙夏御叔에게 시집을 보냈는데, 하희가 막 15세가 되었을 때다. 사마는 상당한 고관으로 오늘날 국가 삼군 사령관에 해당한다고 할 수 있다.

하어숙은 진나라 군주의 후예로 진나라의 귀족이다. 그는 주림

株林을 봉지로 분봉 받았다. 결혼 후 얼마 지나지 않아 하희는 아들을 낳았는데, 이름을 하남夏南이라 했다. 하희는 이렇게 처음에는 단란한 가족을 이루어 행복한 결혼 생활을 시작했다. 만약 하어숙이 요절하지 않았다면 두 사람의 결혼은 선남선녀의 완벽한 결합이라 할 수 있었을 것이다. 하지만 불행히도 하희는 젊은 나이에 독수공방하는 청상과부가 되었다. 당시엔 아직 후대와 같은 여성의 행동거지를 엄격하게 규제하는 예의규범이 확립되지 않았다. 게다가 하희와 같이 아름답고 젊고 자유분방한 사람이 적막하게 혼자 세월을 보내며 늙어갈 리는 만무하다. 하어숙이 세상을 떠난 지 얼마 지나지 않아 그녀는 적막함을 견디지 못하고 곧 자신을 달래줄 수 있는 심리적 위안을 찾기 시작했다. 하어숙 생전의 동료 공손영의公孫寧儀(『좌전』에서는 "공영孔寧"이라 함)와 공손행보公孫行父(『좌전』에서는 "의행보儀行父"라 함) 두 사람은 "물 가까운 누각이 달을 먼저 얻는다"[67]는 격으로 차례로 하희의 치마폭에 굴복하여 그녀의 정인이 되었다.

역사서를 보면 하희의 아름다움과 사랑에 대해서는 구체적으로 묘사하고 있지 않으나, 그녀에게 굴복했던 남성들이 얼마나 깊이 그녀에게 빠져들었는지에 대해서는 하나하나 상세히 설명하고 있다. 경국지색으로 꼽히는 서시, 포사, 달기 등 역대 미인들은 대개 일정 기간 오직 한 남자에게 귀속되는데, 하희는 그렇지 않았

---

67 "물 가까이 누대가 달을 먼저 얻고, 햇볕 향한 화초에 쉬이 봄이 온다近水樓臺先得月, 向陽花木易爲春."(송나라 유문표兪文豹의 『청야록淸夜錄』)

다, 그녀는 그녀와 만났던 모든 남자를 한 자리에 불러 모을 수 있었다. 공손영의와 공손행보는 몇 년을 서로 아무렇지 않게 그녀와 어울렸고, 심지어 당시 진陳나라 군주 영공靈公도 끌어들여 다각도의 로맨스를 즐겼다. 하희에게 사로잡힌 영공은 환심을 사기 위해 하어숙이 사망한 후 하희의 아들 하남夏南에게 그 부친의 관직과 작위를 계승하게 하여 진나라의 사마로 삼고 병권을 맡겼다. 「진풍陳風·주림株林」편은 바로 이들 간의 애정행각을 조소적인 필치로 묘사한 노래다.

무엇 하러 주림에는 가는 걸까?
하남을 만나러 가는 거겠지?　　　　　　　胡爲乎株林, 從夏南
주림에 가는 게 아니라,
하남을 만나러 가는 게지　　　　　　　　匪適株林, 從夏南
네 필 말이 끄는 수레를 타고서,
주림에서 머물리라　　　　　　　　　　駕我乘馬, 說于株野
네 망아지 끄는 수레를 타고서,
주림에서 아침을 들리라　　　　　　　　乘我乘駒. 朝食于株

진 영공과 그 신하들은 하희에게 중독된 듯 내내 주림을 드나들었는데, 늘 화려한 수레를 타고서 위풍당당하게 하희에게로 가서 함께 조반을 들었다. 진나라 백성들도 그들 간의 일을 모를 리없었다. 첫 구절은 바로 주림으로 달려가는 수레 행차를 말하고 있는데, 이른 아침부터 요란하게 내달리는 행렬을 보고서 짐짓 모르는 것처럼 "호위호주림胡爲乎株林", 왜 주림에 가는 걸까 물어본다. 이에 대해 사실 모든 것을 알고 있지만 다시 모르는 척 "종하남從夏南", 하남을 찾아 가는 거겠지 라며 둘러댄다. 그리고 끝까지 잘 모르는 척 "비적주림匪適株林", 주림에 가는 것이 아니라, "종하남從夏南", 하남을 찾아 가는 거라고 군이 확인시킨다. 이렇게 짧은 몇 마디로 주고받는 대화로 시작하는데, 모르는 척 넌지시 에둘러 묻고 답하는 가운데 말의 이면에 담긴 진의는 오히려 더욱 명백하게 전달된다.

2장에 가서는 분위기를 전환하여 "가아승마駕我乘馬, 세우주야說于株野"라며 진 영공이 당당한 어투로 말을 한다. "세우주야說于株野"에서 '세說'자는 '수이shuì'로 읽는데, 수레를 세우고 말을 푼다는 의미다. 여기서는 주림에서 머물러 쉰다고 해석할 수 있다. 그런데 또 영공이 주림으로 달려가 하희를 만나는 기쁨에 들떠 있을 심정에 입각해서 본다면 '세說'를 기쁠 '열悅'로 풀어도 무리가 없을 것이다. 고대 한어는 어휘가 지금에 비해 훨씬 적었으므로 한 글자로 여러 가지 의미를 나타내는 경우가 많았다. 여기서 '세說' 역시 '말하다'는 의미 외에 '쉬다'는 의미로도 쓰였고, 또 '기쁘다'는 의미로도 쓰였다. "열우주야悅于株野"라고 읽는 것이 어쩌면 당시 영공의 심경을 더욱 잘 표현하는 것일지도 모르겠다. "조식우주朝食于株"에서 '조식朝食'은 당시에 상용했던 일종의 은어인데, 남녀의 사랑을 암시한다. 진 영공을 비롯하여 주림에 드나들던 이들의 수치를 모르는 음란한 행각을 가리켜 말한 것이다.

통치권자의 정치적 부패에는 늘 황음무도한 생활이 따르기 마련이다. 그리고 그것은 백성의 눈을 피할 수 없다. 『시경』에는 통치권자의 부패와 향락을 통렬하게 비판한 시가 적지 않은데, 그 가운데 「주림」 편은 걸출한 풍자시라 할 수 있다. 간결하고 냉소적인 필치와 독특한 구성으로 진 영공을 비롯한 군신들의 행태를 꿰뚫어 보듯 드러냈다.

진 영공 일행의 추행은 진나라의 사회 풍조와도 밀접한 관계가 있다. 춘추 시기에는 진나라와 같은 소국이 많았는데 그들은 역사 무대에서의 조연과 같이 소리 없이 사라지는 경우가 대부분이었다. 진나라가 오늘날까지 역사에서 언급된 것은 생각건대 대체로 다음의 두 가지 원인에서인 것 같다.

하나는 진나라에서 노래와 춤이 발달했기 때문이다. 『시경』에서 진나라의 노래, 즉 「진풍陳風」은 모두 10편이 수록되어 있는데, 이들은 모두 예술적 성취도가 뛰어나다. 춘추 시기 진나라에서는 남녀 관계가 비교적 개방적이었고 또한 무속이 성행했다. 「진풍」의 노래들을 읽어보면 무속적인 느낌을 어렵지 않게 느낄 수 있다. 「진풍」에 수록된 첫 편인 「완구宛丘」를 읽어보자.

그대는 질탕히도, 완구 위에서 노는데	子之湯兮, 宛丘之上兮
진실로 정이 가도, 가망이 없다네.	洵有情兮, 而無望兮
쿵쿵 북 치는 소리, 완구 아래 울리고	坎其擊鼓, 宛丘之下

거울 없고 여름 없이 백로깃 들고서 춤추네　　　無冬無夏, 值其鷺羽

쿵쿵 질장구 소리, 완구 길목에 울리고　　　坎其擊缶, 宛丘之道

겨울 없고 여름 없이, 백로깃 들고서 춤추네.　　無冬無夏, 值其鷺翿

완구에서 춤을 추는 사람은 아름다운 무녀다. 겨울이든 여름이든 일 년 사계절을 손에 깃털 부채를 들고 북과 질장구 등의 반주에 맞추어 환락의 춤을 춘다. 당시에 무녀는 아름답고 가무에 가장 뛰어난 사람만이 될 수 있었다. 그래서 무녀는 사람들이 선망하는 대중의 정인이었다. 위의 시에서도 화자는 "순유정혜洵有情兮, 이무망혜而無望兮"라 하며 애모의 마음을 말하는데, 사랑하지만 그 사랑이 맺어질 수 없다는 것을 화자 역시 분명하게 알고 있다.

다른 하나는 하희라는 풍류 여인의 전기적 면모가 너무 특별하기 때문이다.

이상 두 가지가 진나라가 오늘날까지 기억될 수 있게 된 주요 원인이다.

무속문화는 진나라의 정치와 사회생활에서 매우 특별한 위치를 차지하고 있다. 「진풍」의 시편들에서도 많은 부분에서 무속과의 관련성을 찾을 수 있다. 위의 「완구」 편을 봐도 여주인공은 무녀다. 진나라 군신들은 향락과 무속에 깊은 조예가 있었다. 그러나 정치적 측면에서는 수완이 없어 자주 난처한 상황에 처하곤 했다. 향락에 많은 시간을 할애하다보면 정치적 성적표가 낙제를 면치 못하는 것은 어쩌면 당연한 일일 것이다. 진 영공 군신들이 그처럼 거리낌 없이 하희와 풍류를 즐긴 것은 진나라의 풍속과 무관하지 않다. 그러므로 「주림」 편은 황음을 풍자하는 시인 동시에 진나라 사회 풍조를 비추어주는 거울이라 할 수 있다.

"동정형同情兄"이라는 표현이 있는데 첸중수의 소설 『포위된 성圍城』에서 특별히 사용했던 말이다. 이는 동시에 한 여자를 사랑하는 두 남자 사이에 상대를 부르는 호칭이다. 진 영공과 공손영의, 공손행보 세 사람은 전형적인 '동애형同愛兄'이라 할 수 있을 것이다. 이들은 모두 하희를 깊이 사랑했는데, 웃지 못할 일화도 적지 않게 전한다. 한 번은 이들 군신 세 사람은 몰래 하희의 속옷을 가져와 입고서는 조정에서 공공연하게 하희와의 구구절절한 애정 행각을 이야기했다. 그러다가 흥이 나면 겉옷을 풀어 헤쳐 서로 하희의 속옷을 보여주며 재미있어 했다. 후안무치의 극치라 하지 않을 수 없다. 당시 현장에 있던 설치泄冶라는 대신은 이들을 보다 못해 간언하여 "군주와 대신이 이와 같이 하시면 어떻게 백성의 모범이 되시겠습니까"라고 했다. 그의 충고는 받아들여지기는커녕 분노를 사서 결국 죽임을 당했다.

놀라운 것은 하희와 이 세 사람의 관계가 어떠한 감정적 퇴색이나 분규 없이 4년 동안이나 계속되었다는 점이다. 4년 동안 진 영공은 주림을 집으로 삼았고 하희를 부인처럼 대했다. 그리고 국정에 대해서는 아무런 관심이 없었다. 그러니 정치적 부패가 극에 달할 수밖에 없었다. 부패가 어느 지경에 이르렀는지에 대해서는 『국어國語』에 기록이 있다. 그리고 『고문관지古文觀止』에서두 '다양공은 진나라가 반드시 망하리라는 것을 알았다單子知陳必亡'는 항목으로 한 단락이 수록되어 있다. 원문은 『국어』나 『고문관지』를 참고하면 될 것이다. 여기서는 간략하게 그 내용을 풀어 정리해보겠다.

『국어』「주어周語」에는 다음과 같이 적고 있다. 당시 천자인 주나라 정왕正王은 단양공單襄公을 송나라에 사신으로 보냈는데 도중에 진나라를 지나가게 되었다. 단양공은 진나라 군정이 황폐해지고 민생이 어려우며 심지어 타국 사신을 접대하는 국빈관마저 제대로 갖추지 않은 것을 보고 크게 실망했다. 때는 입동을 전후한 즈음인데 단양공 일행이 당도했을 때 진나라 도로에는 풀들이 가득 자라 통행하기도 힘들었고, 변방 초소에는 지키는 병사도 없었으며, 물가 제방이나 강가 교량도 제대로 설비되어 있지 않고, 논밭에는 여기저기 엉망으로 벤 곡물이 쌓여 입동이 되었는데도 농사를 마무리 짓지 않은 모습이었다. 진 영공 군신들은 하희와의 향락에 빠져 천자의 사신을 응대할 틈도 없었다. 단양공은 크게 노했고 돌아간 후에 천자에게 진나라는 필시 망할 것이라고 보고했다.

단양공의 말대로 진나라에는 결국 변고가 일어났다. 기원전 599년 여름, 진 영공 무리들은 여전히 하희와 음주를 즐기고 있었는데, 술이 거나하게 오르자 영공은 공손행보에게 하남이 그를 닮은 것 같다 했다. 하희가 미인이었으니 그 아들 하남도 분명 준수한 용모였을 것이다. 영공의 말에 두 신하는 급히 응수하여 하남은 영공을 닮은 것 같다고 하며 웃고 농했다. 마침 하남은 이들의 대화를 듣고 치욕스러움을 금할 수 없었다. 혈기왕성한 청년이 어떻게 참을 수 있겠는가? 그는 수모를 설욕하기 위해 마구간에 매복하고 있다가 자리가 파할 때 활을 쏘아 영공을 죽였다. 공손영의와 공손행보는 재빨리 달아나 초나라로 도망갔다. 하남의 군주 시해 행위는 일찍부터 진나라를 노리고 있던 초나라 장왕莊王에 진나라를 차지할 좋은 빌미를 제공해주었다. 초나라는 기회를 놓치지 않고 군사를 일으켜 진나라를 치고 하남을 생포했다. 『좌전』 선공宣公 11년의 기록에 따르면 초 장왕은 진나라를 차지한 다음 군주를 시해한 대역불경의 죄를 범한 하남을 진나라 성문 율문栗門이라는 곳에서 거열형에 처했다. 아울러 진나라를 초나라의 행정구역의 하나인 '진현陳縣'으로 삼았다. 초나라의 야욕을 그대로 드러낸 이와 같은 처리는 명분이 타당하지 않다는 비난을 살 수 있었으므로 초나라 대부 신숙시申叔時는 급히 간언했고, 장왕은 하는 수 없이 다시 진나라를 돌려놓았다. 그러나 이는 나중의 일이다. 하희는 포로가 되어 초나라에 넘겨졌는데, 그녀의 전기적 삶은 또 다른 국면으로 접어들게 된다.

사람들은 치명적인 매력을 가진 여인을 우물尤物이라 일컫는데, 우물에 미혹되면 정신을 잃고 생명이든 명성이든 모든 것을 다 버리게 될 수 있다. 춘추 시대에는 하희가 그야말로 전설적인 우물이라 할 수 있는데, 그녀는 무슨 마법을 부렸는지는 몰라도 40

여 세가 되어서도 고운 피부를 뽐내며 여전히 매혹적이었다고 한다. 그녀와 함께 했던 남자들 가운데 좋은 결말을 본 사람이 없었지만, 남자들은 그래도 다투어 그녀를 차지하기 위해 줄을 이었다. 하희의 미모와 매력은 당시 제후국 사이에서 뜨거운 화제가 되었던 것 같다. 생각건대 하희가 포로가 되어 초나라 궁에 들어가 초나라 귀족들 앞에 모습을 드러냈을 때 초나라 귀족들 역시 그녀에게 넋을 놓았던 것 같다. 그렇지 않고서야 일국에서 내놓으라 하는 출중한 인사들이 한 번에 그처럼 이성을 잃을 리 없었을 것이다. 장왕을 비롯하여 공자 웅측熊側, 대장군 자반子反 등 모두 하희를 첩으로 삼겠다고 나섰는데, 대부 무신巫臣이 국가 흥망의 대의를 들어 간언하며 제지했다. 그럼 무신은 하희에게 전혀 마음이 없었던 것일까? 사실 그 역시 하희에게 마음이 동했으나 다만 당시 장왕이나 태자나 대장군이나 모두 하희를 차지하겠다고 나섰으니 거기에 끼어봤자 하희가 자신에게 올 리는 만무했다. 그래서 한 발짝 물러나는 책략으로 기회를 엿보았다 할 수 있는데, 몇 년 후 그가 초나라를 배반하고 떠난 것을 보면 이때부터 이미 훗날을 위한 준비를 하고 있었음을 알 수 있다. 초 장왕은 진나라 땅을 차지하고 미색을 차지하는 것도 좋지만 그보다도 제후국의 맹주로서의 명예가 더 중요했다. 이렇게 하여 하희는 장왕의 후비가 될 기회를 놓치게 되었다. 장왕은 왕실의 체면도 있고 해서 안타깝지만 어쩔 수 없이 하희를 전리품으로 삼아 상처한 지 얼마 되지 않은 양로襄老에게 후처로 하사했다. 후에 양로가 전사하고,

혼자가 된 하희는 다시 양로의 아들과 사통했다는 추문에 싸였다. 상황이 이에 이르자 무신은 하희를 그녀의 친정인 정나라로 돌려보낼 것을 건의했다. 이것이 받아들여졌다.

다시 8년이 지나 기원전 589년, 하희는 이미 쉰에 가까운 나이가 되었다. 이때 초 장왕은 이미 세상을 떠났고 초나라는 노나라를 칠 준비를 하고 있었다. 마침 무신은 제나라로 상황을 보고할 사신으로 가게 되었는데, 줄곧 마음속에 하희를 담아두었던 그는 마침내 자신에게도 꿈에 그리던 하희를 차지할 기회가 왔다고 생각했다. 그는 이사라도 가듯 가산을 모두 싣고 길을 떠났다. 신숙시의 아들이 그 모습을 보고 이상하게 여겨 다음과 같이 말했다고 한다. "이상합니다. 대감께서는 삼군三軍의 엄중한 책무로 두려움이 있는 듯하면서도 「상중桑中」의 노래에서와 같은 기쁨이 있는 듯하니 은밀히 여인을 얻어 도주라도 하시는 것은 아닙니까?"[68] 군사적 막중한 임무를 지니고 사신으로 파견되어 가는 길이라 엄숙하고 정중해야 할 터인데, 또 한편으로는 하희를 만날 흥분을 감추지 못하여 『시경』 「상중」의 노래에서와 같은 남녀 밀회의 기쁨을 얼굴에 띠고 있었기에 그 모습을 이상히 여긴 것이다. 「용풍鄘風·상중」에서는 다음과 같이 노래했다.

어디서 새삼을 뜯을까?

---

[68] "異哉! 夫子有三軍之懼, 而又有「桑中」之喜, 宜將竊妻以逃者乎?"(『좌전』 성공成公 2년)

매인 마을에서 뜯을까나 　　　　　　　　爰采唐矣, 沫之鄕矣
누구를 생각하오?

아리따운 맹씨네 큰아가씨라 　　　　　　　云誰之思, 美孟姜矣
뽕밭에서 나를 기다리네, 누각에서 나를 맞이하네,

기수에서 나를 전송하네　期我乎桑中, 要我乎上宮, 送我乎淇之上矣
어디서 보리를 뜯을까?

매의 북쪽에서 뜯을까나 　　　　　　　　爰采麥矣, 沫之北矣
누구를 생각하오?

아리따운 익씨네 큰아가씨라 　　　　　　　云誰之思, 美孟弋矣
뽕밭에서 나를 기다리네, 누각에서 나를 맞이하네,

기수에서 나를 전송하네　期我乎桑中, 要我乎上宮, 送我乎淇之上矣
어디서 순무를 뜯을까?

매의 동쪽에서 뜯을까나 　　　　　　　　爰采葑矣, 沫之東矣
누구를 생각하오?

아리따운 용씨네 큰아가씨라 　　　　　　　云誰之思, 美孟庸矣
뽕밭에서 나를 기다리네, 누각에서 나를 맞이하네,

기수에서 나를 전송하네　期我乎桑中, 要我乎上宮, 送我乎淇之上矣

"기아호상중期我乎桑中", 아리따운 맹씨네 큰아가씨가 뽕밭에서 정인을 기다리고 있으니, 남자의 가슴이 뛰지 않겠는가? "운수지사云誰之思", 시에서 남자가 마음에 그리는 이는 누구인가? 맹강孟姜이요, 맹익孟弋이요, 맹용孟庸이다. 세 이름이 나와서 아마 의아

해할 수도 있을 것 같다. 사실 맹강이나 맹익, 맹용 모두는 마음에 둔 아리따운 여인의 대명사이지 구체적인 인명을 말한 것이 아니다. 『시경』에 나오는 많은 이름 역시 대개 비슷한 경우다. 대체로 모두 '연인'을 가리킨다. 이름을 바꾸어 말한 것은 다만 수사적 필요에 의한 것일 뿐이다.

　무신은 한 나라의 사신으로서 원래 간결하고 정중한 차림으로 출국하는 것이 맞지만 그는 만면에 희색을 띠고 흥분을 감추지 못했다. 「상중」 편에서의 밀회를 즐기는 남자주인공과 별반 다를 것이 없다. 과연 무신은 제나라 사신으로 가는 도중에 수레를 돌려 곧장 정나라로 가서 하희를 아내로 삼았다. 그리고 몰래 진晉나라로 도망갔다. 진나라는 그를 정중히 맞이하며 형邢의 대부大夫로 삼고자 했다. 상황이 여기에 이르러서야 초나라 귀족들은 비로소 모든 진상을 알게 되었다. 무신의 저지로 하희를 취하지 못한 대장군 자반은 이 소식을 듣고 초 장왕의 아들 공왕共王에게 돈으로 진나라 관원을 매수하여 진나라가 무신을 등용하지 못하도록 하라고 건의했다. 초 공왕은 그래도 지각 있는 사람이라 자반의 계책을 받아들이지 않고 초나라와 세력이 막상막하인 진나라를 적대국으로 선언했다. 초나라 귀족들은 무신의 행위를 그냥 두고 볼 수 없었는데, 특히 자반은 무신과 사이가 좋지 않았던 대신 자중子重 등과 연합하여 공왕에게 무신의 가솔들을 남녀노소 불문하고 모두 처형하고 재산을 몰수하라고 재촉했다. 자반, 자중 등은 무신의 역량을 너무 과소평가했다. 무신은 주도면밀하고 치밀한 사람이다. 무신은 한 여자를 가슴속에 두고 10년을 포기하지 않고 기다릴 줄 아는 대단한 호색한이자 순정파이면서도 뛰어난 정치가였다. 초나라와 진나라는 기원전 632년 성복城濮 전투에서부터 서로 대치하기 시작하여 양국 간의 패권 다툼은 이미 반세기를 이어오고 있었다. 그리고 진나라는 진晉 문공文公 중이重耳의 사후에 점점 열세에 놓이는 상황이었다. 무신은 강대한 초나라 뒤에는 초나라를 위협할 날카로운 칼날이 될 수 있는 오吳나라가 있다는 것을 간과하지 않고, 만약 오나라가 강성해지면 초나라는 앞뒤로 진나라와 오나라의 공세에 대처해야 할 것이라고 생각했다. 그래서 그는 진나라에 오나라와 연합하여 초나라를 제압하는 전략을 제시했다. 무신은 오나라 군대의 재정비를 돕는 동시에 궁술과 기마, 진법陣法 등 선진적인 군사 기술을 가르쳐 끊임없이 초나라 변경을 침범했다. 이때부터 초나라 후방은 크고 작은 전투로 지쳐갔고 초나라의 국력도 날로 쇠약해져갔다. 춘추 시대 진·초간의 패자 쟁탈은 이제 오·초간의 패자 쟁탈로 넘어갔다. 그리고 다시 몇 년이 지난 후 초나라 도성은 결국 오자서伍子胥가 이끈 군대에 점령되었다. 그런데 이 모든 사건의 근원을 되짚어 올라가면 그 발단은 하희에 대한 무신의 집착에서 시작된다고 할 수도 있다.

이상으로 하희의 정욕적인 삶을 간략하게 살펴보았는데, 이것만으로도 그녀의 행적에 놀라지 않을 수 없으리라 생각된다. 하희 이야기의 비교적 온전한 줄거리는 『좌전』에 기록되어 있고,

『시경』과 『국어』에 약간의 보충 내용과 실증으로 삼을 수 있는 내용이 담겨 있다. 그리고 진한秦漢 이후에는 더 많은 다양한 이야기가 분분히 양산되었다. 한 여인의 애정행각이 역사에도 실리고, 노래로도 불리고, 후대인들의 탄식의 대상이 되었으며, 나아가 그녀는 '음탕한 여자淫婦'의 대명사가 되었다.

하희 이야기의 끝이 어떠한지는 역사에서 기술하지 않았다. 무신에게 시집 간 후에는 그녀에 관한 추문이 전해지지 않는다. 아마도 이미 나이가 많아 그녀도 세월은 피해갈 수 없었으리라. 아니면 무신의 사랑에 감동하여 더 이상 외도를 하지 않았기 때문일 수도 있다.

역사상 그녀에 대한 평가는 별다른 이견이 없다. 모두 부정적이고 비판적이다.

하희로 인하여 세 번의 큰 전쟁이 일어났고, 진陳·초楚·오吳·진晉 네 나라가 분쟁에 말려들었고, 10여 명의 남자들이 그녀로 인해 역사상 오명을 남기게 되었기 때문이다. 『열녀전』에서는 "세 번 왕후가 되었고 일곱 번 부인이 되었으며, 공후가 그녀를 다투어 쟁취하려 했는데, 그녀에게 미혹되지 않는 이가 없었다"[69]고 적고 있다. 『좌전』에서의 기록과 평가에서 알 수 있듯이 하희는 실제로 왕후가 된 적이 없고 그렇게 여러 차례 결혼하지도 않았다. 하지만 당시 많은 남자가 정신을 잃고 빠져들 만큼 매력적이

---

69 "三爲王后, 七爲夫人, 公侯爭之, 莫不迷惑失意."

었다는 점은 의심할 여지가 없는 것 같다. 염정소설『주림야사株林野史』에서는 무신과 하희의 결말을 모두 참수 당하는 것으로 끝맺었다. 비록 통속소설이나『주림야사』에서의 결말은 흥미롭다. 진 영공이 시해된 후 대신 공손영의와 공손행보 두 사람은 국외로 도피했다. 초나라가 군사를 일으켜 하남을 죽이고 새로이 성공成公을 옹립한 후에 두 사람은 진나라로 돌아왔으나 얼마 지나지 않아 차례로 죽었다.『주림야사』에서 보이는 인과응보 관념은 음란한 남녀에 대한 작자의 생각을 드러낸 것이다.

전통 시경학에서는 일반적으로「주림」편을『시경』가운데 가장 늦은 시기에 지어진 시라고 말한다. 추정 시기는 대략 노나라 선공宣公 10년, 즉 기원전 599년 춘추 중엽 즈음이다. 하희를 풍자한 이 민가가『시경』의 마지막 편이라는 점은 여기서 많은 편폭을 할애하여 그녀 이야기를 하는 충분한 이유가 될 수 있을 것이다.

미색이 나라를 망하게 하는 이야기는 역사적으로 셀 수 없이 많다. 고대 그리스에서는 스파르타의 왕비 헬레네로 인해 트로이 전쟁이 발발했다. 헬레네의 아름다움은 장로들을 감탄하게 했고 그녀를 위해 다시 10년 전쟁을 하더라도 상관없다고 생각했다. 트로이 전쟁은 이후 위대한 서사시「일리아드」「오디세이」에 편성되었다. 하희는 중국의 헬레나라 할 수 있을 것이다. 그러나 중국의 남성들은 하희의 아름다움에 깊은 두려움을 가지고 있었다. 그녀가 마음을 흔들어놓고 삼강오륜을 문란하게 하기 때문이다. 유향은『열녀전』에서 하희의 아름다움을 일종의 요괴술이라 보왔다. 여사소설 『동주열국지東周列國志』와 염정소설 『주림야사』에서는 더욱 흥미진진하게 묘사하여 하희가 일찍이 신선의 가르침을 받아 정기를 흡입하는 비법과 음양을 보양하는 기술을 배워 세월이 흘러도 변치 않는 아름다움을 유지할 수 있었다고 했다. 하희의 미색과 매력이 후대에 가서는 요술이나 마술처럼 신비화된 것을 볼 수 있다.

정사나 야사에서 모두 하희를 희대의 풍류여인으로 묘사하며 그녀의 미색이 재앙의 근원이라 보고 있지만 사실 하희의 삶은 줄곧 피동적인 위치에 놓여 있었다. 객관적으로 말해서 하희의 타고난 미모나 성적인 매력이나 모두 그 자체를 탓할 일은 아니다. 그녀는 다만 섬약한 여인일 뿐이었다. 주동적으로 남을 해하려 한 적도 없고 남을 해할 능력도 없었다. 그녀를 둘러싸고 일어난 모든 일은 하희가 주동하여 생긴 것이 아니다. 그녀로 인해 죽었던 많은 남자는 어떻게 보면 스스로 화를 자초한 것이었다. 군웅이 난립하는 춘추 난세에 열강들 사이에 낀 약소국의 공주로 태어난 하희에게는 이미 날 때부터 각국을 전전하며 풍파를 겪을 운명이 예정되어 있었다고 할 수 있다. 그녀를 위해 목숨을 바친 진정 무고한 남자는 오직 한 사람, 바로 그녀의 아들 하남뿐이라 할 수 있을 것이다. 하희의 삶에 대해 도학가들이 무슨 비난을 하든, 그녀와는 무관하다. 그녀는 그저 자신에게 주어진 운명에 따라 이리저리 휩쓸려 걸어갔을 뿐이다. 파란만장한 삶을 살아가며 그녀의 심경은 어떠했는지 믿을 만한 사료에는 이와 관련한 어떠한 기록도 전하지 않아 영원한 의문으로 남아 있다.

　만약 꽃으로 하희를 비유하자면, 생각건대 양귀비꽃이 가장 어울릴 것 같다. 양귀비는 속칭 아편이라고도 한다. 꽃이 아무리 아름다워도 키우는 일을 제한해야 하는데, 그 아름다움에는 독이 있기 때문이다.

　『시경』의 시대는 비록 남성 중심 사회였지만 여성에 대해 번잡한 예법의 구속이 없었다. 『시경』에 등장하는 명쾌하고 참신한 여성들 가운데 여기서는 특별히 '화끈한' 여성들을 뽑아 그들의 삶을 되짚어 보았다. 『시경』의 시대가 지난 다음 공자와 유가가 중심 사상으로 자리 잡으면서 중국은 점점 이성화되고 여성에 대한 구속도 점점 많아졌다. 한대의 『열녀전』에서는 여성을 효성스러움과 선량함과 자비로움의 덕목으로 단속했고, 명대의 『여아경女兒經』에서는 한 발 더 나아가 사덕四德, 즉 마음씨(덕德)·말씨(언言)·맵시(용容)·솜씨(공工)를 강조했고, 이후에는 아예 전족을 해서 행동조차 자유롭지 못하게 했다. 그리하여 『시경』에서와 같은 순수하고 야성적인 여성들을 다시는 볼 수 없게 되었다. 그들의 생기발랄하고 자유분방한 청춘의 숨소리는 『시경』에 담겨 몇 천 년이 지난 오늘날까지 활발한 생명력을 지닌 매력을 뿜어내고 있다.

『시경』은 중국 고대 성현이 남긴 경전이지만 내게 있어서 『시경』은 삶의 여정이다. 중·고등학교에서 『시경』의 「석서碩鼠」 편을 암송할 때부터 현재 강단에서 학생들에게 『시경』을 가르치게 되기까지 20여 년을 이 책은 나와 함께 청춘기를 걸어왔다. 그리고 앞으로도 계속 함께 하며 해로할 것이다. 혹자는 그렇게 한 책을 오래 읽어서 이제는 너무 익숙하여 지겹거나 하지 않으냐고 할지도 모르겠다. 하지만 전혀 그렇지 않다. 지금까지 한 번도 지겹다는 생각을 해본 적이 없다. 『시경』은 읽을 때마다 언제나 새로운 의미로 다가온다. 내게 있어 『시경』을 열독閱讀하는 시간은 '열독悅讀'의 시간, 즐거운 읽기의 과정이었다.

2010년 2월, 독일 라이프치히에서 '세상에서 가장 아름다운 책'을 선정하는 행사가 열렸는데 고등교육출판사高等教育出版社에서 출판된『시경』이 우아하고 소박하면서도 독창성을 잃지 않은 디자인으로 많은 주목을 받았다. 모두 32개국에서 총 634종의 작품이 출품되었는데, 최종적으로『시경』이 '세상에서 가장 아름다운' 14종의 수상작 가운데 하나로 선정되었다. 그 '가장 아름다운'이라는 말이 산둥성 위성TV '신행단新杏壇' 프로그램 연출자의 마음을 움직여 그들이 나를 찾게 되었다. 공자와 맹자를 배출한 제노齊魯 문화의 고향이자 예의禮儀의 고장으로 '신행단'은 줄곧 고대 경전의 정수를 방영하는 것을 자임해왔다. 그러나 경전 가운데 가장 오래된『시경』을 어떻게 '아름답게', 그리고 대중이 친근하게 다가올 수 있도록 소개하는가의 문제에 대해 우리는 함께 검토하고 고민해야 했다. 이 책은 바로 그러한 공동의 노력으로 얻은 결과물이자, 동시에 오랜 기간『시경』을 읽어오며 얻은 나름대로의 체득이다. 여기에는 그동안 강단에서 학생들에게 강의한 강의 노트의 일부도 포함되어 있고, 여러 신문에 실렸던『시경』 관련 기고문의 내용도 들어 있다. 어떻게 보면 나의 박사논문의 일종의 통속적 해설서라고도 할 수 있을 것 같다. 그동안『시경』을 읽으며 알고 느낀 모든 것을 이 책 안에 녹여 넣어서 내가 느낀 기쁨과 감회를 독자와 함께 나눌 수 있기를 희망했다.

　『시경』을 대할 때 마다 나는 늘 곱고 온화한 '요조숙녀窈窕淑女'를 만나는 것과 같은 느낌을 받는다. 우아한 말과 선의로 충만한 표현들은 늘 봄바람과 같이 다가와서 이 '숙녀'와 교제하고, 나아가 평생의 반려로 손에서 놓고 싶지 않은 바람을 갖게 한다. 그녀는 3000년이 지나도록 여전히 고운 모습인데, 그녀와 함께 청춘을 걸어온 나는 어느새 안색이 퇴색하고 흰머리가 늘어났다. "그녀 생각에 점점 초췌해 진다爲伊消得人憔悴" 하더라도, 『시경』과 같은 "고운 님伊人"과 이렇게 만날 수 있었던 것은 내 삶에 있어 큰 행운이고 즐거움이라 하지 않을 수 없다.

고대의 연애시를 읽다

초판 인쇄   2018년 4월 23일
초판 발행   2018년 4월 30일

지은이   류둥잉
옮긴이   안소현
펴낸이   강성민
편집장   이은혜
기획   노승현
편집   박은아 곽우정 김지수 이은경 강민형
편집보조   김민아
마케팅   정민호 이숙재 정현민 김도윤 오혜림 안남영
홍보   김희숙 김상만 이천희

펴낸곳   (주)글항아리 | 출판등록 2009년 1월 19일 제406-2009-000002호
주소   10881 경기도 파주시 회동길 210
전자우편   bookpot@hanmail.net
전화번호   031-955-8891(마케팅) 031-955-2670(편집부)
팩스   031-955-2557

ISBN   978-89-6735-516-6   03910

에쎄는 (주)글항아리의 브랜드입니다.

이 도서의 국립중앙도서관 출판시도서목록(CIP)은 e-CIP홈페이지(http://www.nl.go.kr/ ecip)와
국가자료공동목록시스템(http://www.nl.go.kr/kolisnet)에서
이용하실 수 있습니다.(CIP제어번호: CIP2018012158)